JOURNAL

D'UN

VOYAGE EN CHINE

EN 1843, 1844, 1845, 1846.

Marseille.—Imp. Carnaud, dir. par Barras ainé.

JOURNAL

D'UN

VOYAGE EN CHINE

EN 1843, 1844, 1845, 1846

PAR

M. JULES ITIER

Inveni portum ; spes et fortuna valete.
Sat me ludisti, ludite nunc alios.

A PARIS

CHEZ DAUVIN ET FONTAINE, LIBRAIRES-ÉDITEURS

35, Passage des Panoramas et Galerie de la Bourse, 1.

1848

JOURNAL

D'UN

VOYAGE EN CHINE

EN 1843, 1844, 1845, 1846.

CHAPITRE IX.

LA CHINE. — CANTON. — SES ENVIRONS.

29 octobre.

Départ pour Canton. On compte 140 kilomètres environ de Macao à Canton, par le Choo-kéang ou rivière des perles (le Tigre des Européens.) Nous nous arrêtons, à la nuit, à l'embouchure de Bocca-Tigris (le Bogue) dont j'ai déjà parlé.

Le 30, au point du jour, nous franchissons la passe et le vent venant à nous manquer, nous sommes forcés de jeter l'ancre devant l'île du Tigre, ainsi nommée à cause de la silhouette d'un tigre accroupi qu'offre le double mamelon de son sommet rocheux.

Nous prenons terre auprès du fort construit au pied de ces deux mamelons. C'est la répétition de celui de Chuen-pée; position, système de fortification et armement, tout se ressemble ; nous comptons trente-trois mauvaises pièces de canon en batterie , dont la moitié pourrait à peine faire feu une fois ou deux, aux risques et périls des canonniers.

La montagne présente à sa base un dépôt tumultueux de blocs et de galets mal arrondis, de granit et de roches quartzeuses , reliés par un ciment grenu, de couleur rouge ; ce dépôt est recouvert de couches aréna-cées régulières et inclinées de 15° au nord; le tout se rattache à la formation de grauwake de l'île de Chuen-pée.

Après avoir recueilli quelques échantillons géolo-giques , nous reprenons le cours de notre navigation qui n'offre jusqu'à Wampoa, d'autre incident que la rencontre d'un enfant nouveau-né , dont le fleuve emporte le cadavre à la mer. C'est sur quelques faits de cette nature que l'on s'est hâté de conclure que les infanticides étaient très fréquents en Chine; erreur d'au-tant plus répandue qu'on a cherché à en tirer parti au-près des âmes pieuses. Ce qui est positif, c'est que ce crime est au moins aussi fréquent en Europe qu'en Chine, où les pauvres gens ont le moyen de se débar-rasser des enfants qu'ils ne peuvent nourrir, en les ven-dant aux riches qui les élèvent pour le service intérieur de leurs maisons. L'amour pour les enfants est un sentiment aussi développé certainement en Chine qu'en Europe, et il faut s'être fermé les yeux pour ne pas avoir été, cent fois par jour, témoin des soins touchants et des caresses prodigués aux enfants par leurs parents. Mais, dans un pays où la classe pauvre vit sur les fleuves, est-il étonnant que quelques enfants se noient par accident, malgré la précaution qu'on a de leur attacher au dos une calebasse pour les soutenir sur l'eau, en attendant qu'on puisse leur porter secours; d'un autre côté, il arrive souvent que le pauvre ensevelit dans les eaux du fleuve l'enfant qui vient de lui mourir, afin d'épargner des frais de sépulture pour un être qui n'a pas encore acquis de droits aux pompes d'une cérémonie funèbre.

C'est à Wampoa que la douane chinoise tient son premier bureau d'entrée; c'est là qu'aujourd'hui les *shu-pan* (commis du hoppo) procèdent à la reconnaissance des marchandises importées [1]. Les navires qui se

---

[1] Les douanes chinoises ont pour chef dans la province de Canton le *hoppo* ou intendant général des douanes. Ces fonctions sont toujours remplies par un tartare mantchou et en général c'est un membre de sa famille que désigne l'empereur; avant le traité de Nankin et l'établissement d'un tarif régulier, le revenu de la place du hoppo dont le traitement annuel n'est que de 2,500 taëls (20,000 fr.), s'élevait à une somme énorme par suite des exactions imposées au commerce à l'aide du monopole des marchands hongs par les mains desquels passaient toutes les transactions; mais depuis la suppression de ce monopole et la régularisation du tarif, le casuel du hoppo n'est plus rien.

Le hoppo amenait autrefois avec lui de Pékin un grand nombre de tartares mantchoux, agents inférieurs appelés kia-jin, avec lesquels il exploitait en famille le redevable qu'il leur livrait

livraient autrefois au commerce interlope , et ils étaient en grand nombre , s'arrêtaient en aval et près d'une petite langue de terre qui les séparait des bâtiments soumis au commerce légal ; mais aujourd'hui que les taxes sont fort modérées et que la perception en est régulière, la contrebande est nulle.

Le pays est beau et riant ; des plaines couvertes de rizières, du sein desquelles s'élèvent çà et là de petites montagnes boisées , s'étendent à perte de vue sur les deux rives du fleuve ; on aperçoit au loin la tour d'une pagode en grande vénération chez les bateliers.

31 octobre.

Les approches de la grande ville de Canton se révèlent du côté de la rivière , par un mouvement extraordinaire de barques ; nous sommes encore à une demi-heure de la ville et déjà les bateaux de toute grandeur et de toute forme se pressent et embarrassent son cours.

Nous voici enfin au milieu de la ville flottante avec ses cent mille bateaux , ses rues, ses ruelles, ses bouti-ques, ses bateaux de fleurs coquettement décorés, où quelques beautés faciles se montrent aux fenêtres pour servir d'enseignes, non pas aux étrangers, car la police leur en interdit sévèrement l'entrée; et l'on me raconte, en passant devant ces perfides lupanars, l'histoire bur-

---

moyennant une somme annuelle ; aujourd'hui ces espèces de préposés subalternes ont fait place à des commis appelés shù-pan, qui, au nombre d'une centaine environ, font rentrer régulièrement l'impôt.

lesque et lamentable d'un jeune Anglais, hardi coureur d'aventures, qui, tombé dans le piège tendu à sa continence, fut dévalisé, bâtonné, dépouillé de ses vêtements, reconduit à terre nu comme un ver, les mains attachées derrière le dos et portant en manière de drogue, mais non pas sur le nez, un ignoble morceau de bois fendu, orné du pavillon britannique.

Il est sept heures, nous débarquons sur la rive gauche, non loin de la factorerie française, où nous ne tardons pas à être installés. J'avais hâte de visiter ce grand centre de population, dont on parle tant et qu'on connaît si peu, et je me lançai immédiatement à travers les rues étroites et sinueuses de Canton, accompagné d'un interprète chinois.

4 novembre.

Voici cinq jours que je parcours Canton, c'est-à-dire, ses vastes faubourgs et la ville flottante, car pour les villes chinoise et tartare, deux fois j'ai tenté d'y pénétrer et deux fois j'ai été ramené à la porte, très poliment il est vrai, par les gardiens. La première fois, j'avais franchi la grande porte de *Ching-se-mun*, la seule qui donne accès dans la ville tartare, par la muraille de l'ouest, et je m'avançais d'un pas résolu dans une rue droite, fort longue et assez large, sans tenir compte de quelques exclamations de surprise sorties du sein de la foule, lorsqu'au moment d'atteindre la mosquée mahométane de Hwae-shing, que je savais devoir trouver à ma droite, [1] j'entendis derrière moi des cris confus, des

---

[1] Ce temple, dit la chronique chinoise, a été construit par des

pas précipités ; je me retournai pour faire face à l'orage ; mon attitude calme imposa aux Chinois, qui , tout essouflés de leur course, me firent comprendre par des gestes presque suppliants , la défense d'aller plus avant. Force fut de m'en retourner ; toutefois , j'exécutai ma retraite lentement et de manière à bien constater qu'il n'existe pas de différence pour les rues , les maisons et les boutiques, entre la ville ouverte et la ville tartare, dont les édifices les plus remarquables sont le palais de la Trésorerie , qu'habite le Poo-ching-sze ou receveur général des deux Kwang , et la tour à cinq étages du temple de la Gloire et du Devoir filial (Kwang-heaou-szé), bâtie sur la colline qui domine la ville au nord-nord-ouest. Depuis cette expédition , j'ai pu prendre l'un et l'autre au daguerréotype, d'un point où la vue plonge dans la ville par dessus les murailles. Chacune des faces du palais de la Trésorerie est surmontée de trois des branches d'une immense croix de Malte blanche, encadrées d'un double filet noir, et qu'on serait tenté au premier abord de prendre pour des ailes de moulin à vent.

Je n'ai pas été plus heureux dans mon essai pour pénétrer dans la ville chinoise, ville également fermée ,

étrangers, sous l'un des règnes de la dynastie des rangs, il est remarquable par son dôme surmonté d'une aiguille et s'élevant à la hauteur de 140 pieds. Réédifié en 1468 de l'ère chrétienne sous la dynastie des Mings, il fut habité par An-too-lah (Abdallah) officier civil et dix-sept familles mahométanes qui forment aujourd'hui une population de 3,000 âmes ; les Chinois les désignent comme n'ayant pas d'idoles dans leur temple et ne mangeant pas de viande de porc.

(Extrait du *Chinese répository*.)

s'étendant au sud de la ville tartare , et séparée d'elle par un canal et un mur épais en briques , percé de cinq portes. Grâce à la foule, j'avais déjà dépassé la porte de Taé-ping-mun ; je suivais sans me retourner la rue qui fait face et qui devait, d'après mes calculs, me conduire au palais du Tsung-tuh ou vice-roi, lorsque je fus signalé par quelques passants aux gardiens, qui eurent la politesse de croire que je me trompais , et me reconduisirent jusqu'à la porte en m'indiquant la direction des factoreries.

Les faubourgs ou , pour parler plus exactement , la ville ouverte aux étrangers s'étend, à l'ouest, au sud et à l'est des deux villes fermées, sur une surface à peu près égale à celle de ces dernières ; les faubourgs de l'ouest sont les plus considérables ; ils comprennent les factoreries européennes qu'habitent les consuls, autour desquels se groupent d'ordinaire leurs nationaux. La factorerie américaine occupe un bel édifice de construction européenne , faisant face au midi et à la rivière dont il est séparé par un vaste jardin fort bien soigné , seule ressource offerte aux dames pour se promener, car elles ne pourraient impunément traverser une seule des rues de Canton.

Il n'existe actuellement de la factorerie anglaise que l'emplacement où elle s'élevait; l'incendie a tout détruit, et l'on pense à peine à la réédifier.

Quant à la factorerie française , elle s'élève humble et modeste , comme notre commerce, dans une petite maison louée à Paw-ssé-tchen et située dans un long impasse habité par des négociants parsis. Les rues qui l'avoisinent , connues des Européens sous les noms d'Old-China-street , New-China-street, Bath-street, courent du nord au sud, croisant à angle droit la longue rue de Physic-street. Ces rues sont remplies de marchands en relations d'affaires avec les Européens; Old-China-street et New-China-street rappellent un peu nos passages couverts; c'est là surtout qu'on trouve ces jolis meubles, ces boîtes , ces plateaux en laque et ces mille objets de fantaisie, dans la fabrication desquels excellent les Chinois.

Placés sur le seuil de leurs magasins, les marchands m'engageaient de l'air le plus pressant à entrer. Ici, ce sont des objets en ivoire, où l'ouvrier a épuisé tout ce que le Créateur a départi à l'homme d'adresse manuelle : des boules concentriques sculptées à jour et au nombre de dix à vingt-quatre les unes dans les autres, au prix de 45 à 150 fr. ; des jeux d'échecs sculptés et tournés , où la pièce principale, celle du roi , est représentée par le buste de Napoléon dans l'attitude historique, c'est-à-dire, les bras croisés et le petit chapeau brassé carré ; les Chinois font aussi des cachets d'ivoire dont la statue de ce grand homme forme le manche [1], des couteaux à papiers, des éventails, des paniers, des peignes , etc. Mais, disons-le, ces ouvrages sont plus remarquables par l'originalité des formes et le bon marché, que par le fini et la délicatesse du travail. Sous ce dernier rapport, nos tabletiers de Dieppe, grâce à un outillage supérieur,

---

[1] On assure qu'il existe un temple où Napoléon est adoré comme le génie de la guerre.

ont laissé bien loin derrière eux les Chinois, qui ne disposent d'aucun de ces moyens perfectionnés dont la mécanique enrichit journellement nos ateliers [1].

Là, est une boutique de mercier ; le Chinois étale à mes yeux des éventails de nacre, d'ivoire, d'écaille et de bois de sandal ; des écrans, des rouleaux peints à l'aquarelle, où sont représentés tous les dieux de la Chine ; des parasols à 1 fr. 25 c. la pièce, des stores en joncs peints, fabriqués à Nankin, et avec lesquels pour 3 fr. on peut garnir une large fenêtre.

J'ai cédé à la tentation et fait choix de quelques-uns de ces objets pour le prix desquels j'ai déposé sur le comptoir quelques piastres fortes d'Espagne ou dollars de l'Amérique du sud, seules pièces qu'admettent d'ailleurs les Chinois, non comme monnaie, mais comme lingot d'argent. Mon marchand après avoir examiné ces

---

[1] J'ai eu occasion de visiter un atelier où 7 à 8 ouvriers travaillaient pour le compte d'un tabletier de Old-China-street ; on y faisait précisément une boule d'ivoire à 20 sphères concentriques par le procédé suivant : on avait pratiqué dans une sphère d'ivoire formée de la partie pleine d'une défense d'éléphant, 14 cônes dont les sommets se réunissaient au centre de cette sphère ; puis, on avait marqué au trait dans l'intérieur de ces cônes, le nombre de sections qu'on se proposait d'y faire perpendiculairement à leur axe ; le nombre de sphères devait nécessairement correspondre à ces sections ; on avait commencé par détacher la plus petite boule, celle du centre, au moyen d'une espèce de burin à pointe recourbée, et l'ouvrier présentant successivement chaque partie de la surface de cette petite boule à l'une des 14 ouvertures, l'avait complètement sculptée ; il était occupé à détacher la seconde sphère, lorsque je le quittai. Une pareille boule demande 3 mois de travail et coûte 100 francs de main-d'œuvre.

piastres une à une avec une scrupuleuse attention, accueilli avec un signe de tête approbatif les estampilles des négociants de sa connaissance, par les mains desquels ces piastres ont déjà passé, et rejeté l'une d'elles parce qu'elle porte l'empreinte malencontreuse de la lettre G (*Guadalaxara*), sort gravement de sa poche une petite romaine en ivoire munie d'un plateau et pèse chacune d'elles avec une merveilleuse promptitude; mes piastres avaient le poids voulu ; et comme le montant de mes acquisitions est de neuf taëls, deux maces, cinq candarins et neuf tsien, qui font, au change habituel de 72 taëls pour 100 piastres, 12 piastres 849 centièmes, il me rend sur treize piastres un petit morceau d'argent du poids de 2 maces et 2 candarins 1/2, valant 151 centièmes de piastres, sur lequel il appose son poinçon.

Voilà où en est le système monétaire des Chinois; c'est sans doute à l'imperfection de l'art qu'il faut l'attribuer; ils ne savent encore que couler les pièces, mode qui en rend la contrefaçon très facile [1].

[1] Les Chinois considèrent l'or et l'argent comme des marchandises plus propres que d'autres par leur nature, à servir aux échanges. Leur seule monnaie courante est le *tsien* (*cash* en anglais, *sapec* à Macao), petite pièce circulaire, coulée dans un moule et composée d'un alliage de cuivre et de zinc, dont la valeur calculée en argent est d'un demi centime et le poids d'un mace (3 grammes 85 centigrammes); elle est percée par le milieu d'un trou carré qui sert à en former, au moyen d'une attache, des paquets de 100, dont la valeur légale est d'un mace, bien que le taux du change soit en réalité de 160 pour un mace d'argent. Le *tsien* porte sur l'une de ses faces les noms de la dy-

Plus loin, est une boutique de jouets qui attire mon attention ; on y vend aussi des collections d'insectes, les fruits de la Chine parfaitement imités en argile co-

nastie et du monarque régnants, en lettres mantchoux, et, sur l'autre face, en caractères chinois, le nom du monarque et les deux mots : *tung-paù* (monnaie courante).

Le peu de valeur de cette monnaie de billon ne l'a pas mise à l'abri de la contrefaçon ; tout le monde s'en mêle, l'étranger, le peuple chinois et son gouvernement. Ainsi, on en importe beaucoup de la Cochinchine ; les faux monnayeurs chinois les rognent ou les imitent avec un alliage grossier, où ils font entrer du zinc, du machefer et du sable ; enfin, le gouvernement lui-même en a altéré la valeur. Ainsi, les *cashes* coulés sous le règne de Tàü-kwang, l'empereur actuel, valent moins que ceux du règne de Kien-long, lesquels eux-mêmes sont d'une valeur inférieure aux cashes émis, il y a cent cinquante ans, par l'empereur Kang-hi : ces faits expliquent suffisamment les dépréciations que ces monnaies ont subies.

Tout récemment, à l'occasion du paiement de la contribution de guerre imposée à la Chine par les Anglais, le trésorier de la province du Fokien, a reçu l'ordre de faire fabriquer une certaine quantité de piastres chinoises en argent *sycée* (argent pur (*tsuh-wan-yia-ping*). Cette pièce, qui pèse 7 maces et 2 candarins, porte, sur la face, l'empreinte du dieu de la longévité, sous la forme d'un vieillard appuyé sur un bâton et tenant à la main le fruit de vie ; une inscription indique qu'elle a été faite sous le règne de Tàü-kwang ; au revers on reconnaît la forme d'un trône ou trépied, entouré de quatre caractères de l'écriture mantchoux. L'exécution de ces piastres est d'ailleurs très défectueuse : bien qu'elles soient rares, j'ai pu m'en procurer quelques-unes.

Ainsi que je l'ai déjà dit, les piastres fortes d'Espagne et les dollars de l'Amérique du sud ont cours, sinon comme monnaie, du moins comme lingot d'argent à un titre connu. Chaque maison de commerce appose son poinçon sur les piastres qu'elle donne en paiement et les revêt ainsi d'une espèce d'en-

loriée , des cannes à formes bizarres, des racines de bambou sculptées avec un rare bonheur, des cages d'une gracieuse légèreté , des pipes, des lignes pour pêcher, des pièces d'artifice assorties en caisses et qui constituent pour une valeur de 6 fr. tout un feu d'artifice qu'on paierait en France 30 fr. Ce que nous savions en pyrotechnie , il y a 60 ans, nous l'avons emprunté aux Chinois ; aujourd'hui, nous pourrions leur en remontrer pour la composition et l'arrangement mécanique , mais ils ont gardé le secret du bon marché.

dossement par suite duquel elle devient responsable de la valeur du lingot, vis-à-vis de celui qui l'a reçu d'elle en paiement. Le régime auquel on soumet ces piastres, désignées dans le commerce sous le nom de *chopped-dollars*, les réduit promptement en fragments de toutes formes qui ne sont plus alors évalués qu'au poids.

Les piastres portant l'empreinte de la lettre G ou Gª (monnaie de Guadalaxara) et désignées, à cause de la forme de cette lettre, sous le nom de piastres crochues (kow-tseen) perdent 5 p. 0/0 , en raison de l'infériorité de leur titre.

Les Chinois excellent dans la falsification des piastrès, soit qu'ils les contrefassent en fabrique,soit qu'ils remplacent par divers alliages de plomb et d'étain les morceaux d'argent qu'ils en ont enlevés à l'emporte-pièce. Ces substitutions sont faites avec tant d'habileté, qu'il est fort difficile de les découvrir , surtout dans les chopped-dollars surchargés de l'empreinte d'un grand nombre de poinçons.

Les fausses piastres qui circulent sont si nombreuses, que les changeurs sont obligés d'avoir des experts pour les reconnaître, et qu'il existe un livre chinois où toutes les fraudes sont dévoilées au public.

Les monnaies de compte des Chinois sont des divisions décimales les unes des autres : ainsi, le taël vaut 10 maces, le mace 10 candarins et le candarin 10 tsien ou cashes ; toutefois, le change a forcément modifié ce dernier rapport qui est aujourd'hui de 16 tsien pour le candarin.

Un fauteuil en bambou et rotin attira surtout mon attention ; pour m'en mieux faire comprendre l'usage, le marchand s'y installa et d'un coup de talon fit sortir de dessous, en manière de double fond, un tabouret complétant la chaise longue ; je ne pouvais me lasser d'admirer la simplicité élégante, la légèreté en même temps que la solidité et la commodité de ce meuble, où le corps, soutenu de toute part, trouve dans une délicieuse fraîcheur un repos qu'aucune autre invention ne saurait procurer.

Il y a, dans Old-China-street, un magasin des plus renommés pour ses peintures à la gouache sur papier dit de riz, comme pour les dessins au trait et les tableaux à l'huile qu'on y fabrique. Je me sers de ce mot , parce que c'est réellement une fabrique que l'atelier du célèbre Yom-qua. La peinture n'est encore en Chine qu'un métier exigeant chez ceux qui l'exercent une certaine habileté de main, qui s'acquiert à la longue, et une aptitude à l'imitation que donne l'habitude et qui forme l'un des traits distinctifs de l'intelligence chinoise. Le peintre chinois peut rendre avec une exactitude impossible à surpasser des papillons, des animaux, des fleurs, des fruits , des poissons ; il sait admirablement bien choisir et fondre ses couleurs, en varier tous les tons ; il peut aussi copier parfaitement un paysage , mais sous son pinceau ce paysage perdra le mouvement, la vie qui l'animaient ; à plus forte raison, s'il s'agit pour lui de la mise en scène de personnages, l'expression échappera à son art, et de son modèle vivant il fera un mannequin.

Les sujets des tableaux qu'on trouve chez les peintres , sont peu variés ; un tableau nouveau est un évènement dans le commerce ; le même ouvrier le tire à cent ou cent cinquante exemplaires , c'est-à-dire, le copie cent ou cent cinquante fois , et le plus souvent ces copies sont l'œuvre de deux ou`trois peintres qui se divisent le travail ; l'un fera les arbres , l'autre les maisons , un troisième les personnages, et comme chacun travaille dans sa spécialité , chaque objet est bien traité, mais l'ensemble est détestable.

L'école anglaise a déjà puissamment réagi sur la peinture à l'huile des Chinois ; la perspective est quelquefois assez bien observée; mais, ce qui leur manque encore , c'est l'entente des ombres, des lumières et du clair-obscur ; ainsi, n'ayant eu pour modèles que des paysages anglais aux ciels sombres ou nuageux, ils ont donné à tous leurs paysages des ciels voilés, ce qui ne les empêche pas d'éclairer leurs premiers plans d'une lumière éclatante du plus faux effet.

De tous les peintres de Canton , Lamqua est celui qui paraît avoir le mieux mis à profit les enseignements des peintres anglais, dont il reproduit assez bien le genre dans ses portraits à l'huile ; ce n'est peut-être pas encore un artiste, mais ce n'est déjà plus un ouvrier.

Tout le monde connaît la délicatesse et le fini des gouaches sur papier dit de riz, dont la pâte est fournie par la moelle d'une plante de marais appartenant, je crois, à la famille des légumineuses [1] et qui est

---

[1] Les Chinois en fabriquent aussi des chapeaux blancs fort légers et très frais à l'usage des Européens et qu'on exporte en grande quantité au Bengale.

connue en Chine sous le nom de *Tong-tsao*; les couleurs
sont broyées avec de l'eau chargée de gélatine et avivées par de l'alun : les Chinois excellent, d'ailleurs,
dans l'art de les préparer, et, bien qu'ils ne connaissent, en fait de couleurs minérales, aucune combinaison chimique que nous ne fassions mieux et à meilleur
marché qu'eux, ils possèdent, par suite d'une longue
pratique, des procédés mécaniques de division et de
porphyrisation qui assurent, en dehors des sciences
chimiques, une supériorité réelle à leurs couleurs sur les
nôtres; ainsi, bien qu'il n'y ait pas deux sulfures de
mercure possibles [1], leur vermillon est meilleur que le
nôtre et cela tient aux distillations répétées auxquelles
on soumet le cinabre, ainsi qu'aux procédés qu'on emploie dans sa trituration.

C'est ce dont je viens de me convaincre à l'instant
même dans la fabrique de vermillon établie près de la
muraille de la ville fermée; j'y ai trouvé au fond d'une
cour intérieure, des ouvriers occupés à fondre dans une
grande bassine de fer une matière brun-rougeâtre qui
m'a paru être un mélange de soufre et de mercure ; on
l'agitait continuellement avec un ringard en fer pour faciliter sans doute la combinaison; je reconnus dans plusieurs grands vases surmontés chacun de trois chapiteaux d'alambics communiquant l'un à l'autre par leur
partie supérieure, l'appareil distillatoire dont on doit

---

[1] Les recherches chimiques de M. Guibourt ont prouvé qu'il
n'existe qu'un sulfure de mercure dont la composition est de 100
de mercure et 15,88 de soufre ; les autres sulfures obtenus sont
des mélanges de cinabre et de soufre, ou de cinabre et de mercure.

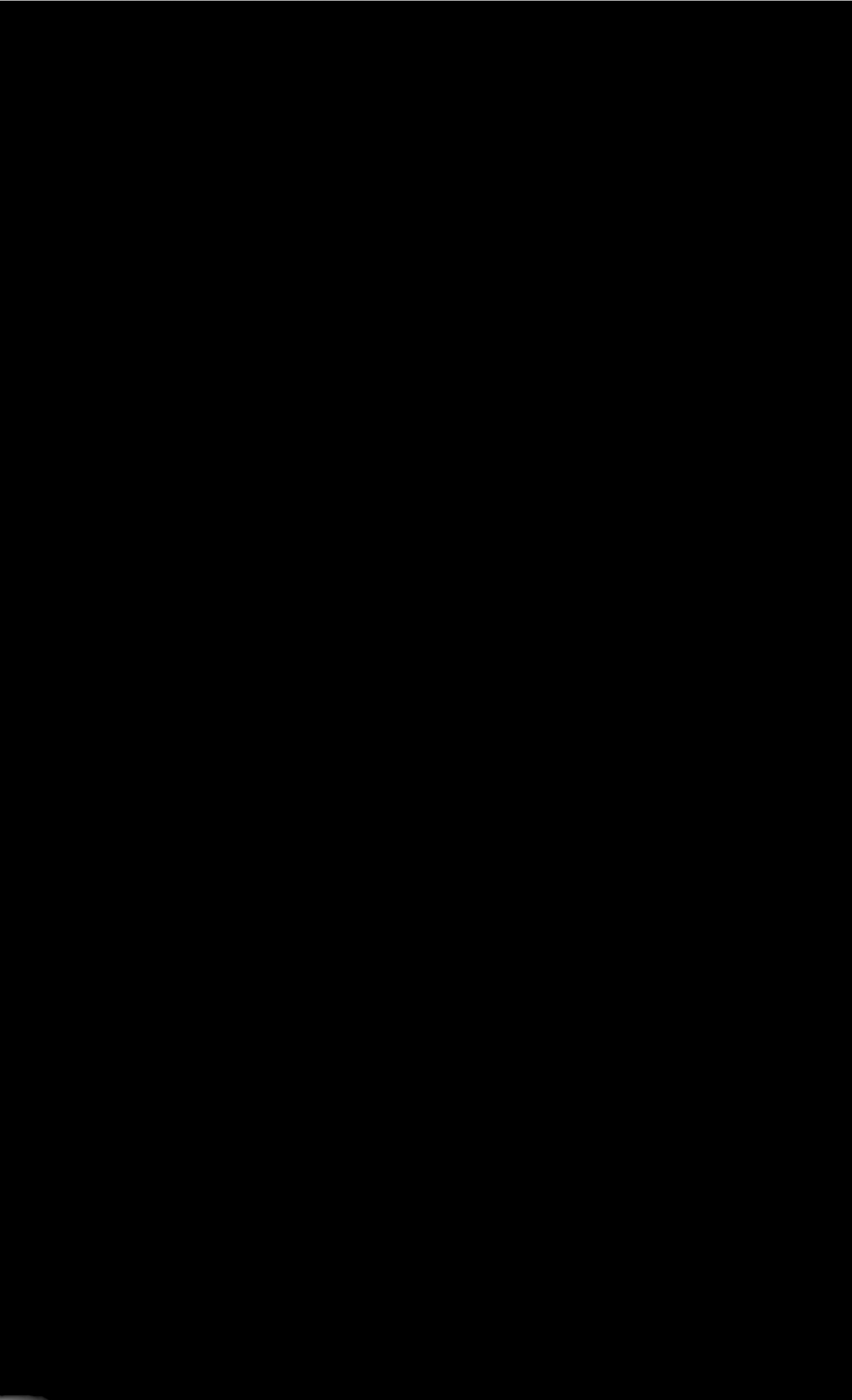

trois fabricants, chez lesquels ses commandes ont été acceptées sous la garantie de M. Durran, négociant français établi à Macao ; les paiements ont lieu au fur et à mesure des livraisons de marchandises ; on calcule qu'il faudra quatre mois pour que toutes les commandes soient remplies [1]. Mon compatriote se loue beaucoup de la bonne foi des fabricants chinois ; ils ont jusqu'ici satisfait religieusement à tous leurs engagements.

J'ai déjà eu lieu, d'ailleurs, de remarquer que le haut commerce de Canton apporte une probité sévère dans ses transactions, il sait trop bien qu'il n'y a pas de confiance sans bonne foi, et point de grand commerce sans confiance. Il laisse donc aux boutiquiers leurs petites ruses, leurs ignobles manœuvres pour surfaire et tromper, et repousse ce principe entretenu à l'usage du bas peuple par la politique des mandarins, à savoir : que tout ce qu'on peut prendre aux *fan-quoï* (diables étrangers), est de bonne prise.

Le petit commerce de détail mérite, au surplus, toute sa mauvaise réputation auprès des étrangers, et, bien que je fusse en garde contre ses fraudes et l'exagération des prix qui pouvaient m'être demandés, j'ai payé tel objet le double de ce qu'il m'a coûté depuis, en le faisant acheter par un Chinois chrétien que nos missionnaires avaient mis à ma disposition.

Physic-street, dont j'ai déjà indiqué la position, est une longue rue étroite et tortueuse, comme le sont généralement les rues de Canton. Construites en pierres

---

[1] Voici le tableau de la valeur des principales soieries, à

et en briques, les maisons se composent d'une boutique, au rez-de-chaussée, et d'un étage servant soit de dépôt,

Canton, à l'époque où je m'y trouvais, au mois de novembre 1844 :

1re Classe. — TISSUS UNIS DE SOIE.

		Largeur de la pièce en mètres (m. c.)	Longueur de la pièce en mètres (m. c.)	Poids de la pièce en kilogr.	Valeur de la pièce en piastres.	Valeur du kil. en piastres. (La piastre 5 f. 50 c.)
TAFFETAS unis, rayés ou à carreaux	Sarsenet (Florence)	» 63	25 50	» 600	7 70	13 »
		» 68	16 »	» 750	7 50	10 »
	Pongis, marceline écrue et cuite	» 91	27 »	1 133	10 75	9 40
	Senshaws, taffetas pr. dit	» 57	18 »	1 321	15 »	11 30
	Gros de Naples Lutestring	» 63	16 50	1 200	15 »	12 50
	Mouchoirs carrés	745 mil.	de côté	» 400	4 25	10 62
Tissus, Lévantine, serge de soie de tout genre.	Lévantine propr. dite	» 75	16 50	1 200	19 50	16 25
	Sergé et variétés de sergé	» 78	16 50	2 040	35 »	17 40
	Sergé irrég. (lingtchaw)	» 78	16 50	2 230	35 »	15 69
		» 78	16 50	2 077	35 »	16 80
	Mouchoirs (20 en nombre)	» 75	de côté		11 50	» »
Tissus Satin.	Satin dit mandarin	» 80	18 »	2 456	45 »	18 73
		» 89	14 64	1 775	24 »	13 50
		» 75	13 73	1 322	28 »	21 18
	Satin fort	» 73	16 50	1 435	17 50	12 19
		» 74	16 50	1 435	17 50	12 19
		» 35	16 50	» 102	1 60	15 68
	Satin léger	» 41	16 50	» 500	7 »	14 »
		» 36	16 50	» 102	2 50	24 50
	Mouchoirs (20 en nombre)	» 87	de côté	1 247	15 »	12 2
VELOURS.	Coupé uni	» 50	16 50	1 889	28 50	15 »
		» 52	16 50	1 889	28 50	15 »
	Peluche unie	» 52	14 64	1 260	22 »	17 46
	Frisé	» 51	14 64	1 889	24 »	12 70
CRÊPE.	Nankin	» 48	18 »	1 133	16 50	14 56
	Idem	» 50	18 »	1 225	15 50	12 65
	Idem	» 50	18 »	1 280	16 »	12 50
	Canton	» 52	18 »	1 200	11 »	9 16

23

soit d'atelier, où quelquefois un jeune garçon de comptoir dresse son lit; quant au marchand , il se retire , à
la tombée de la nuit, dans sa famille qui habite la ville

2ᵐᵉ *Classe.* — TISSUS FAÇONNÉS.

	Largeur.		Longueur		Poids.	Valeur de la pièce.	Valeur du kilogr.
	m.	c.	m.	c.	kilog.	piast.	piast.
TISSUS SATINS. Damas fort (couleur sur couleur)	»	75	16	80	1 545	17 50	11 55
Damas fort (deux ou trois couleurs)	»	75	16	80	1 360	16 »	11 76
Damas id. id. . .	»	75	16	80	1 290	15 »	11 62
Lampas à ramage de toute couleur	»	»	»	»	» »	35 »	» »
Lampas id. id. . .	»	»	»	»	» »	24 »	» »
CRÈPES DE CHINE BRODÉS. Châles blancs brodés . .	1	58	1	58	1 »	32 »	32 »
Id. id. id. . . .	1	58	1	58	» 380	8 »	21 5
Id. ponceau id. . . .	1	58	1	58	» 380	9 »	23 68
Echarpe blanche brodée.	»	70	2	80	» 370	18 »	48 6
Ceintures brochées , de couleur assorties . . .	»	27	3	» *(compris la frange.)*	» 93	1 »	10 75

Il est à remarquer que les tissus de satin présentent une telle
infériorité en raison de l'absence du *brillant* que les Chinois ne
savent pas leur donner, qu'ils ne trouveront qu'un placement
très borné sur notre marché. Il en est de même des velours chinois, dont la confection laisse on ne peut plus à désirer.

L'exportation des tissus de soie n'a eu lieu, en 1844, que par
le port de Canton, et s'est ainsi distribuée :

Par navires anglais 44,064 kil. au prix moyen de 47 fr. 1,930,008
— américains 99,719   id.   81   8,077.239
— suédois. . . 363   id.   47   17,061

L'exportation des tissus de soie et de coton a été
par navires anglais de 6.717 kil. d'une valeur de. . .   87,268

TOTAL. 10,111,576

fermée, ou bien encore les quartiers les plus retirés des faubourgs. Physic-street est la rue la plus passante de Canton. Sous ce rapport, elle offre à l'étranger une scène animée, originale et sans cesse renouvelée de la vie chinoise ; le mouvement y commence avec le jour ; les boutiques sont promptes à s'ouvrir, le commis qui en sort, a dé à tout mis en ordre dans l'intérieur ; il se hâte

La majeure partie des tissus de Chine importés en Angleterre est réexportée à destination des divers pays d'Europe.

La France reçoit ainsi les lampas et les damas façonnés, tissus fort recherchés pour ameublement ; leur prix en France est de 70 à 80 p. 0|0 plus cher qu'en Chine.

Quant aux écharpes et aux châles brodés, la mode, en Europe, a mis en vogue les blancs ; mais en Amérique, et surtout au Mexique, les châles et écharpes de crêpe de Chine brodés, de couleur, sont devenus d'un usage général depuis longues années. Les cargaisons se composent d'assortiments de châles dans les couleurs les plus *voyantes*, surchargés de broderies que le goût réprouverait en Europe. Ils coûtent, en Chine, de 80 à 300 francs.

Les ceintures de crêpe de Chine sont aussi fort recherchées au Mexique : on en assortit les couleurs. On paie, à Canton , 12 fr. pour la teinture de cent ceintures, sauf en écarlate et en cramoisi; ces deux teintes coûtent 5 francs de plus.

Les frais généraux de commerce, entre le Mexique et Canton, dépassent d'environ 18 p. 0|0 les mêmes frais généraux entre le Mexique et la France, parce qu'il n'existe pas autant de moyens d'échange entre la Chine et le Mexique qu'entre ce dernier pays et la France. Il en résulte que la France pourrait vendre au Mexique la plupart des articles de soie à 18 p. 0|0 plus cher qu'elle ne les vendrait en Chine.

La soie à coudre et le cordonnet de soie, de 1,900 à 2,000 écheveaux à la livre, valaient à Canton, en 1845, 4 piastres 37 cent. le catty, teint en noir, et dans les autres couleurs assorties, 4 piastres 87 cent., c'est-à-dire 14 fr. le kilo. En 1842, elle n'était qu'à 32 fr. le kilogramme.

d'approprier le pas de la porte et d'épousseter l'élégante enseigne, suspendue verticalement de manière à exposer au public, sur ses deux faces et en lettres d'or, les titres du marchand à sa confiance; bientôt le commis paraît devant la porte avec son souan-pann dont il fait raisonner les boules; c'est un appel à la fortune, une conjuration du mauvais sort auquel personne n'aurait garde de manquer.

La foule ne tarde pas à envahir la rue; les marchands ambulants, chargés de menues denrées d'approvisionnement, se croisent dans tous les sens, annonçant par divers cris et au moyen des instruments les plus assourdissants, les légumes, le poisson, la viande, les animaux vivants, qu'ils transportent dans de grandes corbeilles suspendues sur leurs épaules, comme les plateaux d'une balance. Des coolies pliant sous le faix surviennent à travers ce pêle-mêle; le cri étouffé : *lay, lay*! les annonce de loin, chacun se range et l'on n'a souvent pour cela d'autre moyen que de se jeter dans la première boutique ouverte; puis, vient le palanquin du riche; il passe au pas de course, bousculant tout sur son passage; c'est un tumulte, une confusion qu'il y a quelque courage à affronter.

La voix d'un crieur public domine un instant le bruit de la rue; il distribue le dernier numéro de la *Gazette de Canton* et moyennant mes deux sapecs (1 centime), je possède sur deux grandes feuilles d'un papier jaunâtre, les grandes nouvelles de la province des deux Kwang; mon ami Cum-chon me les lira.

Cependant, il est onze heures : le fort de l'agitation

est passé ; on peut maintenant promener , sans trop de risques, sa flânerie le long des boutiques. Voici un grand magasin de nids de salanganes ; des ouvriers procèdent au triage des qualités, tandis que d'autres armés de petites pinces , sont occupés autour du comptoir à extraire soigneusement les plumes qui salissent les nids de qualité inférieure. Tout à côté, le Gin-seng étale aux yeux des passants sa racine jaunâtre, longue et renflée vers son milieu ; je le reconnais, c'est le gin-seng (Panax quinque folia) de Pensylvanie, où il croît à l'état sauvage , dans les terrains vagues ; ce n'est pas, toutefois, bien qu'il lui ressemble beaucoup, l'inappréciable gin-seng de Tartarie, dont l'empereur a le monopole et que les Chinois regardent comme une panacée universelle ; on est persuadé , en Chine, que l'usage de gin-seng entretient les fonctions vitales et qu'une infusion de cette précieuse racine peut, lorsque la flamme de la vie vacille et va s'éteindre, prolonger encore son existence de quelques heures.

La vente du gin-seng est un des revenus de la liste civile de l'empereur de la Chine ; c'est au poids de l'or qu'il en livre , chaque année, une certaine quantité à ses sujets , et les riches, comme bien l'on pense, peuvent seuls s'en procurer ; quant à la classe moyenne ou inférieure, elle consomme, faute d'autre, le gin-seng d'Amérique , qui vaut aujourd'hui de 250 à 300 fr. le picul (4 à 5 fr le kilog.) ; à ce prix, le profit de l'importateur est fort restreint ; mais, à l'époque encore récente de la découverte de cette racine en Pensylvanie , les bénéfices du commerce furent énormes. Au surplus , il n'existe point de marques qui permettent de distinguer avec toute certitude le gin-seng d'Amérique de celui de Tartarie , et quand il est *clarifié* , c'est-à-dire, quand dépouillé de son enveloppe par l'ébullition, il est devenu transparent et rougeâtre , il est impossible de ne pas les confondre ; il est probable aussi que **Dieu** a doué l'un et l'autre, à l'insu des Chinois , de la même puissance de résurrection , afin que , comme devant la mort , il **y** ait en face de la vie, égalité entre le riche et le pauvre.

Le magasin du marbrier de Physic-street est fort intéressant à visiter au double point de vue de la nature des marbres et de l'art du marbrier. Les marbres qu'on y met en œuvre sont extraits des carrières ouvertes à 80 lieues environ au nord de Canton , dans la haute chaîne de montagnes calcaires qui court depuis le Yun-nam jusqu'au **Fo-kien** et non loin du défilé du Meï-ling , taillé dans leur crête escarpée. Ces calcaires cristallins offrent des variétés de marbre noir, gris, blanc , blanc veiné de gris, blanc veiné de rouge, et renferment quelques débris d'êtres organisés, qu'on trouve surtout dans les couches plus argileuses qui les avoisinent ; ce sont des spirifers , des térébratules et des serpules. [1]

---

[1] **Les fossiles que j'ai rapportés** proviennent de ces localités et ont été l'objet d'un examen attentif de la part de M. de Koninck , professeur à l'Université de Liège ; il pense avec moi qu'ils caractérisent suffisamment le calcaire Devonien. L'un est un spirifer considéré comme nouveau et auquel il a conservé son nom chinois Chée-hien, *hirondelle de pierre* , indiquant assez exactement la forme de cette coquille ; ce spirifer se rapproche tellement du spirifer spéciosus (Schloth) , que M. de Koninck a hésité longtemps à en faire une espèce distincte ; or, ce dernier étant carac-

L'art du marbrier est peu avancé en Chine ; on débite les blocs en plaques, au moyen de scies, comme en Europe ; mais, en général, on n'obtient pas d'aussi grandes pièces et, le plus souvent, on se borne à faire des carreaux ; j'ai vu là des tables rondes, dont les pieds de marbre étaient tournés. Mais c'est surtout dans le polissage du marbre que les procédés chinois laissent à désirer ; on ne connait pas le moyen de donner ce dernier poli glacé qui fait ressortir toutes les nuances du marbre et lui donne son principal mérite ; aussi je ne doute pas que les marbres d'Europe ne se placent très avantageusement en Chine, où l'on recherche, avant tout, dans la décoration des appartements, comme dans leur ameublement, les ornements auxquels la nature donne leur principale valeur.

De toutes les boutiques de Physic-street, les plus dignes d'être visitées par les étrangers sont celles des marchands de curiosités, qu'on désigne vulgairement

téristique du système Devonien de l'Eifel et de la Belgique, il est très probable que son analogue de la Chine se trouve dans le même cas. Ce même spirifer se rencontre, d'ailleurs, dans un calcaire de la terre de Van-Diemen, où il est accompagné du productus murchisonianus qui ne s'est encore montré que dans les couches du système Devonien ; enfin, il existe adhérent à la surface du *spirifer Chee-hien* une petite espèce de serpula, dont M. de Koninck a constaté l'identité avec la serpula omphalodes (Goldf) Or, comme l'observe ce géologue, les restes de semblables êtres se découvrent fort rarement sur les fossiles siluriens et carbonifères, tandis qu'on les trouve fréquemment sur les Brachiopodes des couches Devoniennes de l'Europe.

L'autre fossile est une térébratule plissée, à laquelle M. de Koninck a donné le nom de Yeunamensis.

en France sous le nom de revendeurs de bric-à-brac, c'est-à-dire, d'objets d'art et d'antiquité. Les Chinois en sont fort amateurs, et, à voir la collection de ces objets qui se recommandent autant par la bizarrerie des formes et du travail que par le luxe de leur inutilité, on est conduit à considérer ce goût comme un des effets nécessaires du développement de la civilisation de l'espèce humaine, puisqu'il se rencontre partout. Il est remarquable, en effet, que ce soit sur des objets du même genre qu'il s'exerce aussi bien en Chine qu'en Europe : les bronzes, les vases antiques, les médailles, les monnaies, les vieilles peintures, les anciens manuscrits, les vieux laques, toutes choses qui sont la plus haute expression de la civilisation de l'époque qui les a produites.

L'antiquaire chinois et celui d'Europe, en s'entourant des chefs-d'œuvre des temps passés, satisfont l'un et l'autre à ce besoin d'agrandir le cercle de la vie, par l'étude de la trace qu'a laissée l'homme en passant. Les connaisseurs affichent, d'ailleurs, les mêmes prétentions que chez nous, en faveur des œuvres de l'antiquité ; ils réservent toute leur admiration pour une statuette en bronze qui date de trois ou quatre mille ans et pour un vase de porcelaine de quelques siècles ; ils portent aux temps présents le défi de rien produire de si beau, de si parfait. Ce défi, les temps présents l'ont accepté, en Chine comme en Europe, [1] et des manu-

---

[1] On sait que les Italiens ont poussé très loin l'art d'imiter les objets antiques : j'ai rencontré la même industrie florissante à

factures de bronze et de porcelaine *antiques* viennent journellement , en jetant l'indécision et le trouble dans la cervelle des antiquaires chinois , combattre , sur ce terrain sacré, leurs prétentions en faveur des œuvres du passé.

Au surplus , temps passé, temps présent de la Chine sont tout un aux yeux de l'étranger qui les ignore l'un et l'autre et les rencontre ensemble pour la première fois. Aussi, sans m'arrêter aux distinctions spécieuses qu'essayait de me faire faire le marchand sur le degré d'ancienneté de tel ou tel objet, j'admirais cette variété infinie de coupes, de cassolettes , de vases, de trépieds en bronze et en argent couverts de ciselures, représentant le Fong-hoang, ou phénix chinois, si parfaitement semblable au phénix égyptien, le dragon ailé et tous les animaux fantastiques de la mythologie chinoise ; ces objets d'art en jade (*yu*) dans lesquels cette pierre si dure a reçu par la taille toutes les formes qu'une imagination fertile peut enfanter ; ces jolies boîtes et ces plateaux en pâte de laque verte ou rouge sculptée, ces statues, ces vases et ces flacons en quartz hyalin, en améthyste, en agate ou bien en lazulite; ces coupes en cornes de rhinocéros, couvertes des plus gracieux ornements et montées sur leurs pieds de bois d'ébène découpés à jour ; ce miroir métallique circulaire, légérement convexe, qui semble refléter l'image tracée

Thèbes (Haute-Egypte): les Arabes venaient m'offrir des scarabées sacrés, fabriqués de la veille, et des papyrus dont le scellé en argile était on ne peut mieux imité.

par derrière, phénomène auquel nous sommes redevables d'une nouvelle et récente édition de l'histoire du veau à la dent d'or ; car nos savants étaient parvenus, dit-on . à lui trouver, comme pour cette dent d'or, une explication fort satisfaisante, au moment même où l'on s'apercevait que l'image reflétée n'était nullement celle du dos du miroir, mais bien le dessin, imperceptible à l'œil, tracé à sa surface.

Il y avait aussi, dans cette boutique de bric-à-brac, d'anciennes boussoles, couvertes de signes astrologiques fort compliqués, tels que les huit figures mystiques de Fou-hi, les douze caractères horaires, les vingt-quatre divisions de l'année solaire, etc., etc. On sait que dans l'opinion des Chinois l'aiguille aimantée se tourne vers le sud, aussi l'ont-ils nommée *che-nan-chaï* (charriot marchant vers le sud), et je ne sais vraiment de quelle autorité nous avons changé de pôle, en empruntant aux Chinois cet instrument admirable, connu chez eux de toute antiquité [1] ; notre reconnaissance pour un pareil présent aurait dû lui épargner cette transposition, à l'aide de laquelle, misérable plagiaire, l'importateur Gioja d'Amalfi aura sans doute rêvé le titre d'inventeur : le fait est qu'il est de médiocre intérêt, que l'on considère l'aiguille aimantée comme se tournant vers le nord plutôt que vers le sud ; on sait, d'ailleurs, aujourd'hui que ce n'est ni le pôle nord, ni le pôle sud de la terre qui influent sur sa direction, mais bien une action électro-dynamique exercée par l'équateur magnétique.

[1] La découverte de la boussole remonte au règne de Houang-ti, 2698 ans avant Jésus-Christ.

Je ne terminerai pas l'énumération des choses qui ont le plus captivé mon attention, sans parler de ces ornements d'ambre jaune transparent (succin) artistement taillés et qui renferment divers insectes, des mouches, des araignées, etc., etc. Cet ambre et les fossiles qu'il contient se trouvent dans les couches de lignite de l'époque tertiaire supérieur du territoire de Canton; ils rappellent l'ambre insectifère des bords de la Baltique; le marchand, pour me certifier que ce n'était point une composition, électrisa, en le frottant sur sa manche, le morceau que je voulais acheter et me montra qu'il jouissait de la propriété d'enlever un fétu de paille.

A la tombée de la nuit, la foule s'écoule, les boutiques se ferment, Physic-street est devenue silencieuse; chaque marchand, armé de sa lanterne de gaze de soie gommée, regagne le domicile conjugal et la rue ne retentit plus bientôt que du son du bambou creux que frappe par intervalle le garde de nuit.

Il est d'autres quartiers du faubourg dont les portes se ferment à la nuit; cette précaution n'est pas de trop contre les voleurs nocturnes qui, sous le rapport de la ruse, de l'adresse et de l'audace, en remontreraient aux plus habiles de nos bagnes. Une porte solide et bien fermée n'est pas un obstacle contre leurs entreprises; ils en enlèvent l'encadrement ou en détachent les gonds avec une patience incroyable, et si vous n'avez pas le sommeil très léger, ils dévaliseront la chambre où vous dormez, sans commettre d'ailleurs le moindre attentat contre votre personne; le voleur chinois n'assassine jamais.

Le faubourg du Sud est situé entre la partie chinoise

de la ville fermée et la rivière de Canton. Il n'est remarquable que par les immenses entrepôts qu'y possédait la société des marchands Hongs, à l'époque où ils avaient le monopole du commerce avec les Européens. Bien que ce monopole ait disparu, ces marchands ou leurs successeurs retiennent encore dans leurs mains presque tout le commerce de Canton, et leurs magasins m'offrirent, lors de ma visite, des amas de caisses de thé et de marchandises de toute espèce dont on se ferait difficilement une idée. On voit tout d'abord que leur installation a été combinée par des gens fort entendus dans tout ce qui regarde le mouvement des marchandises; ces magasins ont généralement deux entrées, l'une sur la ville et l'autre sur la rivière, de sorte que les bateaux chargés peuvent aborder jusqu'à la porte de chaque magasin.

C'est aussi dans le faubourg du Sud et non loin de la rivière, que se trouve le Teen-tze-ma-taou, ou place des supplices. Autrefois, on condamnait les criminels à être sciés entre deux planches, coupés en cent morceaux par le bourreau, aveuglés, éventrés, torturés : de ce luxe barbare de peines capitales, que renferme encore le code chinois, l'usage n'a guère conservé aujourd'hui que la décollation et la strangulation contre un poteau auquel le patient est attaché. Quant aux peines correctionnelles, elles se traduisent par la bastonnade, qu'on distribue au moyen du bambou avec une grande libéralité et pour les moindres méfaits; la cangue, peine bien autrement sévère, consiste en une espèce de plateau de bois, d'un mètre carré, dans lequel la tête et une des mains du patient sont engagées et qu'il ne quitte ni jour, ni nuit, pendant des mois entiers; cette espèce de collier pèse jusqu'à 100 kil. et porte écrits sur l'une de ses faces les considérants du jugement. Le malheureux que j'ai vu à la cangue était entouré de sa famille, qui lui prodiguait les soins les plus touchants; sa femme le faisait manger, tandis que ses cinq enfants, tous en bas âge, soutenaient de leurs petits bras ce pesant plateau de bois, pour procurer quelque soulagement à leur père; ce groupe aurait arraché des larmes au cœur le mieux cuirassé. Les gens riches sont rarement condamnés à la cangue; on les exile en Tartarie ou dans les steppes de Cobi, et l'on confisque momentanément leurs biens au profit de l'empereur, ce père de tous les Chinois!

Quant au faubourg de l'Est, je n'ai à en parler qu'à l'occasion des trois établissements de bienfaisance qu'il renferme. Le plus important est le Yang-tsé-yuen ou dépôt de mendicité, servant de lieu de refuge aux infirmes et aux vieillards. Placé sous la protection de l'empereur, il reçoit pour faire face à ses dépenses une somme annuelle de 5,100 taëls (40,500 fr.); on peut juger d'après cette allocation de l'insuffisance des secours donnés à ces malheureux, dont le nombre, dans une ville comme Canton, excède plusieurs milliers; aussi les voit-on sortir, à la nuit tombante, et se répandre dans les rues pour demander l'aumône, en cherchant à attirer l'attention du public par des chants monotones qui me rappelaient nos complaintes. Combien de fois n'ai-je pas été heurté, vers le soir surtout, par des gens qui ne se dérangeaient point de leur chemin et dans lesquels je ne tardais pas à reconnaître de malheureux aveugles , se rendant devant quelque boutique, pour y faire entendre le bruit assourdissant de deux morceaux de bois sonores frappés l'un contre l'autre, jusqu'à ce que le marchand se décide à racheter par une aumône cette espèce de charivari , et je faisais la réflexion que cette méthode d'attendrir les gens en les impatientant est assez générale, témoin la vielle criarde et le violon discordant : chaque pays a ses plaies !

Non loin du Yang-tsé-yuen, se trouve le Yuh-ying-tang , ou hospice des enfans trouvés ; ils y sont élevés jusqu'à ce qu'ils puissent travailler, alors on les vend aux gens riches qui en font des domestiques. Fondé, il y a 150 ans environ , cet hospice peut à peine recevoir deux à trois cents enfans, à l'entretien desquels 2,225 taëls (20,176 fr.) sont affectés. L'insuffisance d'un pareil établissement et des ressources dont il dispose, dans un centre de population comme Canton, n'a pas besoin de commentaires. Il semble qu'en ce qui concerne les enfans trouvés, comme à l'égard des infirmes, la civilisation chinoise n'ait pu que poser le principe de la charité publique, que Dieu a mis au fond de tous les cœurs, mais que le christianisme seul a rendu fécond.

Enfin , on trouve encore à l'Est de la ville fermée, le Ma-fung-yuen, hôpital des lépreux. Il peut recevoir trois cents à trois cent cinquante malades, aux besoins desquels on subvient au moyen d'une somme de 3,000 taëls (24,000 fr.) par année.

Paw-ssé-tchen vient de m'envoyer complimenter par son intendant Kum-chon, médecin chinois, qui recherche beaucoup les Européens. Mes instruments de physique absorbent longtemps son attention ; il faut absolument que je manœuvre mon daguerréotype sous ses yeux, que je prenne son portrait, que je lui fasse éprouver les effets de la pile à secousse de Clarke, et que je dore et argente avec la pile électrique divers objets métalliques dont il est porteur. Il me raconte qu'il est, depuis quelques mois, l'élève assidu du docteur américain Parker, missionnaire protestant, que la Société pour la Propagation de la Foi a placé à Canton, à la tête d'un hôpital où sont opérés et soignés gratuitement les malades. Il me fait, d'ailleurs, tant en son nom qu'en celui de Paw-ssé-tchen, toutes les offres possibles de service et de renseignements, et pour commencer, il me propose de me conduire demain à la maison de plaisance de son patron; ce que je n'ai garde de refuser.

Je consacre l'après-midi à visiter en détail la fabrication des laques, industrie dans laquelle les Chinois sont restés nos maîtres, ce qui tient surtout, je crois, à la supériorité des matières qu'ils emploient.

L'atelier compte une vingtaine d'ouvriers entre lesquels se divise le travail. Après avoir confectionné le meuble qu'on se propose de laquer, on en couvre la surface d'une espèce de mastic composé de plâtre, d'argile provenant d'un feld-spath décomposé et de colle-forte (gélatine); aussitôt que ce mastic est froid et sec, on le polit soigneusement avec une pierre de grès et de la ponce pilée ; puis, on y applique une première couche d'une couleur noire dissoute dans le vernis laque ; une seconde couche succède à la première devenue sèche : ce vernis laque provient d'un arbre connu dans le pays sous le nom de Tsié-chou, espèce de rhus, dont le suc découle par l'incision des branches et du tronc. Lorsque je pénétrai dans la chambre où l'on applique ce vernis, l'ouvrier m'avertit charitablement du danger que je courais, de voir mes mains et mon visage enfler d'une manière douloureuse par l'effet des émanations de ce vernis.

Le laque est mis à sécher à l'air libre, alors l'on trace au burin les dessins qu'il doit recevoir, soit en couleur, soit en or moulu, broyé avec une huile siccative ; plusieurs peintres décorateurs étaient occupés lors de ma visite à appliquer cet or au pinceau, avec une régularité de contour, une sûreté de main et une promptitude incroyables. Une dernière couche de vernis laque transparent appliquée sur ces peintures, termine le travail. On peut employer toute espèce de couleur avec le vernis laque, bien que les Chinois ne fassent guère usage que de rouge, de noir et de vert.

Bien différent du fabricant de vermillon, le fabricant de laque me montrait avec empressement tous les détails de son art ; il poussa même l'obligeance jusqu'à me remettre des échantillons des diverses substances employées.

5 novembre.

Course avec Kum-chon et quelques-uns de mes compagnons de voyage, à la maison de campagne du riche Paw-ssé-tchen. La barque de plaisance qui nous vient prendre par ses ordres, réalise tout le confortable imaginable ; c'est une petite maison flottante entièrement close par d'élégantes jalousies et des grillages ornés des plus brillantes couleurs, que rehaussent encore de gracieuses sculptures sur bois et de riches dorures. On voit bien, au perfectionnement qu'a reçu en Chine ce genre de véhicule, qu'il est à peu près le seul dont il soit réellement fait usage dans toutes les classes de la société ; il faut reconnaître, en effet, que dans un pays dont les grandes routes sont des rivières ou des canaux, il serait difficile que l'usage des voitures se fût répandu. A l'exception de l'empereur et de quelques hauts dignitaires qui se servent, dit-on, dans les plaines sablonneuses des environs de Pékin, de chars à deux et à quatre roues, suspendus sur leurs essieux, il est fort peu de gens, en Chine, qui aient fait dans leur vie une promenade en voiture. Pour moi, je n'ai aperçu, durant mon séjour en ce pays, qu'un mauvais tombereau à deux roues et quelques brouettes. Inutile sans doute de parler, chez les Chinois, de voyage à cheval ; des gens qui aiment autant leurs aises s'abstiennent de ce mode trop primitif pour convenir à une nation amollie par la civilisation ; d'ailleurs, les chevaux sont fort rares en Chine, parce qu'on pense qu'il vaut mieux que le pays nourrisse des hommes que des chevaux, à la condition toutefois que l'homme, à qui l'on fait ainsi place, remplisse au besoin le rôle de bête de somme. Aussi le riche a-t-il ses porteurs et son palanquin, comme nous avons nous, nos chevaux et notre carrosse; si nous avons sur les grandes routes des relais de chevaux, les Chinois ont sur leurs étroites chaussées des relais de porteurs, et c'est en palanquin que Ky-ing et sa suite s'étaient rendus par terre de Canton à Macao....

Mais, je conduisais tout à l'heure en bateau mon lecteur à la campagne de Paw-ssé-tchen et le voilà circulant en palanquin, à travers la Chine..... Je dirai donc, pour achever la description de notre jolie barque, que l'élégance de l'intérieur ne le cédait en rien au luxe de ses dehors; deux petits salons, ornés de riches tentures et garnis de banquettes recouvertes de moelleux coussins, constituent cet intérieur, où nous prenons place, autour d'une table couverte de toutes sortes de friandises et de gâteaux, dont les formes et le goût décèlent une civilisation fort recommandable. Poussés par quatre vigoureux bateliers, nous remontons la rivière, à travers la ville flottante, dont les bateaux sans cesse en mouvement retardent notre marche.

Nous voici dans la région de ces joyeux bateaux de fleurs; l'éclat de leurs couleurs et le luxe des sculptures qui les décorent, nous les auraient fait reconnaître, à défaut des agaceries de leurs habitantes qui nous adressent par leurs fenêtres, des signes non équivoques, tandis que des hommes qui semblent jouer là l'ignoble rôle de *souteneurs*, nous donnent à comprendre en se prenant les cheveux d'une main, tandis qu'ils passent vivement l'autre sous le cou, le genre de supplice qui nous attend, si nous approchons. Aux bateaux de fleurs succède la fourmilière des tankas : on n'y aperçoit guère, dans le jour, que des femmes occupées des soins de leur ménage, et des enfants courant d'un bord à l'autre, la calebasse sur le dos en manière de bouée de sauvetage ; quant aux hommes, ils sont sur la rivière à gagner le riz de la famille.

La ville et ses faubourgs, ainsi que le fort Tcha-ming qui défend en amont le cours de la rivière, sont déjà loin de nous ; les deux rives nous offrent une immense plaine parfaitement cultivée et terminée brusquement par des montagnes à l'ouest et au nord ; c'est là le caractère d'un dépôt nivelé par les eaux d'un lac, dans lequel ces montagnes formaient des îlots aux bords escarpés ; des blocs roulés et des galets de roches appartenant aux terrains de transition, sont répandus çà et là sur le sol, dont le mode de formation présente beaucoup d'analogie avec celui des plaines de la Crau, et pourrait être attribué à des causes semblables ; le terrain tertiaire supérieur forme le sous-sol de cette plaine et contient, jusque dans la ville même de Canton, des couches de lignite.

Parvenue à la hauteur d'un large canal, ouvert sur la rive gauche de la rivière, et à l'entrée duquel s'élève, au milieu de la vase, un village chinois de l'aspect le plus misérable, notre barque s'y engage et ne tarde pas à nous déposer sur la berge, au pied du mur de clôture du parc de Paw-ssé-tchen. Je me dirige en toute hâte vers la maison, dans l'espoir d'y surprendre quelques-unes de ces scènes locales dont mon daguerréotype rendrait si exactement l'originalité ; les deux coolies qui portent mon instrument prêt à fonctionner marchent derrière moi : on peut pénétrer dans le parc par les portes grillées pratiquées dans le mur de distance en distance, et dont un ou plusieurs barreaux se lèvent à volonté. Mes coolies, gens de la maison de Paw-ssé-tchen, connaissent heureusement le secret qui ferme ces barreaux ; j'entre et me trouve tout-à-coup en face d'un essaim de jeunes filles d'une mise fort élégante ; effarouchées à mon approche, elles avaient fait un mouvement involontaire de retraite, mais l'expression de ma figure que j'avais rendue aussi gracieuse que possible, et mes tchinn tchinn répétés avaient calmé toutes leurs inquiétudes ; elles s'arrêtèrent, se regardèrent et partirent, à mon nez, d'un immense éclat de rire, moitié joyeux, moitié moqueur ; je me hâtai de profiter de cette heureuse disposition ; déjà mon daguerréotype était dressé devant elles et j'en avais fixé l'objectif, quand arrivèrent mes compagnons ; l'un d'eux intervint maladroitement pour me faire faire place et, à l'instant, le vent de la dispersion souffla sur ces jolies colombes.

Le parc est orné de monticules de terre et de rochers factices d'un effet fort pittoresque, au sommet desquels on parvient par de jolis sentiers tournants ; une vaste pièce d'eau, couverte de nélumbium, entoure la maison et communique par plusieurs embranchements à d'autres grands bassins, sur lesquels s'étendent dans tous les sens des ponts légers à doubles arcades et d'élégantes galeries de bois couvertes et disposées en zig-zag, seules voies de communication entre les diverses parties de cette espèce de parc marécageux. Du sommet du rocher factice on saisit l'ensemble de la maison et une partie de ses alentours. Ce point de vue devient l'objet de ma première épreuve daguerrienne [1].

De la terrasse d'un charmant pavillon, dont je me propose tout à l'heure de visiter l'intérieur, la maison me présente sa façade principale ; sur le devant est une grande volière en fils de fer ; des colonnes de pierres s'élancent hors de l'eau pour soutenir le rez-de-chaussée, qui s'étend au-dessus d'un vaste bassin couvert des larges feuilles du nélumbium ; une varanda garnie d'élégants pots de fleurs, règne tout à l'entour ; les salles du premier étage sont défendues contre le soleil par un treillis à jour admirablement dessiné ; puis, vient le toit en tuiles courbes. Chacun de ses angles est orné de riches moulures en fayence vernissée, et le fronton qui le surmonte se pare d'arabesques disposées symétriquement. Tel est le sujet de ma seconde épreuve daguerrienne.

L'élégante architecture du pavillon me rendait impatient de voir les merveilles artistiques de sa décoration intérieure ; j'y pénétrai avec cette curiosité ardente qui semble défier toutes les surprises, et cependant je restai sans parole et sans voix devant le premier objet qui s'offrit à ma vue. O la plus ravissante des filles de la Chine, vainement vous vous étiez retirée dans ce lieu solitaire pour échapper à nos regards indiscrets ! Pardonnez à d'humbles étrangers le bonheur de vous contempler quelques instants, d'admirer ces noirs cheveux parsemés de fleurs, ces grands yeux en amande, ces

---

[1] Cette épreuve daguerrienne est reproduite au commencement du premier volume.

lèvres de corail qui sourient si délicieusement, cette main si mignonne et cette mise élégante et riche qui rehausse l'éclat de toute votre personne ! Voilà ce qu'à défaut de ma parole, mes yeux exprimaient peut-être trop vivement, car la jeune fille cacha son visage derrière la large manche de son taï-qua ; Kum-chon entra sur ces entrefaites et s'étant excusé de la timidité de sa cousine, il la conduisit dans la chambre voisine.

Ce pavillon est une espèce de boudoir du plus élégant style ; il est divisé en plusieurs petits salons par des cloisons à jour, formées de treillis en bambou d'un dessin délicat et varié, alternant avec des carreaux de verres de diverses couleurs ; les ornements, les meubles les plus originaux remplissent ce joli boudoir ; ici, est un fauteuil formé d'un énorme bloc de quartzite dans son poli naturel et avec ses formes arrondies, il est établi sur un soubassement en bois sculpté ; là, se balance une élégante lanterne ou plutôt un lustre de la forme d'un prisme triangulaire en écaille incrustée de nacre. Je remarque une espèce de guéridon, offrant dans ses replis multipliés plusieurs étagères dont nos dames envieraient sans doute l'heureuse disposition ; puis, une causeuse où peuvent prendre place sur de moelleux coussins, deux personnes séparées ou plutôt réunies par une petite table à thé.

On communique par un pont en zig-zag, de ce pavillon au principal corps de logis ; nous pénétrons par un beau péristyle orné de pots de fleurs, dans un vaste salon où nous retrouvons la jeune cousine de Kum-chon. Oh ! pour cette fois, je parierais que, remise de l'étonnement

que nous avons pu lui causer, c'est elle qui nous a attendus ici ; elle s'est , d'ailleurs , aperçue qu'on la trouve
jolie, et cette révélation a calmé toutes ses susceptibilités ; elle lève les yeux sur nous, sourit à nos salutations
et, sous le prétexte de saisir son éventail, elle sort de sa
large manche une pètite main fine, soignée, ornée de
grands ongles translucides ; main aristocratique, en un
mot, qui porte aux travaux du ménage le plus dédai-
gneux défi.

On parvient au premier étage par un méchant petit
escalier dérobé, indigne de cette vaste et belle demeure;
là, sont les chambres à coucher, la salle de théâtre, etc.
Paw-ssé-tchen a fait de cette partie de sa maison une
espèce de musée européen; on y voit un modèle de frégate, une chambre d'optique, une machine à vapeur
sous une cage de verre ; un modèle de bateau à vapeur,
un prisme pour décomposer la lumière, une grande lanterne magique. Est-ce là tout? Vraiment non! Paw-ssé-
tchen adore les Chinoises; aussi, a-t-il onze femmes !
Mais, depuis qu'il a entrevu une fleur de l'Ecosse, une
délicieuse blonde aux grands yeux bleus, il raffole des
Européennes, et en attendant qu'on ait satisfait à la com-
mande qu'il a sérieusement faite à un capitaine de navire,
d'une grande et belle blonde, au prix de 5,000 piastres
(30,000 fr.), il a fait exécuter en carton et de grandeur
naturelle la dame de ses pensées. Elle a les yeux bleus,
le nez aquilin, le teint d'une anglaise ; la partie des ressorts en a été surtout parfaitement soignée et, dans le
délire de son imagination, il a cherché, nouveau Pyg-
malion. à donner une âme à cette ignoble Galathée.

Paw-ssé-tchen est aussi grand amateur d'animaux curieux ; il en nourrit plusieurs à sa campagne , j'y remarque entre autres un serpent boa de 20 pieds de long.

Il était cinq heures du soir, quand nous songeâmes à revenir à Canton. Chemin faisant , je devisai avec Kum-chon sur une foule de choses auxquelles je reviendrai plus tard.

6 novembre.

La foule se presse , aujourd'hui, dans le quartier des factoreries ; est-ce une foire, un marché? Je ne sais..... mais on a peine à circuler. A voir le nombre des barbiers en action sur la place , je suis disposé à croire que c'est simplement le jour de barbe du populaire chinois; qui dit le jour de barbe dit aussi, et à plus forte raison, le jour de queue ; car, le soin de sa tête et de sa queue qui en est le plus bel ornement, a bien une autre importance pour un Chinois que les quelques misérables poils épars sur son menton. La coquetterie d'un Chinois se mesure aux soins qu'il prend de sa queue : il la lui faut noire , luisante, épaisse et longue ; il n'hésitera pas à corriger par une addition de faux cheveux et de cordonnets de soie le tort que la nature peut lui avoir fait sous ce rapport; les cheveux qui ne sauraient y concourir, il en fait volontiers le sacrifice au conquérant Chun-ti qui, au 17ᵐᵒ siècle, lui imposa cet usage tartare, comme marque de soumission , comme sceau de la conquête. Il faut , en vérité, pousser bien loin la passion de l'obéissance passive , pour saluer, comme un jour de fête, le retour de cette dégradante opération : les Miao-tsen sont les seuls Chinois qui aient conservé leurs chevelures ; ces indomptables montagnards, protégés par les difficultés du pays qu'ils habitent, au nord-ouest de Canton, ont su jusqu'ici défendre leur indépendauce contre les armées impériales et, ce qui est plus difficile encore, contre les tentatives du gouvernement pour semer la division parmi eux.

Des mains du barbier le Chinois passe dans celles du charlatan ; car, la Chine a aussi ses médecins en plein vent qui débitent de merveilleuses drogues, des pommades incomparables, annoncées avec toute l'emphase de leurs confrères d'Europe. Le charlatan est décidément l'un des produits immédiats de toute société humaine ; cela bien reconnu, il devenait curieux de constater aussi jusqu'à quel point il y avait identité dans les détails de la profession ; vous en jugerez. Le charlatan autour duquel la foule se pressait, avait arboré pour enseigne le squelette d'un énorme tigre suspendu à une longue perche ; il annonçait en vendre la moelle sous forme d'une espèce de cérat jaune, qu'il présentait au public ; placé à côté de moi, Kum-chon souriait à ses explications et me les traduisait, séance tenante : Voici le véritable remède, disait-il, pour guérir les plaies, faire revivre les chairs et leur communiquer la force musculaire du tigre ; voyez-en les effets sur ces coqs ici présents ; et il montrait au public deux coqs qui avaient subi d'étranges opérations chirurgicales ; on avait amputé une patte à chacun d'eux, qu'on avait remplacée par une patte de canard ; un peu de la moelle de ce tigre a fait l'affaire, ajouta le charlatan. Je m'étais approché pour constater le fait ; il n'y avait pas moyen d'en douter, la cure était complète chez l'un des deux coqs ; le charlatan, l'élevant à la hauteur de sa tête, le laissa tomber à terre pour démontrer qu'il faisait aussi bien usage de sa patte palmipède que de l'autre. Le second coq était encore en traitement, deux éclisses de bois en manière d'attelle continuaient à protéger la reprise des chairs et des os ; l'animal boitait en s'appuyant sur sa patte d'emprunt, mais l'opération était récente et il faut du temps pour tout.

En citant ce fait avec détail, mon but n'est point d'enrichir la chirurgie européenne de ce merveilleux moyen ; on n'en pourrait user qu'au préjudice de l'industrie des jambes de bois et n'a-t-elle pas, comme les autres, des droits acquis qu'il faut respecter ? moi, j'irais, de gaîté de cœur, me faire une mauvaise affaire avec certains défenseurs du travail national, quand, dans mes vives préoccupations en faveur des charlatans, j'enrichis mon pays d'une industrie nouvelle que voici ! Prenez une patte de canard fraîchement coupée, détachez-en habilement la peau, en la retournant comme un gant ; vous vous êtes procuré un coq, dont vous introduisez la patte dans ce gant retourné d'espèce nouvelle, vous l'entrez jusqu'à la naissance des plumes de la cuisse, et vous l'y collez ; vous vous dépêchez d'aller à la foire et vous y vendez, sous le nom de graisse d'ours, de moelle de tigre, etc., etc., tous les bouts de chandelle que vous vous êtes procurés dans votre quartier ; tel est le mode d'opérer en Chine.

Plus loin la foule formait le cercle autour d'une espèce de dentiste qui n'avait pourtant auprès de lui aucune pince ou autre instrument d'acier, pas même une de ces formidables épées à la pointe desquelles nos arracheurs de dents opèrent une extraction aux yeux du public ébahi; il vendait tout simplement une poudre blanche dont une pincée mise sur la dent malade en déterminait au bout de quelques heures la chûte, *senza dolor*, comme disent généralement ces messieurs. Je m'empressai d'acheter pour 20 sapecs un paquet de cette composition précieuse partout, mais surtout en Chine où les dents deviennent promptement mauvaises, soit à cause des boissons chaudes, de la pipe et du betel dont on fait usage, soit encore par suite de l'habitude de se raser les cheveux et d'avoir la tête nue; cette poudre, dans laquelle j'ai reconnu la présence du camphre, sera analysée avec tout le soin qu'elle mérite.

En traversant Old-China-street, je m'arrêtai devant un oiseau savant; son maître m'offrit, en me tendant un jeu de cartes, le choix de l'une d'elles, qu'après avoir bien vue je fis rentrer dans le rang; aussitôt l'oiseau sortit de sa cage et vint la retirer avec son bec; il avait deviné juste ! Son maître le récompensa d'un grain de mil; pour moi, j'en fus humilié pour les prestidigitateurs de mon pays.

Il y avait à côté, un éleveur de souris blanches; elles se livraient à une foule d'exercices curieux; l'une tournait un treuil avec ses pattes et montait ainsi une trémie pleine de grains; un autre exécutait la danse de l'ours avec un petit bâton.

La foule faisait cercle, au coin de Bath-street, autour d'une table sur laquelle étaient accoudés deux hommes âgés, d'assez bonne mine, vêtus de longues robes de

soie violette (pŏ) et tenant chacun une caille mâle à laquelle
ils pinçaient vivement le bec pour exciter sa colère, et
la disposer au combat dont un large plateau circulaire
garni de bords élevés devait être le théâtre ; deux sacs
de jonc remplis de monnaie de cuivre formaient l'enjeu.
Je m'étais approché pour être témoin de cet étrange
duel. A peine en présence, les deux cailles animées d'une
rage furieuse se chargèrent à coups de bec, de pattes et
d'ailes. La lutte durait depuis quelques minutes et la
physionomie de chaque joueur en reflétait toutes les péripéties, lorsque l'une des deux cailles aveuglée par son
adversaire, baissa tout-à-coup la tête, tourna sur elle-
même comme atteinte de vertige et s'arrêta vaincue ; il
fallut la dérober aux coups redoublés du vainqueur.

On met aussi en présence des grillons dont on a sti-
mulé les mandibules au moyen de brins d'herbe et qui
se livrent des combats mortels ; c'est encore une occasion
de paris pour les Chinois, ce peuple le plus joueur de la
terre ! [1]

---

[1] Voici l'édit impérial qui fut publié à Pékin en 1750 contre le
jeu ; il respire d'un bout à l'autre l'amour du bien public, dont
était animé le célèbre Kian-gy.

« Ne forcez pas votre Empereur, qui est aussi votre père, à
n'être plus qu'un juge.

» Je vous ai souvent répété que nous n'étions heureux que par
la vertu ; c'était assez vous faire entendre que nos vices détrui-
sent nécessairement la bienfaisance, la concorde et le bonheur.
De tous les vices, je n'en sache point de plus nuisible que la fureur du jeu.

» Moi, qui vois tout, qui entends tout du fond de mon palais,
et qui veille le plus souvent quand le crime ourdit sa trame dans

Quelques marchands établis près du jardin de la factorerie américaine, exposaient dans de grandes cages de
bois, des chats et des chiens engraissés au riz et que tâ-

les ténèbres ; moi qui, vous le savez, déteste le mensonge plus
que je ne crains la mort, j'affirme qu'il n'est point de manie plus
féconde en calamités publiques et privées que la manie du jeu.
Oui, j'affirme qu'il n'est point d'hommes plus âpres que les joueurs,
plus enclins au mal ; ils se feraient horreur s'ils se connaissaient
mieux ; je les connais, écoutez donc.

» Pourquoi le joueur continue-t-il presque toujours ? Hélas !
c'est qu'il a commencé.

» Quiconque ne sait pas résister aux premières amorces, attise
un feu que bientôt il ne pourra plus éteindre. On ne joue d'abord
que par complaisance ou par désœuvrement ; on ne donne d'abord
au jeu que des moments, puis des heures, puis des jours, puis
des nuits entières ; et c'est ainsi que la passion, s'allumant par
degrés, dévore le temps, plus cher que l'or, et fait oublier les
devoirs les plus sacrés.

» L'habitude une fois enracinée, les joueurs ne respirent plus
que pour satisfaire leur passion. Leur rage ne finit pas avec les
aliments qui la nourrissent. Au lieu de se retirer du jeu lorsqu'ils ont
tout perdu, ils y sèchent d'impuissance, mais ils regardent jouer.

» L'un abandonne ses fonctions publiques, l'autre néglige l'art
dont il tirait sa subsistance et celle de sa famille. Incapables de
tout, ils ne rêvent que le jeu : pour y suffire, ils vendent leurs maisons, leurs terres ; ils se vendraient eux-mêmes, tant le désir et
l'espérance les aveuglent !

» Les insensés ! que veulent-ils ? Qu'espèrent-ils ? Nous ruiner
impunément. Ils commencent par eux ; c'est là le sort du plus
grand nombre. Ceux qui prospèrent aujourd'hui, demain seront
dans la misère. Cependant ils triomphent, ils ne doutent plus de
rien quand ils ont dépouillé quelqu'un : attendez, ils seront dépouillés à leur tour. Malgré le succès, on les fuit, on les déteste,
les honnêtes gens les montrent de loin, comme l'opprobre du pays.
Gardez-vous en, disent-ils ; le besoin qui les tourmente suppose
tous les vices ou les suggère.

taient les amateurs , non sans prendre garde aux griffes
et aux dents des victimes. Enfin , j'arrêtai , au milieu de
la foule , un homme revenant de la chasse et armé d'une
canardière à mèche , de 9 pieds de canon ; il portait à la
main une grosse liasse d'ortolans (oiseaux de riz), vraies
pelotes de graisse , et trois bécasses qu'il me vendit pour
une demi-piastre : ce gibier , comme tout celui qu'on
mange à Canton, est tué à l'affût.

» Je défends le jeu, si quelqu'un brave mes ordres, il bravera
la Providence; il contredira le vœu de la nature qui nous crie :
Espérez , mais travaillez ; les plus actifs seront les mieux traités.

». Si j'étais mieux secondé, le soleil ne verrait pas un pauvre
dans toute l'étendue de mon empire; mais que peut la volonté
d'un seul contre les volontés de tant de millions d'hommes , qui
ne soupirent qu'après le superflu ?

» Ce sont ces vœux insatiables qui font les joueurs et qui les
prosternent aux pieds de leurs idoles, comme si le hasard ou le
destin leur devait des préférences.

» Dès le commencement de mon règne, j'annonçai que je voulais bannir le luxe, la mollesse et les jeux de hasard.

» Officiers, soldats, et vous qui m'appartenez par les liens du
sang, si vous m'aimez, si vous respectez votre prince, ne soyez
pas des joueurs.

» L'honneur, le travail, l'économie, voilà des sources où vos
pareils, au lieu de s'en rapporter au hasard, doivent puiser pour
le présent et l'avenir.

» Vous avez votre paie, ménagez-la : quelques-uns ont des
terres, qu'ils les fassent valoir, et quand les moissons seront abondantes, qu'ils songent à la stérilité.

» Pour la dernière fois, il en est temps encore, que les joueurs
se corrigent , mais sans délai.

» Vous m'avez entendu ; je le dis à regret, il faut pourtant
le déclarer : je les punirai, vous dis-je, fussent-ils mes propres
fils ! »

J'avais une lettre de recommandation pour le consul américain, M. Forbes, qui m'accueillit on ne peut mieux et se mit obligeamment à ma disposition pour tous les renseignements commerciaux dont j'aurais besoin. Cette offre était fort aimable au milieu des affaires sans nombre qui l'accablent, car M. Forbes réunit aux fonctions de consul les occupations de négociant associé de la maison Russell et Comp., et s'il est quelques loisirs pour le consul, il n'en est pas, à Canton, pour le négociant ; attaché à son comptoir depuis le matin jusqu'au soir, il passe sa vie au milieu des thés, des cotons, des shéetings, des drilles, des longscloths, sans pouvoir se permettre la moindre distraction, le moindre repos. M. Forbes voulut bien mettre à ma disposition ses linguistes, pour m'accompagner dans mes courses aux alentours de Canton, et un excellent canot avec lequel je pourrai étendre mes excursions dans la rivière ; grâces à son intervention, je me suis établi sur le toit le plus élevé de la factorerie américaine, pour prendre au daguerréotype le panorama de la ville de Canton et de ses alentours.

Les fonctions de dégustateur de thé sont fort importantes ici, et M. Forbes ne donne pas moins de 15,000 fr. par année à cet agent. Au moment où je pénétrai dans son laboratoire, il était occupé à examiner une forte partie de thés noirs et verts.

L'empereur Kien-long a tracé lui-même dans des vers fort estimés des Chinois et que reproduisent souvent

leurs tasses à thé, la manière de préparer l'infusion de thé;
il prescrit l'usage d'un pot qui compte de longs services,
l'emploi de l'eau pure, telle que celle que fournit la neige,
la température à donner à cette eau ; toutefois, le thermomètre dont il se sert n'est pas fondé sur la loi de
la dilatation des corps, il l'emprunte à la science cu-
linaire : il faut, dit-il, que l'eau blanchisse le poisson
et rougisse l'écrevisse ; l'infusion doit être faite dans la
tasse même et se prolonger jusqu'à ce qu'il n'y ait plus
que quelques légères vapeurs à sa surface ; humez alors
lentement, s'écrie t-il, cette délicieuse boisson ! Le dégustateur de M. Forbes n'agit pas autrement; entouré
d'autant de tasses qu'il a de caisses à reconnaître, il y
prépare ses infusions par la méthode indiquée, les soumet l'une après l'autre à l'analyse d'un goût éprouvé ,
et rejette les caisses dont la saveur n'est pas franche.

Jamais occasion plus belle d'étudier le thé ne s'était
offerte et j'en profitai [1]. Je fis d'abord connaissance avec
les cinq principales espèces de thé vert existantes dans
le commerce et qui ne se distinguent guère les unes des
autres que par la grosseur et la forme du grain que le
tamis sépare. En tête se place le hyson ou haysswen ,
dont les feuilles sont entières, vertes et bien roulées ;
puis, vient le thé perlé à la forme ronde et à la couleur
vert-blanchâtre, le thé poudre à canon en grains durs
roulés, le chulan , thé fort aromatique ; les autres thés

[1] Le mot 茶 , thé , nous vient de tea que les Anglais ont emprunté aux Fokinois ; les habitants des deux Kwang appellent
cette feuille tcha, nom que les Portugais ont adopté.

verts , mal roulés et mêlés de feuilles jaunes sont de
qualité inférieure. Quant aux thés noirs (Boui), les espèces en sont fort nombreuses ; ils ne sauraient se présenter en grains durs et roulés comme le thé vert, parce
que la feuille a commencé, ainsi que je l'ai expliqué ailleurs, à sécher et se flétrir avant la torréfaction. La première qualité est le pé-koë (blanche pointe) ; la feuille
qui le fournit , n'étant pas encore développée, se trouve
naturellement roulée longitudinalement et couverte d'un
léger duvet blanchâtre ; puis, vient le oo-long, thé très
aromatique dont la feuille est peu ramassée ; le thé sou-
chon et le san-out-tcha ou thé à trois goûts sont aussi
fort estimés. Le meilleur thé croît, dit-on, aux environs
de la ville de Hoëi-tcheou-foo, située au sud et non loin
de Nankin dans des terres maigres et légères formées
de détritus granitiques... Mais je n'ai pas l'intention
de répéter ici la leçon que je viens de prendre, et peut-
être en ai-je déjà trop dit.

Paw-sse-tchen vient de me faire cet après-midi une
seconde visite ; la première fois, ne m'ayant pas trouvé,
il m'avait laissé sa carte, c'est-à-dire, un grand papier
rose sur lequel est imprimé son nom. Il demande à voir
mon daguerréotype, dont on lui a beaucoup parlé. Je
fais deux fois son portrait et lui remets la meilleure
épreuve ; dans son ravissement, il m'engage à aller le
voir chez sa femme légitime , dont il désire que je fasse
aussi le portrait.

J'assiste à l'examen approfondi qu'il fait des divers
échantillons des délégués du commerce français ; il ad-
mire plusieurs tissus de coton , diverses étoffes de

verre filé ainsi que les produits si variés de l'industrie parisienne et de la coutellerie; il indique celles de ces marchandises qui lui paraissent devoir convenir au marché chinois ; il prie même qu'on lui cède les échantillons, et exprime le regret qu'on ne puisse se charger des commandes qu'il désire faire d'une foule d'objets.

Son amour-propre national s'était ému, à la vue des magnifiques soieries qu'avait exhibées M. Hedde; les portraits, en soie tissée, de la Sainte-Vierge et de Jacquart le préoccupaient surtout ; il fait apporter, pour soutenir l'honneur de la fabrication chinoise , un fort beau tableau, tissé soie et or, représentant un vieillard sur un char de triomphe , traîné par un éléphant; ce tableau est, en effet, d'un travail fort remarquable, mais le tissu a été quelque peu arrangé par des points de broderie ; il reste donc, sous le rapport de la difficulté comme de la perfection de l'exécution, fort au-dessous des œuvres admirables de la fabrique lyonnaise; toutefois , l'importance de cet ouvrage me détermine à en reproduire le dessin au daguerréotype.   .

9 novembre.

Course à la grande pagode de Honan. Le bateau tanka remplit, comme ¡on sait , à travers la ville flottante de Canton, le rôle de fiacre ; l'un d'eux nous dépose au pied des premières maisons du grand village qui s'étend sur la rive droite du Choo-keang , en face de la ville. Les étrangers qui viennent visiter le temple d'Honan, le plus grand et le plus riche de Canton, contribuent avec les nombreux propriétaires des campagnes situées derrière le village de ce nom , à entretenir sur ce point un grand concours de monde.

Le temple d'Honan se compose, comme toutes les pagodes chinoises , de plusieurs édifices séparés par de vastes cours entourées de murs ; toutes les constructions sont en briques. Après avoir traversé une première enceinte, on arrive à la porte des collines, au dessus de laquelle est écrit en grands caractères le nom du temple Hae-Chwang. Nous remarquons sous la porte les statues colossales de deux demi-dieux guerriers placés de chaque côté ; ils semblent veiller à l'entrée du saint lieu. Une seconde cour nous sépare du palais des quatre rois célestes, anciens héros sous la protection desquels est aussi placée la pagode ; nous traversons cette cour et parvenons par une belle avenue aux portes d'un grand palais renfermant les trois Boudha très précieux ; ce sont trois grandes statues représentant le Boudha des temps passés , le Boudha des temps présents et le Boudha des temps futurs. Les grilles en bois de l'immense salle dans laquelle ces images sont placées, sont malheureusement fermées et nous ne pouvons voir qu'imparfaitement, au travers des barreaux, les autels, les statues et les ornements bizarres qui la remplissent; c'est là que les bonzes viennent chanter vêpres.

Derrière ce grand temple sont plusieurs pavillons ou chapelles ; dans l'une se trouvaient deux bonzes , assis l'un en face de l'autre et chantant leurs vêpres , en marquant la mesure sur un morceau de bois très sonore ; le caractère monosyllabique de la langue chinoise donnait à leurs chants une allure saccadée qui en diminuait l'effet soporifique; ils redisaient, d'ailleurs, souvent les mêmes mots, comme dans nos litanies ; ces deux prêtres avaient la tête nue et portaient des robes dont la moitié était grise et l'autre jaune, leur teint pâle semblait accuser de longs jeûnes.

Je remarquai, dans le troisième temple que je visitai, un beau mausolée en marbre blanc, magnifiquement sculpté et surmonté de la statue de la vierge Kuan-yn allaitant un enfant. Je me disposais à en faire l'objet d'une épreuve daguerrienne, lorsque les deux bonzes qui avaient terminé leur office (il était trois heures) s'approchèrent pour examiner mon instrument et se faire expliquer son usage ; ils approuvèrent par des gestes mon projet et l'un d'eux consentit même à se placer immobile dans le champ de mon daguerréotype.

A droite en entrant dans le temple, il existe une rangée de cellules destinées aux bonzes, puis un atelier d'imprimerie, et au fond, on trouve les loges des animaux sacrés ; les bonzes, voués à l'abstinence, les nourrissent avec un tel succès, que les porcs que j'ai vus là avaient complètement perdu leurs formes ; leurs courtes jambes s'absorbaient dans les développements du ventre, les yeux disparaissaient dans les bourrelets du front qui venait recouvrir et cacher jusqu'au grouin ; dans cet état, ces animaux ne pouvant plus se mouvoir eux-mêmes, sont transportés, tous les matins, de leur loge dans la cour ; on y nourrit aussi, jusqu'à ce qu'ils meurent de mort naturelle, des poules et des canards provenant comme les porcs, des offrandes des dévots.

Parmi les constructions situées à gauche, je remarquai un pavillon destiné à **Kwan-foo-tzee**, demi-dieu de la guerre, représenté par une statue colossale fesant une affreuse grimace. Le roi des ombres, le sombre Tetseang-wang a aussi là son pavillon. Puis, je parcourus la salle de réception des voyageurs, le logement du prieur, le réfectoire, les cuisines où quelques bonzes novices préparaient la nourriture des cent soixante-quinze prêtres qui desservent le temple d'Honan.

Un vaste jardin est attenant à ces bâtiments ; nous y vîmes une douzaine de jardiniers occupés à la culture des légumes et du riz ; l'un d'eux traçait un sillon avec une charrue attelée d'un buffle ; cette charrue rappelle l'informe araire provençale ; elle n'a point de roues, son soc est en fer et n'a pas d'oreille ; sa partie antérieure présente un bec droit horizontal, de 4 centimètres de largeur, destiné à ouvrir le sol, tandis que la partie inférieure, fortement renflée en demi-cercle, écarte la terre et la rejette du côté où le laboureur penche la charrue. D'autres ouvriers étaient occupés à manœuvrer un moulin à vanner, dans lequel je reconnus le modèle parfaitement exact du van introduit dans nos fermes, depuis un demi siècle, et qui est, comme on le voit, d'invention chinoise.

C'est au fond du jardin, vers la rivière, qu'est situé le lieu de sépulture des bonzes, dont les corps sont brûlés après leur mort, pour en conserver les cendres dans l'humble mausolée qui était sous nos yeux. Tout à côté est une espèce de fourneau destinée à cette opération. Quelques jarres contenant les cendres des bonzes morts dans l'année attendaient le jour de la cérémonie du dépôt ; il y existe aussi des tombes réservées aux croyants qui laissent de l'argent pour acheter cette sépulture.

Le terrain occupé par le temple d'Honan et ses dépendances, n'a pas moins de 3 hectares et demi de superficie.

La chronique chinoise raconte qu'il y a déjà plusieurs siècles, un bonze nommé Che-yue vint construire à Honan une pagode qu'il dédia à Boudha et l'appela le temple des dix mille automnes ; mais ce temple acquit son renom et son importance au milieu de circonstances extraordinaires qui prouvent la haute intervention du Dieu.

Sous le règne de Hang-hi et vers 1700, alors que la province de Kwang-tong n'était pas encore entièrement subjuguée par les Mantchoux, le gendre de l'empereur y fut envoyé pour achever la conquête ; il accomplit sa mission, reçut le titre de Ping-nan-wang (roi du Midi subjugué) et établit son quartier-général dans la pagode même d'Honan ; il y avait alors dans l'île treize villages dont les habitants avaient été condamnés à l'extermination pour leur résistance opiniâtre aux armées impériales. Au moment de partir pour mettre cet ordre à exécution, Ping'nan-wang aperçut un bonze nommé Ah-tsze, dont la figure fraîche et rebondie lui parut en opposition avec la vie d'abstinence à laquelle il était astreint par la loi de Boudha, qui n'accorde pour toute nourriture à ses ministres que des végétaux ; il lui reprocha son hypocrisie et, prononçant son arrêt de mort, il tira incontinent son sabre pour exécuter sa propre sentence ; mais une paralysie soudaine frappa son bras ; pendant la nuit suivante, il eut une apparition qui l'avertit que Ah-tsze était un saint homme, qu'il fallait bien se garder de le tuer ; dès le lendemain matin, le roi se présenta lui-même devant Ah-tsze, confessa son intention criminelle et son bras fut sur le champ guéri ; il jura alors soumission à Ah-tsze, le prit pour tuteur et pour guide.

Les habitants des treize villages condamnés à être exterminés ayant entendu raconter ce miracle, sollicitèrent le bonze qui consentit à intercéder en leur faveur ; le roi répondit à Ah-tsze : J'ai reçu l'ordre suprême d'exterminer ces rebelles, mais puisque vous m'assurez, mon maître, qu'ils sont maintenant soumis, qu'il en soit ainsi ; je dois, toutefois, envoyer des troupes cerner chaque village, jusqu'à ce que j'aie de nouveaux ordres de l'empereur ; bref, les villages furent sauvés et leur gratitude pour ce bonze n'eut pas de bornes ; on le comblait de présents, de richesses ; le roi lui-même persuada à ses officiers de faire des offrandes à la pagode.

Tel est le récit conservé par les chroniqueurs chinois et que reproduit le *Chinese repertory* où je viens de le lire.

On trouve chez les orfèvres de Canton une foule d'objets d'or et d'argent dont le travail est fort remarquable ; ils font des boîtes, des étuis, des porte-cigares, des éventails, des bourses en filigrane d'argent d'un fini auquel il est difficile d'atteindre. Ils excellent surtout dans l'emploi du burin ; je viens d'acheter chez l'un d'eux une coupe dont les ciselures représentent une de ces luttes, qu'aux temps mythologiques de tous

les pays, les cieux eurent à soutenir contre la terre: des
guerriers montés sur des dragons ou sur des poissons
monstrueux, des êtres fantastiques moitié hommes,
moitié crabes ou écrevisses, y sont précipités du ciel dont
ils tentaient l'escalade. Cette scène, pleine d'animation,
est rendue avec une rare perfection et Benvenuto Cel-
lini n'en aurait désavoué ni la composition, ni l'exécution; oserai-je dire après cela que le prix de cette œuvre
artistique ne dépasse pas 150 francs, bien qu'il y entre
pour 75 francs de matière d'argent !

En général, la façon des vases d'argent tels que théiè-
res, cafetières, sucriers, etc., etc., ornés de figures
en relief et couverts de ciselures, varie entre 30 et
100 pour cent de la valeur du métal ; elle compte pour 18
à 20 pour cent dans la valeur des couverts à filets et à
coquilles.

La dorure de l'intérieur des vases d'argent est faite au
mercure ; mon orfèvre est accouru ce matin chez moi
pour être témoin de l'opération du dorage par le galva-
nisme, il en est resté émerveillé, et après avoir cherché
à deviner le procédé, il m'a fait les plus vives instances pour le lui montrer, mais comment me faire comprendre ?

10 et 11 novembre.

L'art de la fabrication du verre est à peine introduit
depuis une trentaine d'années, et déjà Canton compte
plus de cent verreries ; il est vrai que, fidèles à leurs habitudes de fabrication en petit, les Chinois ont monté
leurs verreries sur une échelle qui conviendrait à peine

chez nous à un essai en grand. Chacune de ces verreries, à quelques exceptions près, n'a pas dû coûter 300 francs de premiers frais d'installation et ne compte pas plus de quatre à dix ouvriers. En général, le four à fondre le verre consiste en un fourneau à réverbère en terre réfractaire, chauffé à la houille sèche et renfermant dans un moufle un creuset chargé d'environ 80 livres de matière. L'ouvrier, placé derrière une planche qui lui sert d'écran, agite le mélange avec un ringard. Lorsque la cuite est prête, il souffle le verre au moyen d'un long tube de fer et lui donne au moule toutes les formes voulues; mais sous le rapport de l'habileté de main, comme sous celui de la composition de la matière, le verrier chinois a encore bien des progrès à faire pour atteindre à la perfection de son art; il fabrique pourtant des bouteilles, des cloches, des lampes, des verres à vitre, des cristaux pour lustres, des verres de couleur, des ornements imitant le jade, etc. ; mais indépendamment des nombreuses imperfections de cette verrerie, elle a le défaut capital d'être très fragile, parce que les Chinois ignorent encore l'usage du four pour la recuite du verre.

En général, on place dans le creuset une partie de verre cassé apporté d'Europe, et deux parties d'un mélange de quartz pulvérisé et de nitrate de potasse, ce dernier servant de fondant.

J'ai assisté, dans une des plus grandes verreries de Canton, à la composition du creuset; on y introduisit devant moi 110 livres de verre cassé, 40 livres de nitrate de potasse, 40 livres de quartz et 10 livres de chaux : le verre obtenu était léger et un peu jaune.

Le quartz employé dans la composition du verre est fort abondant dans les terrains granitiques de la côte, et coûte, réduit en poudre, une piastre le picul (62 kil); le prix du nitrate de potasse est de 7 piastres le picul; la houille se vend, à Canton, 1|2 piastre le picul; le verrier vend généralement les produits toujours très défectueux de son industrie, 100 francs le picul.

On fait aussi entrer du plomb dans la composition du verre, mais au lieu d'employer son oxide, les Chinois font usage du plomb à l'état métallique, et comme ils se servent de nitrate de potasse pour fondant, on se rend compte de la transformation du plomb en oxide; ils obtiennent ainsi des verres denses très clairs, qu'ils vendent à raison de 170 francs le picul, quelle qu'en soit la forme.

Leur procédé pour fabriquer le verre à vitre consiste à débiter les manchons, au moyen d'un diamant, en fragments réguliers qu'ils planent au four; ils n'obtiennent ainsi que de petits carreaux, lesquels sont, au surplus, un objet de luxe en Chine, où l'on ne se sert encore que de coquilles translucides, ou de papier de la Corée rendu transparent.

On pourra longtemps encore porter aux Chinois des objets de verrerie, et si nos verriers voulaient s'astreindre à fabriquer exprès pour le marché chinois, en reproduisant les formes usitées dans le pays, il y aurait des fortunes à faire dans cette industrie.

La fabrique de cuivre émaillé que je visitai ensuite, se trouve à l'extrémité est de Physic-street. Bien qu'assez considérable en raison de ses produits, elle ne compte guère qu'une douzaine d'ouvriers. Les Chinois sont nos maîtres dans l'art d'émailler sur cuivre, et nous n'avons rien de mieux à faire aujourd'hui qu'à leur emprunter leurs procédés, soit qu'il s'agisse d'obtenir des teintes vives et variées, ou des émaux élastiques et solides résistant au choc et à la dilatation, soit enfin que nous voulions, grâce au bon marché de la fabrication, transporter dans les usages ordinaires de la vie les cuivres émaillés, que nous n'avons jusqu'ici considérés que comme des objets d'art plus ou moins précieux. Le cuivre émaillé n'est pas, en Chine, beaucoup plus cher que la porcelaine.

Au moyen de quelques achats faits dans cette fabrique, j'ai pu y passer deux demi-journées à suivre le détail des opérations, que les ouvriers m'expliquaient d'ailleurs avec une complaisance extrême, me permettant de prélever des échantillons de tout ce que je voyais employer, On prépare au marteau, dans un atelier situé hors de la fabrique, les vases en cuivre destinés à être émaillés ; c'est une opération de chaudronnier, et les Chinois excellent aussi dans cet art. Pour émailler un vase, on commence par le nettoyer en ayant soin toutefois de ne pas en décaper la surface que l'on mouille avec de l'eau et qu'on saupoudre immédiatement de la composition à émailler qui doit faire le fond ; cette matière varie selon qu'on veut un fond blanc ou un fond coloré. On place la pièce dans un four à moufle, chauffé avec de la houille de Nankin (c'est la meilleure de Chine) ; quand le glacé est produit par la fusion, on retire la pièce qu'on recouvre d'une cloche en fer pour ménager le refroidissement ; on peint ensuite sur ce fond, comme sur la porcelaine, et l'on repasse la pièce au four à moufle [1].

Le négociant chinois qui avait l'obligeance de me servir d'introducteur dans les divers ateliers de Canton, voulut me faire visiter quelques métiers à tisser les étoffes de soie unies et façonnées, situés à l'extrémité du faubourg de l'Ouest et fort loin des rues fréquentées par les Européens. Déjà le cri de fan-koï (diable étranger) s'était fait entendre à mes oreilles; la troupe des enfants des rues à qui, comme partout, est dévolu le privilége de harceler les étrangers, augmentait; il était temps d'arriver. Je suivis mon guide dans une petite ruelle et nous nous trouvâmes au milieu d'un atelier où battaient plusieurs métiers pour l'uni et le façonné. Je n'ai rien à dire du métier pour l'uni, non plus que de celui qui sert à faire des rubans et des bandelettes de soie ; ils ont la plus grande analogie avec nos métiers, si ce n'est qu'il existe une simplicité extrême dans leur construction, comme dans leurs accessoires, dont le bambou fournit ordinairement les matériaux ; tous ces métiers ont pour serrer la chaîne une pièce qui retombe par son propre poids et que repousse l'ouvrier avec sa main, au lieu de la tirer à lui, comme dans notre métier.

Quant au métier pour le façonné, c'est notre ancien métier à la tire, celui que l'immortel Jacquart a supprimé, en substituant ses ingénieux cartons à l'ouvrier

[1] J'ai déposé, au musée céramique de la manufacture royale de Sèvres, les divers échantillons d'émaux que j'ai rapportés, afin qu'on puisse en déterminer la composition et perfectionner cette industrie en France.

que je vis, dans la partie supérieure du métier, occupé
à écarter avec ses mains les fils destinés aux combinaisons de la chaîne et de la trame ; de là une diminution
de main-d'œuvre et une grande perfection dans un travail qui réclamait autrefois beaucoup d'habileté de la
part de l'ouvrier *tireur*, lorsque le dessin se compliquait.
Aussi le métier à la Jacquart nous assure-t-il, pour le
façonné, une supériorité incontestable sur les Chinois,
à qui nous fournirons peut-être un jour ces sortes d'é-
toffes confectionnées avec la soie de leur propre pays.

Un ouvrier en soie travaille seize heures par jour et
gagne à peine 1 fr. 50 c. ; ce bas prix de la main-d'œuvre joint à celui de la matière première rend les étoffes
unies bien meilleur marché qu'en Europe et bien supérieures en qualité, parce qu'on n'économise pas autant
la matière première ; cet avantage, les Chinois le con-
serveront avec celui résultant sans doute de la nature
particulière de certaines soies propres à faire le **crêpe**
de Chine et le pongis ; à moins toutefois que la qualité
de ces soies ne tienne, comme je le soupçonne, à une
préparation à nous inconnue et que les Chinois leur font
subir dans le décreusage. J'ai regretté de n'avoir pu
porter mes investigations sur ce point.

Mon guide avait, à quelques centaines de pas de là,
parmi ses connaissances un fabricant de toile et de batiste ; il m'offrit de m'y conduire et j'acceptai. Les ateliers donnaient sur la campagne ; j'y trouvai une vingtaine de femmes occupées à filer au rouet le *lo-ma* et le
tsing-ma. A cet effet, elles réunissaient bout à bout les
filaments de ces plantes textiles au moyen d'une espèce

de nœud tordu , exécuté rapidement par le pouce et l'index humectés d'eau , tandis que le rouet pelotonnait le fil ainsi formé sans torsion. Ce fil entre dans la confection de plusieurs variétés de toiles *cha-pou* , différant beaucoup de celles d'Europe par leur raideur persistante ainsi que par la fraîcheur qui en est la conséquence et qui leur fait donner la préférence sur nos toiles par les Chinois. Parmi ces toiles se trouve le tissu connu sous le nom de batiste de Canton par les Français ; de Grass-cloth, par les Anglais ; et par les Cantonnais de Yun-chest-yao ha-pou , quand la batiste est écrue ; piou-pà-yao ha-pou , quand elle a été blanchie ; mot à mot tissu-fin-écru-d'été ou tissu-léger-fin-blanchi-d'été. Outre cette espèce de batiste qui présente une variété infinie de finesse et conséquemment de valeur , on fait, comme nous venons de le dire, des toiles plus ou moins grossières appelées Tso-ha-pou, mot à mot tissus-communs-d'été [1].

---

[1] La matière de tous ces tissus provient de l'écorce de deux plantes textiles qu'on cultive en grand à 940 li (94 lieues) nord-ouest de Macao, dans le district de Si-nam,— 西南 ,— notamment sur le territoire de la petite ville de Hoang-tchiang ; elles sont connues dans le pays sous les noms de Lo-ma , — 蔴樂 , — et de Tsing-ma , — 蔴青 .

La première, le lo-ma , qu'on cultive également dans les environs de Canton et de Macao, produit des toiles grossières ; la seconde, le tsing-ma donne des toiles fines ou batistes. On emploie , dans certaines toiles , le lo-ma pour la trame et le tsing-ma pour la chaîne.

Les Chinois sont grands amateurs de fleurs et l'on peut en juger au soin qu'ils donnent, sous ce rapport, à la décoration de leurs jardins , dont toutes les balus-

Voici quel est le mode de culture de ces deux plantes : nous commencerons par la culture du lo-ma.

Après avoir bien fumé la terre, on lui donne diverses façons qui ont pour but de la diviser extrêmement et d'en briser les mottes , de manière à obtenir une terre fine , parfaitement unie ; c'est exactement ce que l'on fait en France pour préparer les chénevières. Alors, au commencement du printemps, époque des pluies, on sème la graine en ayant la précaution de le faire très-bas et très-légèrement , afin que la graine reste à la surface. On recouvre ensuite le terrain d'une couche épaisse de paille ou d'herbes sèches, et, s'il ne pleut pas, on l'arrose de manière à ce que l'eau , dégoûtant à travers la paille , parvienne jusqu'au sol sans impulsion aucune et conséquemment sans risquer d'enterrer la semence. La graine germe dans ces conditions, et, lorsque la plante est entièrement hors de terre, on retire la paille ; puis , un peu plus tard, lorsque le semis a pris plus de vigueur, on l'éclaircit de manière à ce que les plantes conservées soient à 15 centimètres environ les unes des autres. Vers le huitième mois, la plante a atteint sa maturité, et, comme elle est dioïque, on opère comme en France à l'égard du chanvre, c'est-à-dire, qu'on arrache d'abord les plants mâles, quand la fécondation a eu lieu , puis ensuite les plants femelles. Ainsi la récolte se fait en deux fois , à quinze ou vingt jours de distance. La tige du lo-ma atteint 5 à 6 mètres de hauteur et un diamètre d'environ 2 centimètres à sa base.

Pous extraire la filasse , on coupe au collet de la racine l'écorce de la plante encore verte , que l'on en détache alors avec facilité. Cette écorce est mise à tremper dans l'eau pendant deux jours ; puis on l'étend au soleil pour la sécher et on la divise ensuite à la main en longs fils qu'on prépare comme le chanvre.

trades, tous les murs à hauteur d'appui, sont garnis d'élégants pots de fleurs. Les gens de la ville trouvent à s'abonner chez des jardiniers fleuristes qui, moyennant une faible rétribution, couvrent de vases de fleurs, qu'ils renouvellent continuellement, les terrasses et l'intérieur de leurs demeures ; telle est la principale destination des jardins connus sous le nom de Fa-ti (terrains

Le tsing-ma réclame le même mode de culture, les mêmes soins que le lo-ma, et vient dans les mêmes conditions, sauf la température du pays, qui doit être moins chaud. Pour en préparer la filasse, on lie la plante nouvellement arrachée en bottes de 1 mètre à 1 mètre 50 centimètres de hauteur sur 50 centimètres de diamètre, et on les place verticalement au-dessus d'une large chaudière de fer peu profonde et pleine d'eau, dont les bords ont été exhaussés au moyen d'un treillis de bambous garnis de terre glaise. On allume alors le fourneau de manière à entretenir l'eau en ébullition pendant quelques heures, et jusqu'à ce que la plante soit ainsi cuite à la vapeur ; on la retire pour la sécher au soleil ; puis, quand la dessiccation est complète, on la trempe dans l'eau froide, et, en la rompant au collet de la racine, l'écorce se détache et vient à la main. Cette écorce est ensuite refendue et divisée en filaments d'une extrême ténuité à l'aide de peignes, etc. Le fil se fait sans torsion aucune, mais en réunissant bout à bout les filaments de même dimension.

Il est probable que ces deux qualités de chanvre réussiraient fort bien en Algérie, et notamment dans la plaine de la Mitidja ainsi que dans le midi de la France, et il serait d'autant plus important de naturaliser ce produit, qu'un manufacturier anglais fort connu, M. Hargraeve, a annoncé, dans le numéro du *London-Mail* du 24 juin 1845, qu'il a fait des essais nombreux sur le filage à la mécanique des filaments du tsing-ma, qu'il est arrivé à des résultats très-satisfaisants, que ce filament produit des fils beaucoup plus forts et en même temps plus fins que les diverses plantes textiles d'Europe, et qu'il est en mesure de fabriquer avec cette matière des tissus aussi beaux que la batiste de France.

à fleurs), situés au-dessus de Canton près d'un embranchement que forme la rivière. Ces jardins, que je viens de visiter, n'offrent aucune plante rare ou curieuse; les chrysanthèmes, les balsamines, les belles de nuit, les géraniums, les juliennes dominent par leur nombre, au milieu des myrthes, des jasmins et des camélias; il n'y avait là pour moi que d'anciennes et agréables connaissances de nos jardins d'Europe. Les arbustes et les haies de ces jardins se font remarquer par le mauvais goût qui préside à leur taille; ils offrent la forme de chiens, de buffles, de bateaux; c'est tout au plus si ces disgracieuses formes ont le mérite de la difficulté vaincue.

Au surplus, on pourrait se faire une idée de la puissance des jardiniers chinois, en fait de monstruosités végétales, en voyant la jolie forêt d'arbres nains, qu'on était occupé à expédier dans un bateau à quelque riche mandarin de Canton; qu'on se figure des ormes séculaires de 6 pouces de hauteur, aux troncs couverts de mousse, aux branches noueuses et contournées, présentant dans leur réunion sur une surface de terrain de 3 mètres carrés, l'aspect d'une forêt ombreuse, forêt en miniature, il est vrai, mais où les proportions étaient assez habilement conservés pour rendre l'illusion complète; j'avais déjà vu, dans quelques maisons chinoises, des jardins en miniature, mais rien d'aussi parfait ne s'était encore offert à moi.

En revenant, je me fis déposer près d'un amas considérable de houille sèche, extraite du bassin houiller situé au nord de Canton, et j'y recueillis plusieurs empreintes de fougères, de joncs et de mousses propres à généraliser les faits relatifs à la formation houillère, sur les diverses parties du globe.

Le docteur Parker, missionnaire de l'église réformée, est venu me prendre pour visiter l'hôpital américain, qu'il dirige et où l'on opère gratuitement les malades. Cet établissement commence à prendre de la vogue, et le nombre des Chinois qui viennent s'y faire traiter est considérable. Les opérations les plus fréquentes consistent dans l'ablation des produits si variés des affections cancéreuses pour lesquelles la médecine chinoise est sans remèdes ; ainsi M. Parker a eu souvent à enlever des loupes qui avaient atteint jusqu'à 3 pieds de circonférence et un poids de 50 kil. Toutefois, cet habile médecin pense que les Chinois ne sont pas plus disposés que d'autres, par leur constitution, à ces affreuses maladies ; mais qu'ils les négligent et que surtout ils n'en combattent pas dès l'origine le développement. Il arrive trop souvent, en effet, qu'ils se bornent à consulter le sort au pied des autels du dieu Fo, et comme l'oracle leur défend ordinairement de se laisser opérer par des étrangers, ils reculent jusqu'au dernier moment et alors qu'il n'existe plus de chance de salut. Toutefois, M. Parker a obtenu des succès inespérés qui lui ont valu un grand renom ; mais ce qui a le plus contribué à sa réputation c'est l'opération de la cataracte, qu'il pratique avec une habileté fort remarquable. Il est vrai qu'il a eu l'occasion de se faire la main à Canton, où il ne se passe pas de jour qu'il n'opère 30 à 40 malheureux atteints de cécité. L'habitude des hommes du peuple de dormir à l'air pendant les nuits d'été et l'usage de se raser la tête, contribuent à rendre très fréquente cette maladie, dans laquelle, comme on sait, le cristallin de l'œil devient opaque.

Pendant que le docteur Parker me donnait ces explications, la salle des aveugles s'était remplie. Il me fit placer à côté de lui et pratiqua devant moi, en quelques minutes, une dixaine d'opérations. Plusieurs jeunes médecins chinois, au nombre desquels se trouvait le nommé Kum-chon dont j'ai déjà parlé, suivent ses travaux avec assiduité et s'initient, sous sa direction, à l'étude manuelle de la chirurgie.

La promptitude avec laquelle la sensation de la lumière est rendue à l'œil et cette sensation elle-même qui impressionne si vivement le malheureux privé de la clarté des cieux, produisaient un effet électrique sur les parents venus pour assister chaque patient. La foule eût volontiers crié au miracle et elle eût eu raison; car, si le miracle n'est pas dans l'opération chirurgicale en elle-même qui n'exige pas une interversion des lois de la nature, il doit être, pour les Chinois, dans l'impossibilité de comprendre cet esprit de charité active dont s'inspire le christianisme et qui fait aller au devant de l'humanité souffrante, pour l'amour de Dieu et dans le seul but de soulager ses semblables.

Toutefois, malgré le zèle évangélique des missionnaires protestants, je doute fort qu'ils parviennent à répandre chez les Chinois les doctrines du Christ. Assurément les soulagements qu'ils apportent aux maux physiques, frappent le peuple d'admiration ; mais, de là à faire entrer dans les cœurs le rayon vivifiant de la foi, la distance est immense. L'Eglise réformée, en se privant de la pompe des cérémonies religieuses et en dépouillant son culte de la partie mystérieuse et poétique du catholicisme, pour ne conserver que la morale pure et sublime qui lui sert de base, a renoncé à tout jamais à parler aux esprits grossiers le seul langage qu'ils puissent comprendre ; à les échauffer de ce saint transport qui fait les conversions. Des hommes soumis à tous les instincts de la brute, en proie à toutes les superstitions, des hommes dont l'imagination faible et mobile appartient dès l'enfance aux impressions extérieures, ont besoin d'être guidés dans le sentier de la vérité par quelque chose de plus puissant que la raison, cette tutrice froide et sèche de l'homme désabusé.

M. Parker avait désiré constater les effets galvaniques de la pile à secousse sur quelques-uns de ses malades ; j'avais en conséquence disposé mon appareil. Le premier Chinois que nous y soumîmes était atteint, depuis dix ans, d'un asthme. Aussitôt que le courant électrique l'eût traversé de part en part, sa poitrine se gonfla avec aisance, ses poumons, depuis si longtemps inactifs, semblèrent reprendre leur ressort et la figure du malade s'illumina d'une expression indicible de bonheur : il y a dix ans, s'écria-t-il, que je n'avais respiré. Nous traitâmes ensuite un tic nerveux de la face, puis, un homme atteint de surdité et enfin un malheureux perclus de douleurs ; tous ressentirent une amélioration sensible dans leur état , et je quittai l'hôpital au milieu des témoignages d'admiration de la foule des assistants, qui me prirent pour un grand docteur ; malheureusement les effets de la pile galvanique sont, comme on sait, de courte durée et ma gloire ne leur a pas survécu sans doute.

14 novembre.

Je n'ai pas dit que j'avais eu, il y a environ huit jours, la visite du peintre Lamqua. Conduit par le désir de voir cet instrument admirable qui dessine tout seul et dont les peintres de Canton sont fort préoccupés, il avait examiné avec beaucoup d'attention mon daguerréotype; et , sur sa demande , j'avais fait son portrait, que je m'étais empressé de lui offrir. Il avait paru fort enchanté de cette politesse ; mais je n'avais plus entendu parler de lui, lorsqu'aujourd'hui il s'est fait annoncer et , me remettant une boîte en maroquin vert, semblable à celle dans laquelle j'avais renfermé son portrait au daguerréotype, il m'a prié d'accepter ce témoignage de sa reconnaissance. J'ai été agréablement surpris en ouvrant cette boîte, d'y trouver le portrait en miniature de Lamqua, peint par lui-même sur ivoire, avec une perfection et un fini qui feraient l'admiration de nos meilleurs artistes ; et , chose curieuse , Lamqua avait pris pour modèle son portrait au daguerréotype; aussi cette peinture est-elle remarquable par la vigueur de son relief. Il est impossible, on l'avouera, de pousser plus loin la courtoisie et le savoir-vivre ; assurément le peuple chez lequel de pareils traits se produisent peut à bon droit passer pour civilisé.

Le beau Hoùan-n'gan-toun, offre aujourd'hui, à dîner à toute la légation française, dans la maison de campagne du riche Paw-ssé-tchen. J'ai déjà décrit la route qui conduit à cette somptueuse demeure, où tout est disposé pour une fête.

Hoùan se tient sur le péristyle de la maison et nous reçoit, à notre arrivée, avec toute l'aisance et la grâce d'un grand seigneur d'autrefois. Il me presse les mains avec affection et m'engage à m'asseoir un instant à côté de lui. Après l'échange des politesses d'usage, nous nous répandons dans le vaste parc que j'ai déjà décrit. Parmi les plantes qu'on y cultive dans l'eau, je reconnais le trapa-bicornis, espèce de fruit farineux dont la forme bizarre représente la tête d'une vache avec ses cornes; on le mange comme la chataigne. Le nelumbium-speciosum et lé ciperus-esculentus remplissent aussi de grands bassins. Les racines de ces deux végétaux fournissent d'excellents légumes. Ces pièces d'eau en culture renferment une grande quantité de mollusques d'eau-douce, tels que des lymnées, des cyclas, des moules, dont je fais une ample récolte; je recueille aussi deux couleuvres et un gecco qui enrichiront ma collection de reptiles.

La nuit nous rappelle dans l'intérieur de la maison, où un brillant sing-song (représentation théâtrale) nous attend. La salle de spectacle a été décorée de guirlandes de fleurs se dessinant en gracieux festons sur les murailles, au milieu d'inscriptions chinoises en notre honneur. Des lustres de fleurs dans la construction desquels excellent les Chinois, se balancent dans les airs, qu'ils embaument, et un léger réseau de fleurs de jasmin liées ensemble par des fils imperceptibles nous sépare de la scène, où ne tarde pas à paraître un roi dans tout l'appareil de sa puissance; c'est une exposition de riches costumes, dans laquelle j'ai peine à démêler une action quelconque.

La seconde pièce, espèce d'opéra-comique mêlé de chants et de récitatifs, mérite d'être reproduite. Il s'agit d'un mari rentrant chez lui après vingt ans d'absence. Parti jeune et imberbe, il rapporte de la guerre un visage mâle et barbu. Il a le projet de profiter de ce changement dans sa personne pour surprendre sa femme et s'assurer si elle est restée fidèle à ses premières amours; s'arrêtant donc à la porte de sa maison, il guette le moment où elle paraîtra. Cependant l'épouse sort bientôt et s'avance sur la scène, de l'air distrait et ennuyé d'une amante abandonnée. Il l'aborde avec politesse et galanterie et lui annonce que, compagnon d'armes de son mari, il est venu lui donner de ses nouvelles. La femme se répand en amers reproches contre son mari qui, depuis vingt ans, la laisse dans l'oubli, sans daigner même lui écrire. Celui-ci fait tous ses efforts pour excuser son prétendu camarade et rejette sur les occupations de la guerre, le silence qu'il a gardé; la femme ne veut rien entendre et repousse toute explication. Flatté intérieurement de cette colère dans laquelle il croit trouver la preuve d'un grand amour. le mari déclare qui il est; mais sa femme se refuse à le reconnaître et se réfugie précipitamment chez elle, le laissant à la porte, de chaque côté de laquelle la scène continue. Comme preuve de ce qu'il dit être, la femme demande à voir l'écharpe, gage d'amour qu'elle lui donna à son départ; le mari s'empresse de la tirer de son sein et de la présenter à travers la porte entr'ouverte; cette preuve n'est pas jugée suffisante. Mon époux, s'écrie-t-elle, était jeune et vous êtes vieux. Hélas! répond-il, j'ai eu le sort de ce tissu aujourd'hui terni et chiffonné; mais le temps n'a-t-il pas aussi marqué son passage sur vos traits! A ces mots, qui sont comme une révélation, elle s'élance vers un baquet d'eau et s'y regarde pour vérifier s'il est vrai qu'elle aussi ait vieilli. Il y a dans cette naïve absence de coquetterie qui, pendant vingt ans, lui a laissé oublier son visage, une idée fort originale qui peint d'un seul trait la vie triste et retirée de l'épouse fidèle. Elle constate, hélas! pour la première fois, les ravages de ces vingt ans d'absence. Ne doutant plus qu'elle ne soit auprès de celui que le Yonc-lao (le vieillard de la lune) a lié à elle par un cordon de soie, elle ouvre sa porte et se précipite aux pieds de son seigneur et maître. Mais son hésitation a vivement mécontenté ce dernier, qui repousse sa femme. Alors, le désespoir dans l'âme, elle déclare qu'il ne lui reste plus qu'à aller terminer dans la rivière sa misérable existence. Touché de tant de douleurs, l'époux la retient dans ses bras et le raccommodement est complet. Assis à côté de sa compagne, notre héros entreprend le récit de ses aventures de guerre. Il a fait la conquête d'un puissant état, dont il est devenu l'empereur; sa femme s'aperçoit, en effet, qu'il porte sous son mâ-qua de riches vêtemens qu'elle ne lui connaissait pas. C'est mon costume impérial , dit-il, et votre rang d'impératrice vous en assure un semblable. La femme manifeste la joie la plus vive , et je dirais que la toile tombe , s'il y avait toile sur les théâtres chinois.

Le jeu de scène de ces deux acteurs est d'un naturel parfait et leur pantomime exprimait si bien les péripéties de la pièce, que j'aurais presque pu me passer des explications que mon voisin , habile sinologue, avait l'obligeance de me donner.

Le sujet de la dernière pièce appartient aux temps héroïques et encadre moins une action scénique que l'exhibition de beaux et riches costumes de l'antique monarchie chinoise, ainsi que des exercices gymnastiques et des tours de force prodigieux. Deux guerriers puissants, se disputant le sceptre impérial ou quelqu'autre hochet, en sont venus aux mains ; leur rencontre donne lieu aux gambades les plus grotesques , aux culbutes les plus extravagantes, aux sauts les plus incroyables , le tout au bruit d'une musique criarde, tempérée par les éclats stupéfiants du gong.

J'avais eu la curiosité de pénétrer dans les coulisses, pour assister aux préparatifs des acteurs. Je les vis peindre leurs figures en bleu, en rouge, en noir, et attacher leurs fausses barbes aux oreilles au moyen de petites pinces d'acier. Le rôle de femme , dans la seconde pièce , avait été rempli par un jeune homme ; mais en revanche c'était une femme qui avait joué le rôle d'un jeune prince, dans la troisième.

Pendant que nous étions réunis dans la salle de spectacle, une forte odeur d'opium s'y était répandue. Je descendis pour en reconnaître la cause et je trouvai les gens de la suite de Hoùan–n'gan-toun occupés, dans le vestibule, à fumer l'opium. Voilà donc comment on observe, en Chine, l'édit impérial qui punit de mort le fumeur de cette drogue ; c'est sous les yeux même de l'un des plus hauts fonctionnaires de la province des deux Kwang, que les hommes de sa maison s'énivrent d'opium. Hoùan à qui on le fit remarquer, se borna à hausser les épaules avec l'expression de dégoût d'un grand seigneur à qui l'on dénoncerait l'ivresse de son cocher.

Cependant, à la nuit, le parc s'était couvert de feux de toutes couleurs ; les ponts, les galeries, les pavillons étincelaient de guirlandes d'émeraudes, de saphirs et de rubis d'un magique effet ; des girandoles de lumières se jouaient à travers le feuillage des arbres et reflétaient leurs feux dans les bassins, parmi les larges feuilles et les fleurs du nelumbium épanouies à la surface de l'eau. Je me crus transporté dans un de ces palais féeriques décrits dans les contes des *Mille et une Nuits*. L'annonce du souper qui s'était fait vivement désirer, me ravit à l'extase dans laquelle j'étais plongé.

J'avais compté sur un repas chinois ; mais Hoùan-n'gan-toun avait eu la malencontreuse idée de nous faire traiter à l'européenne par ses cuisiniers. Or, je ne sache rien de plus dangereux que de faire sortir un artiste de la sphère de son talent. Produit bâtard des deux cuisines qui se partagent le monde, chaque plat, comme

heurté entre le goût chinois et le goût français, rappe-
lait ces affreux mélanges auxquels on ne saurait trouver
de noms.

Il était minuit, quand nous reprîmes nos bateaux
pour rejoindre les factoreries.

18 novembre.

Je sors de chez Paw-ssé-tchen qui m'a reçu dans l'intérieur de sa famille. J'ai eu l'insigne faveur de saluer
Mme Li, sa femme légitime, entourée de quatre à cinq
concubines de son mari qui remplissent auprès d'elle le
rôle de dames de compagnie. Mme Li est aussi gracieuse
que jolie ; elle paraît avoir 28 à 30 ans, et se dandine fort
agréablement sur ses tout petits pieds, pour conserver
son équilibre. Ma présence avait interrompu les parties
de dés, de dominos et de jonchets auxquelles prenaient
part la mère et la sœur du maître de la maison. Trois
ou quatre nourrices effarées avaient caché leurs nour-
rissons, à mon approche, craignant sans doute que je
ne leur jetasse le sort ; Paw-ssé-tchen cherchait à calmer
leur trouble et souriait à sa nombreuse progéniture.

Nous laissâmes ces dames pour visiter la maison qui
est vaste, élégante et confortable. Une espèce de jardin
orné de rochers factices et de la pièce d'eau obligée, la
sépare d'un bâtiment où se trouve établie une imprimerie fort occupée en ce moment par la réimpression
d'un grand dictionnaire d'Histoire Naturelle, édition de
luxe que le riche Paw-ssé-tchen ne fera tirer qu'à 40
exemplaires. Je m'arrêtai un instant pour examiner le
procédé typographique des Chinois. L'ouvrier chargé du

tirage avait à la main droite deux brosses; avec l'une il enduisait d'encre la surface d'une planche en bois, sur laquelle les caractères étaient gravés en relief, tandis qu'il promenait l'autre parfaitement sèche sur la feuille de papier que sa main gauche venait d'étendre ; il assurait ainsi le contact de toutes les parties de cette feuille. Comme la feuille d'impression était d'un grand format et qu'il s'agissait d'ailleurs d'un ouvrage précieux, l'ouvrier opérait lentement ; mais j'ai vu tirer à Macao, dans l'imprimerie des Missions Étrangères , jusqu'à quinze ou dix-huit cents exemplaires dans la journée , par un seul ouvrier. On reconnaît dans ce que je viens de décrire l'impression stéréotype ; ce mode est infiniment mieux approprié à la langue chinoise que celui qui consiste dans l'emploi des caractères mobiles. En effet, cette langue comptant autant de caractères que de mots, le compositeur ne pourrait avoir à sa portée assez de cases pour y puiser aisément les éléments de sa composition , comme cela a lieu quand on n'a affaire qu'aux vingt-cinq ou trente lettres d'un alphabet ; on fait donc, en Chine , fort rarement usage des caractères mobiles et seulement lorsqu'il s'agit d'ouvrages dans lesquels on doit opérer de fréquents changements.

Dans la chambre voisine de celle où l'on imprimait, se trouvaient plusieurs ouvriers occupés à graver des planches en bois de poirier sur lesquelles une main habile avait tracé au préalable les caractères; ce travail était exécuté avec une rapidité et une sûreté de main prodigieuses.

En rentrant à la maison, nous passâmes devant une chambre dont la porte entr'ouverte me permit de voir les deux fils aînés de Paw-ssé-tchen, occupés à travailler sous la direction d'un homme qu'à son air grave, pédant et compassé je reconnus pour leur précepteur ; je m'approchai d'eux et les complimentai sur leur écriture déjà fort remarquable par sa netteté [1].

19 novembre.

Le principal fabricant de porcelaine de Canton, le nommé Com-chong est venu, hier, m'apporter les échantillons des diverses terres ou pierres qui entrent dans la

----

[1] On sait qu'en Chine chaque ville ou village possède une école publique, où tous les enfants sont envoyés régulièrement. Le nombre des écoliers est assez considérable pour permettre de réduire extrêmement la rétribution que chacun paie et qui quelquefois ne dépasse pas 12 fr. par année. Il y a, dans les grandes villes comme Canton, des écoles du soir où vont les enfants obligés de travailler pendant le jour ; mais il est d'usage, chez les gens riches, d'avoir des précepteurs.

On commence par apprendre aux écoliers à connaître les principaux caractères de la langue, ceux qui se rapportent le plus directement aux objets de la vie habituelle ; cela fait, ils passent à la lecture du *San-tsen-king* ou classique à trois temps, livre écrit pour l'enfance et où est tracé, en lignes de trois mots, tou ce qu'elle doit savoir en fait de connaissances élémentaires. On aborde alors les *quatre livres* où sont renfermées les doctrines de Confutzé et que les élèves apprennent par cœur ; ceux qui se destinent aux études littéraires sont ensuite exercés à commenter ces livres, qui, avec les *cinq King*, constituent les saintes écritures de la religion naturelle de Confutzé.

J'ai déjà décrit l'école chinoise que je visitai à Malacca. Les écoles de Canton présentent le même aspect ; le nom de Confutzé

composition de la porcelaine chinoise et qu'il a fait venir pour moi de King-te-tching , ville du Kiang-si , située sur le bord du lac Po-yang, où sont les gissements de terre à porcelaine qu'exploitent, depuis 1,200 ans, les Chinois. Il est facile de reconnaître dans la substance que Com-chong appelle la pierre de Yu-kan-hien de la pegmatite en décomposition , contenant du kaolin mêlé à quelques lamellés de mica vert et traversé par de

est écrit en gros caractères sur une tablette , placée à l'entrée de la salle et devant laquelle brûle perpétuellement une lampe et des allumettes aromatiques ; en entrant, l'écolier salue respectueusement cette tablette, puis son maître. Aussitôt commence un *tutti* de lecture assourdissant pour tout autre que pour le maître, qui distingue, je ne sais comment, les fautes de chacun et les signale avec sa baguette, sur le dos des petits coupables ; les paresseux sont obligés de répéter à genoux leur leçon.

Pour apprendre à écrire, l'enfant s'exerce d'abord à calquer les caractères sur un papier transparent avec son pinceau ; puis, quand sa main a acquis quelque sûreté , il trace les caractères sur une planche peinte en blanc au vernis et dont il se sert en guise d'ardoise ; le maître indique les fautes de calligraphie et la planche est lavée pour la leçon suivante.

Les colléges et écoles pour l'enseignement supérieur, où les Chinois qui se destinent aux lettres achèvent leurs études, sont au nombre de quarante-quatre à Canton ; mais on les suit peu , parce que l'enseignement y est très-défectueux. C'est avec des professeurs particuliers que les jeunes gens se préparent généralement aux trois premiers examens publics qui doivent précéder le grand examen triennal, destiné à ouvrir aux lettrés la carrière des emplois publics. Le dernier de ces trois examens auxquels tout citoyen est admis, excepté les esclaves, les exécuteurs des hautes œuvres , les acteurs et les prêtres, est passé par le Hoe-yuen ou examinateur des études de la province, qui seul peut conférer le titre de Sieou-tsaï (bachelier).

petites veines de stéatite verte et jaune. La pierre de khy-men n'est autre chose que du pétuntsé, espèce de petro silex compact, jaunâtre, fort dur, renfermant quelques grains de quartz. Ce qu'il me présente sous le nom de tchi-kao est de la chaux sulfatée. Le lang-tchi est, d'après ses explications, de la cendre de fougère; dans le hoa-tchi je reconnais de la stéatite blanche et dans le tchy-hoei de la chaux carbonatée. Enfin, il existe parmi

Le grand examen triennal des Sieou-tsaï a lieu, à Canton, en public dans les salles de Kung-yuen, sous la présidence du Foo-yuen, lieutenant-gouverneur des deux Kwang, et devant deux examinateurs désignés directement par l'empereur et envoyés de Pékin, auxquels on adjoint dix fonctionnaires de la province des deux Kwang. Le nombre des candidats dépasse ordinairement plusieurs milliers; chacun est isolé dans une espèce de cellule, et les précautions les plus minutieuses sont prises pour qu'il ne puisse avoir communication avec personne. Le premier jour, on donne au candidat à commenter trois sujets tirés des quatre livres de Confutzé et ensuite le thème d'une pièce de vers; le second jour, il doit développer un sujet tiré des cinq King et, enfin, le troisième, il a à traiter cinq questions concernant l'histoire de l'Empire et son administration intérieure.

Il n'y a pas d'âge fixé pour subir l'examen; on y voit accourir des vieillards à barbe blanche, appuyés sur leurs fils et petits-fils. Le nombre des candidats promus au titre de Kin-jin (licencié) ne pouvant être que de soixante-onze, les autres sont renvoyés à trois ans de là pour essayer les chances d'un nouvel examen. Les noms des lauréats sont proclamés vingt-cinq jours après les examens, par la voix du Foo-yuen, au son du canon, puis, un grand banquet les réunit tous sous la présidence du Hoe-yuen et du Foo-yuen.

Les examens pour le grade de Tsin-ssé (docteur) sont aussi triennaux, ils ont lieu à Pékin.

(Extrait du *Chinese repertory*.)

ces échantillons, un pain de pâte de porcelaine, portant la marque du fabricant et dont la composition est, selon Com-chong, de 95 p. 0/0 de kaolin pur, extrait par le lavage de la pegmatite en décomposition, de 3 p. 0/0 de hoa-tchi (stéatite) et 2 p. 0/0 de tchy-hoei (carbonate de chaux). Il m'explique, d'ailleurs, que ces proportions varient selon la qualité de porcelaine qu'on veut obtenir.

Quant à la couverte (yeou-kan), c'est un mélange de la pierre de khy-men (feld-spath compacte) parfaitement pilé, de lang-tchy (cendre de fougère), de tchi-cao (chaux sulfatée) et de tchy-hoei (chaux carbonatée).

Ces divers matériaux entrent aussi dans la composition de nos porcelaines d'Europe, à l'exception toutefois de la stéatite dont l'emploi ne nous est pas connu. Cette substance paraît avoir pour effet, en ajoutant du liant à la pâte, de permettre de donner plus de légèreté au travail et de fabriquer surtout la porcelaine dite *coque d'œuf*, qui a présenté jusqu'ici beaucoup de difficulté à nos ouvriers [1].

---

[1] La porcelaine est d'invention chinoise. C'est vers le septième siècle de notre ère qu'on construisit les premiers fours, dans la province de Kiang-si, où la porcelaine est encore fabriquée aujourd'hui avec le plus de perfection. Trois siècles après s'établirent les grands fours de King-te-tchin, situés à l'est du lac Po-yang. La pegmatite, décomposée et transformée en kaolin, y existe en amas et en filons puissants au milieu des roches de diverse nature appartenant à la série des groupes de la formation intermédiaire qui constituent le terrain du bord de ce lac. C'est là que sont les principales carrières de la terre à porcelaine (kaoling). La ville de Nan-tchang-foo, située au sud de ce lac est le grand

J'ai saisi cette occasion pour rappeler à Com-chong sa promesse de me faire visiter ses ateliers pour la décoration de la porcelaine blanche qu'il fait venir de King-te-tchin et de Tchao-king-foo.

Il est dix heures du matin, nous le suivons M. Hedde et moi, à l'extrêmité du faubourg de l'Ouest, et nous

marché des produits de la manufacture de King-te-tchin, qu'on y transporte par le lac. Il existe aussi des manufactures de porcelaine à Tchao-king-foo, ville située à l'ouest de Canton ; mais ses produits sont en tout inférieurs à ceux de Kiang-si.

Comme article d'exportation, la porcelaine de Chine a perdu beaucoup de l'importance qu'elle eut au moment où les produits de l'extrème Orient commencèrent à nous arriver par le cap de Bonne-Espérance ; les taxes prohibitives, d'une part, et le bon marché de nos produits similaires, de l'autre, ont depuis considérablement réduit sa vente en Europe. Les frais de transport et surtout la taxe, en élevant sur nos marchés le prix du double au quintuple de la valeur en Chine, en ont fait aujourd'hui un objet de luxe accessible aux riches seulement. L'état actuel des fortunes en France permettrait cependant à cet article de prendre place parmi nos consommations habituelles, et nos jardins ne tarderaient pas à s'orner de gracieux vases de fleurs, de bancs, de supports, de jarres, de balustrades, etc. ; nos tables, de paniers de fruits et de surtouts aux formes élégantes, si le prix de ces divers objets diminuait, par suite d'une réduction dans la taxe d'entrée.

Aujourd'hui, la porcelaine de Chine est généralement expédiée à Bombay et dans les autres parties de l'Inde anglaise par assortiments consistant en services de tables de 270 pièces, au prix de 100 à 600 fr. ; services de déjeuner de 20 pièces, au prix de 24 fr.; grands services à thé de 101 pièces, au prix de 80 à 100 fr. ; petits services à thé de 46 pièces, au prix de 40 à 50 fr.

On estime qu'il s'exporte annuellement de Chine environ 300,000 kilogrammes de porcelaine, dont la valeur varie entre 2 et 20 fr. le kilogramme.

pénétrons avec lui dans un immense magasin où sont accumulés les produits les plus remarquables de la fabrication chinoise : des vases de 5 pieds de hauteur, ornés de riches peintures, des bancs de jardin, des corbeilles, des balustrades couvertes de moulures et mille autres objets. Mais ce ne sont pas là les ateliers de peinture sur porcelaine que je suis venu voir, et j'en fais l'observation à Com-chong qui avait sans doute espéré se dispenser, par cette exhibition, de tenir sa promesse. J'insiste vivement, et, après avoir répondu à toutes ses objections, je l'entraîne vers la rivière, où je compte trouver un bateau de passage pour gagner l'île d'Honan qui renferme ses ateliers.

En approchant de la rive, Com-chong m'a montré de loin sa fabrique ; mais je crains qu'en y arrivant avec moi, il ne donne quelque ordre contraire à mes projets. Aussi, ai-je prié mon compagnon de rester avec Com-chong et, aussitôt que le bateau touche terre, je cours à la fabrique qu'il m'a désignée. Une douzaine de peintres étaient au travail ; je m'approche de l'un d'eux et, lui faisant force tchinn-tchinn, je lui prends tout doucement des mains son pinceau ainsi que la tasse à la décoration de laquelle il travaille ; grande est sa stupéfaction ; j'y ajoute encore, en lui glissant une piastre dans la main. Cependant l'honnêteté de mon procédé a calmé ses susceptibilités et il entame une série de remercîments, que je mets à profit pour m'emparer successivement de ce qui constitue son attirail de peinture ; ses godets de couleurs, la gélatine qu'il emploie pour les délayer avec de l'eau, le papier à décalquer, les pièces de porcelaine commencées, en un mot, tout ce qui l'entoure devient ma proie. Quand mes actes de spoliation assombrissent son front, une piastre mise dans sa main rend à sa physionomie toute sa sérénité.

J'avais dégarni son établi et m'occupais déjà à plier dans mon mouchoir le produit de ma *razzia*, lorsque Com-chong entra. L'ouvrier lui expliqua ce qui venait de se passer, en montrant avec joie mes 4 piastres qui représentaient bien dix fois la valeur commerciale de ces échantillons. Pour moi, qui, au moyen de mes tasses inachevées, de mes godets et de mon pinceau encore plein de couleur, emportais les procédés de la fabrication chinoise prise sur le fait, je ne crus pas avoir payé trop cher le secret de cette peinture en relief que les Chinois avaient jusqu'ici gardé pour eux [1] et à l'emploi duquel leurs couleurs doivent cette vivacité, cette vigueur qui les distinguent.

Les fours pour la cuite des couleurs sont situés à 2 kilomètres des ateliers de peinture ; un maître ouvrier désigné par Com-chong nous y accompagna. J'y trouvai en activité un four où l'on traitait de petites tasses à thé de 2 pouces de diamètre ; elles étaient empilées fort artistement sur un plateau de tôle qu'un long manche en fer permet de porter au fond du four et d'y faire tourner

---

[1] J'ai fait hommage à la manufacture royale de Sèvres de tous les objets décrits plus haut, ainsi que de la collection complète des couleurs employées en Chine, dans la décoration de la porcelaine, avec une note des procédés en usage. J'y ai aussi déposé un grand nombre de poteries chinoises qui ont pris place dans le musée céramique de ce magnifique établissement.

sur un axe. Construit assez grossièrement avec de l'argile et des briques, le fourneau a 1 mètre 20 c. de
hauteur et se compose d'un moufle cylindrique de 0 50 de
diamètre ; il est chauffé extérieurement comme nos fourneaux à coupelle, par la partie supérieure, avec du charbon de bois ; on entretient en outre quelques charbons
incandescents sur la sole du moufle. Les pièces empilées
sur le plateau de tôle passent d'abord quelques minutes
dans un four à réverbère dont la chaleur ne dépasse pas
150° afin que le feu ne les saisisse pas. C'est alors
qu'on les introduit dans le moufle, d'où je les vis retirer
au bout de 25 minutes, et placer immédiatement sous une
grande cloche en métal, afin de les garantir d'un refroidissement trop brusque. J'obtins des ouvriers une de ces
petites tasses à thé, avant la cuite des couleurs, et une
autre après cette opération, comme échantillons de la fabrication à ses divers degrés.

Pour les grandes pièces, et j'en ai vu là de 3 pieds
de haut, il y a des fours d'une autre forme. Ce sont
généralement deux cylindres circulaires, concentriques,
placés verticalement et dont les parois sont séparées par
un espace de 10 centimètres destiné au combustible ;
le cylindre qui remplit l'office de moufle a 1 mètre 30
centimètres de hauteur sur 0 mètre 90 centimètres de
diamètre. On le recouvre d'une calotte de terre cuite,
dont la carcasse est en fer et qu'on soulève à volonté,
au moyen d'une poulie, pour surveiller la marche de
l'opération ; le feu occupe, en même temps que les parois, le fond du cylindre, où l'on a ménagé un espace
de 0 m. 20 c. entre les deux cylindres ; l'air qui ali-

mente la combustion pénètre dans le fourneau par douze ouvertures pratiquées autour du cylindre extérieur ; on chauffe pendant 6 à 12 heures, selon la grandeur des pièces, et le fourneau est ensuite abandonné à lui même , afin que le refroidissement ait lieu lentement : je dessinai ces fourneaux avec exactitude.

Je remarquai que les Chinois ne font pas de la fixation de l'or sur la porcelaine une opération à part ; ils cuisent les couleurs en même temps que la dorure ; aussi, cette dernière est-elle fort peu solide parce que la chaleur qui convient aux couleurs est trop faible pour fixer l'or : ce perfectionnement appartient à la fabrication européenne. Au surplus, l'art de la décoration de la porcelaine est, aujourd'hui, fort arriéré en Chine, où il se ressent de l'infériorité de l'art de la peinture. Mais, je le répète, ce qui frappe d'étonnement c'est l'exiguité de tous les moyens mis en œuvre par les Chinois, dans ces diverses opérations. Les fourneaux sont assez grossièrement construits en brique et argile par les mêmes ouvriers chargés de la cuite ; à peine si le hangar qui les renferme est clos et couvert. Tout le personnel de cet atelier , le plus considérable de Canton, ne va pas au-delà d'une vingtaine d'ouvriers [1].

[1] Dans cette fabrique où les ouvriers sont employés à l'année, les contre-maîtres gagnent 140 piastres (840 fr.) et les simples ouvriers sont payés en raison du degré de leur habileté depuis 60 piastres (360 fr.) jusqu'à 140 piastres (600 fr.); ils sont en outre nourris et la plupart couchent dans les ateliers où ils dressent pour la nuit de mauvais lits qui disparaissent au point du jour.

La journée de travail commence à six heures du matin et se

Cette observation s'applique plus ou moins à toutes les industries chinoises ; et ce n'est pas là le seul trait de ressemblance qu'elles offrent avec la situation industrielle de l'Europe, il y a une centaine d'années.

Au temps où la science n'avait pas encore prêté à l'industrie le flambeau de ses théories, les fabriques, quelqu'en fut le genre, étaient petites, disséminées sur le territoire ; la division du travail ne s'étendait jamais bien loin ; les procédés en usage se traînaient dans les voies étroites de la routine ; le progrès ne pouvait être que l'œuvre des siècles. Tel est l'aspect général que présente aujourd'hui la fabrication chinoise. L'ouvrier est parvenu au plus haut degré de l'adresse

termine à six heures du soir ; il est accordé, vers midi, une heure et demie pour le repas et pour fumer.

Dans les autres industries la journée de travail dure souvent quinze heures et se partage ainsi : de sept heures à midi, de une heure à six heures et de sept heures à minuit. Les premiers ouvriers jouissent de la faculté de faire de petites absences pendant ces heures de travail, pour aller fumer quelques pipes d'opium.

En général les salaires varient selon la capacité de l'ouvrier entre 20 et 200 piastres (120 et 1200 fr.). La moyenne du salaire annuel d'un bon ouvrier est de 100 piastres (600 fr.) plus la nourriture.

On peut calculer sur une interruption de travail de trente jours seulement dans le cours de l'année ; car les Chinois n'ont pas de jour de repos correspondant à notre dimanche. Les fêtes sont rares et la seule qu'ils ne manquent jamais de célébrer par des réjouissances qui excluent tout travail, a lieu au renouvellement de l'année (en février) ; elle est consacrée aux réunions de famille. Les ouvriers qui, pour la plupart, ont leurs femmes à la campagne vont les visiter à cette époque et jouir pendant quelques jours des douceurs du foyer domestique.

manuelle ; mais les outils compliqués, les procédés mécaniques, puissants, la chimie, la physique, l'élément scientifique, en un mot, dont le concours a donné, dans ces derniers temps, un si grand essor à l'industrie européenne, fait totalement défaut aux Chinois : l'industrie chinoise est un être sans tête, sans cerveau.

Accumulés pendant une longue suite de siècles, les faits se pressent en foule dans chacune des branches des connaissances humaines ; les uns, recueillis dans les livres, sont passés dans le domaine public ; d'autres, et ce sont surtout ceux qui se rattachent à l'art de guérir et à la chimie, constituent l'héritage transmis par le père à son fils. Ces faits, au sein desquels l'Europe a encore beaucoup à puiser, en ce qui concerne principalement l'agriculture, la médecine, la métallurgie, l'alimentation de l'homme, la préparation des teintures et des couleurs, la fabrication du papier et, enfin, la simplicité d'une foule d'outils, de petits moyens mécaniques fort ingénieux et de procédés d'un usage journalier, ces faits, dis-je, aucun homme ne s'est rencontré en Chine, pour les réunir, les coordonner, créer des méthodes d'induction qui les résument et les expliquent ; poser, enfin, les bases de ces théories scientifiques qui ouvrent au génie de l'homme les champs de l'avenir.

Ainsi, la chimie s'est arrêtée au point où les alchimistes du dix-septième siècle l'avaient conduite en Europe, en multipliant au hasard leurs essais sur l'action mutuelle des corps. Les officines des apothicaires chinois renferment la plupart des médicaments que le règne

minéral fournit chez nous à la médecine ; mais leur préparation , compliquée par la présence de substances qui
ne jouent aucun rôle dans les combinaisons , indique
que l'opérateur ne s'est pas rendu un compte exact du
mode d'action des divers corps mis en présence. C'est
ainsi que pour obtenir le protochlorure de mercure (ca-
lomel), qu'ils emploient à l'intérieur contre les maladies
du foie, ils font entrer , dans sa préparation, du sous-
borate de soude, des sulfates de chaux, d'alumine et de
fer, des sulfures de mercure et de zinc, de l'azotate de
potasse, du chlorure de sodium et du mercure. La com-
plication de ce procédé provient aussi sans doute de ce
qu'ils ne connaissent guère , en fait d'acides minéraux
non combinés, que l'acide azotique faible , qu'ils emploient dans l'opération de la touche et qu'on obtient, en
Chine, par la distillation d'un mélange d'azotate de potasse ou de soude avec de l'argile, dans une cornue de grès.

Ce que les Chinois entendent parfaitement , c'est la
préparation des oxides métalliques qu'ils emploient dans
leurs émaux et leurs verres coloriés , ainsi que pour la
décoration de la porcelaine ; mais leurs procédés longs
et compliqués se ressentent encore de l'absence totale
de principes scientifiques.

Ils communiquent à quelques huiles de graines la
propriété de sécher rapidement, en les faisant bouillir
avec du péroxide de manganèse. Ce procédé est tellement supérieur à celui qui consiste, en Europe , à employer l'oxide de plomb , que l'huile, rendue siccative
par le péroxide de manganèse, acquiert les qualités d'un
vernis.

La poudre à canon, qu'ils ont inventée, est, en Chine, un mélange de 75 parties et 1/2 de nitre, 14 parties et 1/2 de charbon et 10 parties de soufre. C'est aussi dans ces proportions que se prépare notre poudre, et si la qualité de la poudre chinoise laisse à désirer, cela tient uniquement à l'imperfection du mélange.

Les Chinois exploitent assez mal leurs mines, mais ils travaillent parfaitement les métaux et font à peu près tous les alliages connus de nous. Toutefois, il en est plusieurs, et le pe-tong ou cuivre blanc est de ce nombre, qui sont le produit naturel de la fusion de divers minerais des mines du Yunnam.

Ils pratiquent les procédés de la trempe et savent, depuis des siècles, que l'alliage de cuivre et d'étain devient malléable par un refroidissement brusque. C'est sur ce principe qu'est fondée la fabrication de leurs gongs, qu'ils forgent à froid, au marteau, et auxquels ils donnent ensuite cette sonorité si remarquable, en les soumettant à la chaleur rouge, dans un four dont le refroidissement a lieu très-lentement:

La préparation du bleu de Prusse a été introduite tout récemment par un Chinois qui, s'étant embarqué comme matelot à bord d'un bâtiment anglais, s'est trouvé obligé, pour gagner sa vie à Londres, d'entrer dans une fabrique de produits chimiques, où il a été employé à la préparation du ferro-cyanure de potassium. De retour dans son pays, il a établi, à Canton, une fabrique dont les produits ne laissent rien à désirer.

Les détails qui précèdent et auxquels je serais à même de donner beaucoup plus d'extension, suffiront, je pense, pour montrer que la chimie n'est encore, en Chine, qu'une réunion de faits pratiques sans liens , sans relation entr'eux.

Il en est de même de la physique ; ainsi les Chinois ne connaissent des phénomènes de l'électricité que la propriété qu'ont la résine et l'ambre d'attirer les corps légers par le frottement. A l'exception de l'aiguille aimantée, dont la découverte leur appartient, ils ne savent rien du magnétisme. La construction de leurs instruments de musique à corde et à vent, tout en subissant nécessairement les lois de l'acoustique, sont une preuve, dans une foule de cas , de leur ignorance de la théorie des sons.

Leurs connaissances en optique sont, s'il est possible, encore plus bornées ; ils n'ont jamais pu comprendre la construction d'une lunette d'approche ou d'un télescope. Leurs besicles ne sont que des conserves, dont les verres en cristal de roche, taillé à l'aide de la poudre de corindon , présentent deux faces planes ; ils emploient aussi à cet usage le quartz enfumé (Tcha-chi , pierre de thé), pour se défendre de l'action des rayons solaires.

Les mathématiques se réduisent pour eux à l'arithmétique et aux premiers éléments de la géométrie. Le système décimal sert de base à leurs calculs , comme aux divisions de leurs poids et mesures. Ils ne connaissent ni l'algèbre , ni la géométrie descriptive , et l'on s'en aperçoit à l'absence de perspective dans leurs dessins.

Ce qu'ils possèdent d'astronomie pratique, ils le doivent d'abord aux Arabes , puis aux Jésuites , qui n'ont pu cependant réussir à former, à Pékin, des élèves capables de les remplacer. Aussi, le tribunal des mathématiques est-il vacant, depuis le départ des Européens. On a cru, parce que Confutzé rapporte exactement les dates de trente-six éclipses de soleil, que les Chinois connaissaient le moyen de les calculer ; mais, comme l'observe si judicieusement Dawis, cela prouve plutôt l'exactitude des annales écrites par Confutzé, que la science astronomique des Chinois.

On ne trouve chez eux aucune trace de la dynamique ; à peine font-ils les plus simples applications de la statique. Aussi, leurs moyens mécaniques sont-ils tout à fait primitifs ; ils se bornent à l'usage du levier, de la poulie, du treuil, de la roue dentée ; ils n'ont pas même su employer cette dernière à transformer le mouvement horizontal en mouvement vertical et réciproquement ; le moulin que j'ai décrit (page 245 du premier volume), est un exemple de leur impuissance, à cet égard. La vis était, à ce qu'il paraît, une machine trop compliquée pour eux ; aussi, l'ont-ils empruntée aux Européens, et cela tout récemment.

Les Chinois fabriquent, aujourd'hui, des horloges, mais ils se conforment servilement aux dimensions des pièces de leurs modèles, incapables qu'ils sont d'en calculer d'autres.

Leurs connaissances anatomiques ne s'étendent pas au-delà de l'ostéologie ; ils ont horreur des dissections et ne font point d'amputations. Quant à la médecine, elle n'est, comme toutes les autres branches de leurs connaissances, qu'une réunion confuse de faits recueillis avec plus ou moins de discernement.

Toutefois, en présence de la pauvreté de nos théories médicales se contredisant l'une l'autre, j'hésiterais, je l'avoue, à les plaindre de cet état de choses, si l'astrologie ne venait y mêler ses raisonnements grotesques. D'ailleurs, leur idées sur la diète et le régime, l'emploi qu'ils font des purgatifs comme dérivatifs, et des simples en infusion ou cataplasmes, l'usage du moxa, celui de l'acupuncture et d'une foule d'autres moyens thérapeutiques fort remarquables déposent en faveur de la pratique du médecin chinois, dont l'esprit d'observation se développe d'autant plus qu'il est son unique guide dans l'appréciation des maladies. Il est à remarquer, en effet, que rien ne nuit autant à l'observation directe qu'une théorie, puisque son but est précisément de dispenser de l'observation en établissant les faits *à priori* ; elle fait en médecine des savants, non des médecins.

La classification des trois règnes de la nature offre de si étranges assemblages, qu'on en doit conclure que les Chinois n'ont jamais accordé qu'une attention fort superficielle à l'examen des caractères spécifiques des êtres. J'ai déjà parlé, ailleurs, de leurs idées géologiques sur l'origine des montagnes. En minéralogie, la confusion est telle, qu'ils ont réuni les pierres artificielles, les quartz, les agates et le jade avec l'ambre et le jayet. La division du règne végétal en onze groupes se fonde sur des caractères sans valeur, tels que la nature herbacée ou ligneuse de la tige. Quant au règne animal, ce sont des analogies plus ou moins grossières qui en déterminent la distribution en quatorze groupes artificiels.

Tel est le tableau de la situation des sciences, en Chine. Ainsi s'explique l'état stationnaire de l'industrie dont l'organisation est incomplète par suite du vide qu'y laisse l'absence de l'élément scientifique.

Mais comment les sciences ont-elles pu rester, depuis si longtemps, dans cet état d'infériorité, chez un peuple dont le nom se rattache aux plus grandes découvertes du génie de l'homme, la boussole, la poudre à canon, l'imprimerie. Je n'hésite point à le dire, c'est dans la structure de la langue chinoise qu'il faut chercher la cause de cet immense fait.

On sait que les Chinois n'ont point d'alphabet ; ils se servent de caractères hiéroglyphiques représentant des idées, des mots. Telle était aussi l'écriture dont les anciens Egyptiens ont couvert leurs temples. Il semble que ce système graphique ait dû se présenter, de prime abord, à l'esprit de l'homme, lorsqu'il sentit pour la première fois la nécessité de donner une durée à sa parole fugitive. Les caractères dont il se servit furent d'abord la représentation des objets matériels dont il avait à s'occuper. Ce mode primitif d'écrire, en suivant pas à pas dans ses développemens, les progrès de la civilisation, répondit à tous ses besoins ; le nombre des signes augmenta peu à peu ; après avoir exprimé des sujets simples et bornés, il dut satisfaire à la nécessité de rendre des idées complexes. C'est ainsi que dans l'espace de soixante siècles, la langue hiéroglyphique des Chinois s'est enrichie, je devrais dire encombrée, de trente à quarante mille caractères hiéroglyphiques qui rendent aujourd'hui sa connaissance complète impossi-

ble à qui que ce soit et dont l'étude absorbe l'existence de tous les hommes studieux de l'Empire du
milieu.

On a dit, il est vrai, que les difficultés de la langue
chinoise écrite avaient été fort exagérées, qu'il n'est pas
nécessaire d'en connaître tous les caractères et que,
puisqu'il n'existe que deux mille mots différents les
uns des autres dans un ouvrage tel, par exemple que le
Télémaque de Fénélon, il suffirait de connaître les deux
mille caractères qui les expriment pour lire un livre pareil en chinois. D'ailleurs, a-t-on ajouté, les caractères
radicaux, qu'on pourrait jusqu'à un certain point appeler
l'alphabet chinois, ne sont qu'au nombre de deux cent
quatorze, servant dans les dictionnaires chinois à la classification de tous les autres signes qui en dérivent, au
moyen de certaines additions.

Assurément ces deux cent quatorze racines aident
beaucoup aux efforts de la mémoire, en lui offrant des
points de repère; mais elles sont trop multipliées et
subissent trop de transformations arbitraires pour qu'il
soit possible à l'homme le mieux organisé et le plus la-
borieux, de loger dans sa tête plus de quinze à seize
mille formes de caractères; l'empire chinois ne compte
peut-être pas vingt lettrés de cette force.

Parvenue à cet état d'engorgement, la langue chinoise ne peut plus exprimer que bien difficilement des
idées nouvelles; il n'y a, pour ainsi dire, plus de place
pour ces idées; c'est un instrument qui fonctionne déjà
trop péniblement, pour étendre davantage son emploi;
après avoir été longtemps l'un des plus puissants auxi-

liaires de la civilisation, dont il avait hâté la marche, il est devenu un embarras pour elle, pour son progrès.

Le peuple chinois paie bien cher aujourd'hui les avantages qu'il a pu trouver, à l'origine de la société, dans la simplicité synthétique de son système graphique, sur l'emploi d'un alphabet, dont l'invention est un travail analytique, supposant au préalable un certain degré de civilisation. Pour exprimer les vérités scientifiques et les idées nouvelles qui dérivent des faits accumulés depuis des siècles, pour donner à ces idées une classification raisonnée, il ne faudrait pas moins de cinq à six cents mots nouveaux, c'est-à-dire, cinq à six cents caractères! Se fait-on une idée d'une pareille addition et des difficultés de répandre dans le public la connaissance de ces caractères conventionnels de formes nouvelles?

Les sinologues Rémusat et John Dawis ont commis, à mes yeux, une grande erreur, lorsqu'ils ont prétendu que le système hiéroglyphique des Chinois était favorable à la classification philosophique des êtres par espèces et par genres. Lors de la formation du langage, les idées élémentaires exprimées par les caractères radicaux ont été suivies d'idées complexes, pour lesquelles, au lieu d'inventer de nouvelles formes arbitraires, on a imaginé des combinaisons telles qu'en ajoutant à un radical commun à une classe nombreuse d'êtres, un signe particulier, on est arrivé à la spécification de chacun de ces êtres.

Ainsi, le radical *ma* — 蔴 — chanvre, applicable à tous

les végétaux textiles, est entré comme élément dans le nom de chacun d'eux ; on a fait tsing-ma,— 蘇青 —lo-ma,— 蘇樂 ,— etc., pour exprimer les diverses espèces de plantes textiles, quelle que fût d'ailleurs leur véritable famille botanique ; de même, le mot chien étant un radical, on a fait chien-renard, chien-loup, chien-singe , les Chinois ayant considéré , par la plus étrange bévue , le singe comme appartenant à la même famille que le chien. Mais n'est-il pas évident que, par cette manière de procéder, on commençait à grouper ensemble , avant de les avoir suffisamment étudiés , des êtres qui , pour avoir quelques traits de ressemblance extérieure , pouvaient cependant se trouver fort étrangers les uns aux autres? Depuis quand, en effet , les caractères extérieurs ont-ils pu servir de base à une classification philosophique et raisonnée des êtres de la création? Ainsi, de ce que la chauve-souris vole , au moyen d'une peau membraneuse qui lui sert d'ailes , les Chinois devaient-ils la classer parmi les oiseaux , malgré les caractères tranchants qui l'en séparent? De ce que l'ambre a une cassure un peu vitreuse , était-il rationnel de le réunir au quartz, dont la composition en diffère essentiellement? De ce que le phoque et la baleine vivent dans l'eau , fallait-il les séparer des mammifères auxquels ils se rattachent par les traits les plus importants de leur organisation ?

On multiplierait à l'infini les citations de ce genre, si celles qui précèdent ne suffisaient pour démontrer combien ces classifications superficielles renferment d'erreurs grossières qui, une fois enregistrées dans la langue, deviennent éternelles.

En résumé, les classifications résultant du système graphique des Chinois ne pouvaient être que l'expression de l'état de la science, disons mieux, de l'ignorance des temps où la langue se formait; elles ne pouvaient donc être rationnelles et constituer, comme l'avance John Dawis, de véritables familles naturelles [1].

L'obstacle invincible que la langue chinoise a opposé à l'avancement des sciences résulte aussi de ce que tous les hommes d'intelligence de la nation consument à apprendre une partie des caractères de cette langue, le temps qu'on donne ailleurs à l'étude des phénomènes de la nature. Etrangers dès-lors aux recherches scientifiques, ils ne sont pas en mesure, eux qui ont le monopole de la fabrication des mots nouveaux, de reconnaître la nécessité d'en créer. D'ailleurs, ainsi que je l'ai déjà dit,

---

[1] Qu'est-ce, après tout, qu'une classification considérée au point de vue philosophique, sinon l'expression exacte de l'état de la science, au moment où elle est adoptée? Une classification s'approche d'autant plus de la perfection, que la science est plus avancée; mais ce n'est toujours qu'une vérité relative. Cela posé, on devrait se garder d'y introduire des mots ayant par eux-mêmes une signification emportant leur définition, afin d'échapper à l'obligation de les abandonner, à chaque progrès que fait la science. Ainsi, les expressions d'*oxygène* et d'*azote* sont devenues fausses, dans l'état actuel de la science, puisque l'oxygène n'est plus le seul corps qui engendre les acides et que l'azote n'est plus le seul gaz qui n'entretienne pas la vie; heureusement pour ces mots qu'ils ont une origine grecque qui permet d'oublier leur signification, sans quoi il eût fallu s'en défaire.

les cinq à six cents mots nouveaux dont les Chinois auraient eu besoin, s'ils eussent imaginé des théories scientifiques, n'auraient été compris que d'un petit nombre de savants, et ce n'est pas dans de telles conditions que les sciences progressent; il leur faut le concours de l'intelligence des masses.

Je le répète donc, c'est dans la structure de la langue chinoise qu'il faut, selon moi, chercher la cause du peu d'avancement des sciences et conséquemment de l'état stationnaire de l'industrie.

Les conséquences de la structure de la langue chinoise ne sont pas moins remarquables dans l'ordre politique. Cette langue semble faite pour mesurer à chaque classe du peuple la portion de lumière que ses yeux peuvent supporter, sans être éblouis par ces théories séduisantes, subversives des états. Tout le monde sait lire et écrire, en Chine; mais ce genre d'instruction est loin d'avoir le sens que nous y attachons. Les uns ne connaissent qu'une centaine de mots, la plupart relatifs à leur profession. Je me rappelle mon étonnement, la première fois que je parcourus les rues de Canton avec mon domestique chinois, en reconnaissant qu'il ne pouvait me traduire que les enseignes des cordonniers, parce qu'il n'avait appris que le métier de cordonnier. D'autres, plus instruits, savent deux cents, cinq cents mots ayant le plus ordinairement trait à leur état.

Il en découle plusieurs conséquences qui surprendront au premier abord. Ainsi il n'est jamais venu dans l'idée du législateur d'apporter la moindre entrave à la liberté de la presse; tout Chinois peut posséder une imprimerie. La sphère d'action de chaque publication est naturellement limitée par le sujet qu'elle traite ; plus il s'élève, plus elle se rétrécit ; les ouvrages d'une certaine portée littéraire , morale ou politique n'ont de lecteurs que parmi les hautes classes intéressées à l'ordre public ; les discussions qui mettraient en cause cet ordre public, si elles pouvaient naître au sein des hautes classes , n'auraient pas de retentissement possible parmi le peuple. Ce sont là des éléments de tranquillité et de sécurité sociales , propres à exercer une grande influence sur la forme et la durée de la constitution politique de l'empire chinois, dont ces éléments ont fait le paradis des gouvernants, sans constituer, il faut en convenir, dussent tous nos instincts de libéralisme se révolter, un enfer pour les gouvernés.

20 novembre.

Il est cinq heures du matin ; nous quittons sans bruit le quartier des factoreries. Notre projet, préparé en secret, est de tenter le tour de la ville de Canton. On dit que cette entreprise n'est pas sans danger ; mais nous sommes cinq Européens bien décidés à la pousser à bout ; chacun s'est armé de pistolets et d'un bâton ferré ; les deux linguistes de M. Forbes nous servent de guides et d'interprètes , et nous avons des vivres pour la journée.

Il n'est pas encore jour et déjà nous laissons derrière nous, sur la gauche, la longue rue de Physic-street, pour suivre la grande muraille de la cité tartare. L'aube qui commence à poindre ramène la circulation dans les rues , et avec elle le cri de *fan-koï* retentit à nos oreilles. Le faubourg se termine par une rangée de petites maisons basses , de l'aspect le plus misérable et qu'habite la lie du peuple. Nous pressons le pas , tout en marchant la tête haute ; car la canaille des villes est comme ces bandes de loups qui ne se précipitent que sur le voyageur indécis et craintif. Le pays commence à se découvrir sur notre gauche. Après avoir dépassé la pagode de Saï-shan-mion , nous nous trouvons dans la campagne , sans toutefois nous éloigner de la haute muraille de la ville tartare , que nous longeons à droite.

Nos guides nous avaient représenté la sortie du faubourg comme la partie la plus difficile de notre entreprise , parce que notre présence pouvait y donner lieu à des attroupements hostiles. Mais , grâce à la rapidité de notre marche , elle s'est effectuée sans encombre ; et déjà nous nous flattions d'un succès complet , lorsque nous apercevons , à quelques pas de nous , un corps de garde qui nous barre le chemin. Une espèce de commissaire de police s'avance vers nous , et s'adressant à nos guides , il s'informe avec stupéfaction des motifs de notre présence sur cette partie du territoire chinois , où nul étranger n'est admis. Le projet de faire le tour de la ville lui paraît , assure-t-il , un acte de démence de notre part ; selon lui , la population qu'il nous reste à traverser est très hostile aux étrangers et les plus grands malheurs nous attendent , si nous persistons à passer outre. Notre contenance et nos sourires d'incrédulité sont notre seule réponse à l'exagération de ses avis : nous la complétons en lui montrant nos armes, et, sans donner plus d'attention à cet incident, nous nous dirigeons d'un pas rapide vers la tour à cinq étages de Hou-tchan-lao, voisine de la grande pagode de Kwang-heaou-sze consacrée à la Gloire et au Devoir filial et située à l'angle nord-est de la ville tartare. Nous marchions depuis un quart d'heure et nous contournions déjà les remparts à l'est, lorsque les cris d'un homme qui courait après nous attirèrent notre attention, c'était notre commissaire de police que l'officier du poste nous dépêchait, pour nous supplier de renoncer à notre entreprise. Tous ses efforts pour nous persuader que nous allions courir les plus grands dangers ont à peine ralenti notre marche et nous avons plusieurs fois interrompu le récit de ses histoires effrayantes, en cherchant à le congédier.

Désespérant alors de nous intimider, il prononce quelques mots, que personne de nous ne comprend, mais, à la pâleur mortelle de nos guides, dont un tremblement nerveux agite subitement tous les membres, nous devinons qu'une menace terrible vient de leur être faite de la part du mandarin ; leur refus d'aller plus loin ne confirmait que trop cette pensée. Toutefois, le désir de couronner cette entreprise déjà fort avancée nous fait hésiter à retrograder. Il nous reste moins de la moitié de la distance à parcourir pour achever le tour de la ville, mais nous ignorons le chemin, et la crainte de nous égarer nous détermine à revenir sur nos pas.

Fort peu préoccupés, d'ailleurs, des contes bleus de la police chinoise, nous examinons tout à notre aise, de la colline sur le penchant de laquelle est assise la partie nord de la ville, le pays qui nous entoure. La muraille nous paraît avoir 10 à 12 mètres de hauteur, y compris les créneaux qui la surmontent ; des moellons de grès rouge extraits des montagnes voisines constituent les matériaux de la base, jusqu'à 2 mètres au-dessus du sol ; puis commence une construction en grandes briques de 0 m. 32 cent. de longueur sur 0 m. 06 c. d'épaisseur ; la profondeur de la muraille doit être d'environ 7 mètres, à ce que j'ai pu en juger. Dans l'état de dégradation où elle est sur plusieurs points, elle ne pourrait offrir de résistance sérieuse, d'autant plus que l'approche n'en est pas même défendue par un fossé et qu'aucune tour ne la protége de distance en distance. Quant à son périmètre total, qui affecte la forme d'un carré dont les angles seraient légèrement arrondis, j'estime d'après le temps que nous avons mis à en parcourir la moitié, qu'il a 16 ou 18 kilomètres [1].

Avant de nous éloigner, nous visitons la pagode de Saï-shan-mion ; puis, un petit chemin nous ramène dans les faubourgs, où la police avait sans doute eu le temps d'ameuter la foule : aussi, sommes nous accueillis

[1] Il est impossible d'admettre qu'une pareille enceinte puisse contenir au-delà de 400,000 âmes, surtout si l'on considère qu les maisons n'ont qu'un seul étage ; en supposant que la ville ouverte, c'est-à-dire, les faubourgs, qui occupent une surface à peu près égale, compte une population aussi nombreuse et en attribuant à la ville flottante 200,000 âmes, nous arrivons à un million d'âmes pour la population totale de la ville de Canton, que quelques voyageurs portent à 1,500,000.

par elle aux cris de *fan-koï*, mille fois répétés. Nous remarquons, à leur mise plus soignée, quelques hommes marchant au milieu du flot populaire dont ils semblent régler les mouvements. C'est évidemment à une petite émeute montée par la police que nous avons affaire ; aussi, affectons-nous une tranquillité qui se manifeste par la lenteur de notre retraite. Parmi les objets qui, chemin faisant, attirent notre attention, nous remarquons adossé au rempart un de ces échafaudages en bambou qu'on rencontre dans les divers quartiers de la ville et qui soutiennent, à une grande hauteur au-dessus des toits, les baraques des gardes de nuit chargés de veiller au feu. Jamais occasion plus belle ne s'était présentée de jeter un coup-d'œil sur la ville tartare. Aussi, tandis que trois de mes compagnons prennent position sur les premières marches de l'escalier de cette espèce de mirador, nous en gravissons rapidement les rampes M. Kind et moi, et en un clin-d'œil, nous nous trouvons sur le chemin de ronde qui règne derrière le parapet du rempart, ayant à nos pieds les maisons grises de la cité tartare. Je promène mes regards avides sur cet amas de constructions, entassées aussi irrégulièrement que dans la ville ouverte, mais généralement plus vastes, plus élégantes, plus monumentales ; toutefois, l'aspect peu animé et le manque de mouvement que j'y remarque me rappellent ces antiques et nobles villes de parlement, déchues de leur splendeur et dont l'attitude grave et silencieuse contraste avec l'activité fébrile des grandes villes de commerce. Tout-à-coup, les hurlements de la foule arrêtée au pied de l'escalier mon-

tent jusqu'à nous ; les cris de détresse de nos compagnons ne nous permettent plus de douter du danger
qu'il y aurait à prolonger cette situation ; nous nous
hâtons de redescendre, et c'est le pistolet au poing que
nous rejoignons nos compagnons. La populace, après
nous avoir escortés jusqu'à Physic-street, se fond et dis-
paraît comme si son rôle était rempli.

Ce qui vient de se passer est fait pour ouvrir enfin
les yeux des plus incrédules sur les moyens que le gouvernement chinois met en jeu, dans le but de fermer
son territoire aux étrangers. Chaque circonstance de
cette journée renferme l'aveu de l'insidieuse tactique
employée pour rejeter sur la prétendue aversion de
la population chinoise contre les Européens, les obstacles que ces derniers éprouvent à franchir la limite des
factoreries. Grâce au secret dont nous avions entouré
notre projet, nous pénétrons, à près de deux lieues,
dans l'intérieur sans la moindre opposition ; à peine la
police en est-elle informée, que les difficultés se multi-
plient sous nos pas ; prise au dépourvu, elle essaie d'a-
bord de nous intimider ; n'y pouvant réussir, elle s'a-
dresse à nos guides et les menace de toute la colère des
mandarins, s'ils font un pas de plus avec nous ; jusqu'ici
la police s'est montrée à découvert. Tout à l'heure, elle
va tirer les fils du pantin que le gouvernement chinois
appelle la populace mal intentionnée ; nous lui en laissons, au surplus, le temps par la lenteur de notre retraite ;
à peine dans le faubourg, nous trouvons, en effet,
l'émeute installée, mais la main qui la dirige n'a pu se
retirer si vite que nous ne l'ayons aperçue fort distinc-

tement, au milieu des groupes, sous la forme d'agents provocateurs.

Ces procédés sont, d'ailleurs, tout-à-fait dans les habitudes du gouvernement chinois, qui a de tout temps cherché à annuler par la ruse les concessions faites à la force. Nul doute qu'en ouvrant aux Européens Canton et les ports du nord, il n'ait eu l'arrière-pensée de resserrer peu à peu le cercle des stipulations du traité, de manière à ne pas augmenter en définitive les points de contact de l'Europe et de la Chine. L'instinct de sa conservation l'avertissait, en effet, que ce contact ne pouvait que porter atteinte à son **autorité**, en affaiblissant rapidement le prestige de **supériorité** intellectuelle sur lequel repose l'influence morale qu'il exerce depuis tant de siècles [1].

[1] On m'a assuré que depuis notre excursion, le consul anglais à Canton avait voulu lui aussi, faire le tour de la ville. Le mandarin chargé de la police fut en conséquence prévenu officiellement par lui de son intention d'user du droit, conféré aux étrangers par les traités, de parcourir Canton et ses alentours. Ce magistrat ayant objecté qu'il ne disposait pas de forces suffisantes pour contenir la population hostile aux Européens, le consul lui répondit qu'un pareil argument ne regardait que l'autorité chinoise chargée de garantir l'exécution des traités, qu'il le rendait responsable des événements et que, quant à lui, il userait, dès le lendemain même, de son droit.

Le consul partit, en effet, comme il l'avait dit; mais il n'avait pas fait une demi-lieue qu'un attroupement d'hommes qui semblaient l'attendre au passage se jetèrent sur lui et l'accablèrent de coups de bâton; il eut toutes les peines du monde à se tirer de leurs mains et rentra couvert de blessures au consulat. Plainte fut portée sur le champ au mandarin qui vint s'excuser lui-même

Il est une autre question qui, bien qu'étrangère aux faits dont il s'agit, s'y rattache par les considérations qu'elle évoque. On s'est étonné, en Europe, que le gouvernement chinois, convaincu, comme il doit l'être aujourd'hui, de l'impossibilité d'opposer une résistance sérieuse à une nouvelle attaque de la part des Anglais, en raison de l'infériorité de ses moyens de défense, n'ait pas cherché à tout prix à emprunter à l'Europe ses vaisseaux, ses armes, ses tactiques d'infanterie, de cavalerie, d'artillerie et jusqu'à des instructeurs militaires pour former ses troupes [1]; et l'on n'a pas manqué d'at-

sur l'impossibilité de contenir la populace et promettre prompte et sévère justice. A un mois de là, on voyait s'arrêter dans la cour du consulat un homme renfermé dans une cage; c'était, disait-on, le principal coupable qu'on venait de condamner à mort et qu'on allait supplicier. L'exécution eut lieu, mais on ne tarda pas à apprendre indirectement que l'homme ainsi offert en holocauste au ressentiment britannique était un malfaiteur condamné à mort pour un autre crime et qu'on avait transporté de cent lieues de là, pour simuler une réparation.

[1] Aveuglés par leurs haines nationales et méconnaissant le véritable caractère de la lutte engagée entre l'Occident et l'extrême Orient, quelques personnes s'étonnent que la France n'ait pas cherché à relever, par tous les moyens à l'usage de la politique, la puissance militaire des Chinois, afin de créer, le cas échéant, de nouveaux embarras à l'Angleterre. Mais, comme je l'ai déjà dit ailleurs, le temps des rivalités n'est pas encore venu pour l'Europe, à l'égard de la Chine; il lui faut conquérir ce vaste champ d'activité, avant de songer à s'en disputer les avantages; les intérêts et les efforts des nations de l'Occident doivent se confondre dans cette immense tentative d'agrandissement physique et moral de l'Europe aux prises avec l'Asie. Dans cette croisade d'espèce nouvelle, à la tête de laquelle marche l'Angleterre, l'Europe doit se réunir comme une seule nation sous le même étendard;

tribuer cette inexplicable incurie à un défaut de jugement résultant d'un sot orgueil, ou bien à cette espèce
d'apathie dont on taxe fort gratuitement les Chinois,
parce qu'ils font partie de la grande famille asiatique.
Mais, qu'on le sache bien, il est beaucoup de Chinois
instruits et d'une vaste intelligence, qui ne doutent nullement de la civilisation avancée de l'Europe, sous tous
les rapports, même de sa supériorité, bien qu'ils persistent à nous désigner au peuple sous le nom de barbares.
Ils ne se font pas illusion sur les dangers que courrait
l'Empire du milieu dans une nouvelle lutte ; ils n'ignorent même pas qu'ils n'ont de chance de salut que
dans l'introduction chez eux des moyens puissants dont
l'Europe dispose. Si l'orgueil national était seul en jeu,
on l'eût fait taire depuis longtemps ; mais ici la question de l'influence morale se dresse plus grave, plus
menaçante que jamais. Chaque emprunt fait à la civilisation européenne ne contiendra-t-il pas un aveu patent
d'infériorité, de la part du gouvernement chinois ? Que
deviendra dès lors le prestige dont j'ai parlé tout à
l'heure et sur lequel s'appuie l'autorité ? Que deviendra
cette hiérarchie des capacités si respectée du peuple, le
jour où il aura été déclaré publiquement que les lettrés
qui la composent ne possèdent qu'une vaine science et
que les barbares sont leurs maîtres ?

ouvrir la Chine, telle est sa tâche, tâche difficile et rude, plus
difficile, plus rude que ne semblent le croire les gens qui en jugent
de loin par les faciles succès des armes anglaises, tâche qui n'est
point au-dessous des efforts combinés de toute l'Europe.

L'emprunt à faire à la civilisation européenne renferme toute une révolution politique et sociale ; aussi le gouvernement chinois, placé entre ce danger et celui qu'offre un nouveau conflit avec l'Europe, ne peut que s'abandonner fatalement aux événements ; dominé qu'il est par de si graves difficultés, il faudrait qu'il fût dans le secret de l'avenir pour oser prendre un parti.

21 novembre.

Je viens de passer la journée au milieu de la famille de Paw-ssé-tchen. La vue de mon daguerréotype que j'ai fait apporter, met en mouvement toute la maison. C'est à qui obtiendra son portrait le premier. La mère de Paw-ssé-tchen a le pas sur tous ; puis, au refus de sa femme, Mme Li, je fais le portrait de la sœur du maître de la maison, assez laide fille malgré le blanc, le rouge, le bleu et le noir dont sa figure est bariolée ; les deux fils aînés, les nourrices et jusqu'aux enfants au maillot, tous posent devant moi, tous sont reproduits avec plus ou moins de succès par mon daguerréotype.

Il y avait bien trois heures que durait ce rude exercice, lorsque le son du gong se fit entendre dans la rue ; il nous annonçait l'arrivée de cinq hauts fonctionnaires de Canton, escortés d'une foule nombreuse de serviteurs et conduits par l'ami Tchao-tchun-lin, le lettré, pour contempler la merveilleuse invention dont toute la ville s'entretenait.

J'aurais pu juger, aux formes cérémonieuses de Paw-ssé-tchen vis-à-vis d'eux et à la série de ses respectueuses salutations avec les bras, la tête et le corps, qu'il avait affaire à de grands seigneurs, si la richesse de leurs costumes de soie brodés de fleurs de mille couleurs, de dragons et de phénix en or et soie, n'avait suffi pour m'indiquer le haut rang de ces personnages. Le plus considérable était le fao-yuen, ou sous-gouverneur de la province de Canton ; venaient ensuite le tseang-keun, ou général tartare, commandant le corps de troupes mantchoux, en garnison dans la ville fermée ; le grand hoppo, ou directeur général des douanes, le heo-yuen, ou grand maître des études, chargé des examens et de la distribution des grades littéraires indispensables pour obtenir des fonctions publiques ; enfin, le tuh-leang-taou, ou administrateur des greniers d'abondance. J'échangeai avec chacun d'eux des saluts fort gracieux, pendant qne Tchao-tchun-lin leur expliquait qui j'étais.

Les portraits de Paw-ssé-tchen et de ses enfants furent apportés, sur ces entrefaites. L'on s'extasia sur leur ressemblance, et je compris, aux gestes du maître de la maison, qu'il cherchait à décrire le procédé. Son explication n'était pas achevée, que les nouveaux arrivés m'avaient déjà entouré ; c'était à qui me témoignerait le plus d'empressement et de politesse, à qui me donnerait le plus de poignées de mains, tout en me suppliant d'opérer sur le champ, en leur présence. Je me rendis de bonne grâce à leur désir, en faisant le portrait du fao-yuen, qui réussit assez bien et que je lui offris. Ce furent alors des transports de joie impossibles à rendre ; chacun voulut avoir son portrait, et je consentis à aller préparer de nouvelles plaques.

A peine étais-je dans mon petit laboratoire, que le grand hoppo vint m'y trouver pour me prier en particulier de lui donner la préférence ; son absence ayant été remarquée, le général tartare, qui en avait sans doute deviné la cause, vint à son tour pour se recommander à moi ; puis, survint pour le même motif, mon ami Tchao-tchun-lin. Je promis à tous et, pour les satisfaire, je me décidai à les prendre ensemble dans un groupe, dont je fis deux épreuves afin d'en conserver une à leur insçu ; ce groupe parut leur faire un grand plaisir. Toutefois, le général tartare et le heo-yuen m'ayant prié avec instance de faire à chacun séparément son portrait, je dus me résigner à les daguerréotyper l'un et l'autre, bien que le jour commençât à devenir peu favorable aux opérations photographiques.

J'étais, au surplus, exténué de fatigue par les dix à douze plaques que j'avais faites dans la journée. Je me levai donc pour prendre congé de la noble compagnie et, pensant qu'il était de mon devoir de rendre à chacun une de ces affectueuses poignées de mains qui m'avaient été données avec tant de libéralité, je m'avançai d'un air souriant vers le général tartare ; mais, loin de vouloir accepter de moi ce témoignage de politesse, il se recula d'un air digne et superbe en retirant ses mains ; ce mouvement dont je ne pouvais me rendre compte, après toute la complaisance que j'avais eue pour lui, m'avait vivement choqué ; je me redressai donc fièrement et, l'ayant toisé de la tête au pieds, je sortis en écartant brusquement la foule des serviteurs entassés à la porte du salon [1].

[1] Les grands seigneurs chinois sont toujours entourés d'une

J'allais sortir de la maison, lorsque **Paw-ssé-tchen** accourut pour me supplier de ne pas m'éloigner sans avoir montré à l'honorable compagnie réunie chez lui, les effets de ma pile galvanique à secousses; ma première idée fut de refuser, mais, entrevoyant l'occasion de mystifier ces fiers mandarins, je consentis à revenir au salon, où ma bonne étoile me réservait une scène des plus bouffonnes, dans laquelle Paw-ssé-tchen qui avait déjà éprouvé les effets de ma pile, allait me servir de compère sans s'en douter.

La pile mise en action, Paw-ssé-tchen se saisit bravement des poignées pour donner l'exemple aux assistants et soutint, pendant quelques minutes, les secousses que j'avais eu soin de rendre aussi faibles que le comportait l'instrument. Enhardi par cet essai, le général tartare demanda à prendre la place de Paw-ssé-tchen et, pendant ce changement, j'eus le temps d'enfoncer le tiroir et d'augmenter ainsi considérablement l'intensité de la machine; le premier choc fut violent, les secousses électriques qui se succédaient avec rapidité avaient fait contracter les doigts du patient fixés convulsivement aux pôles de l'instrument; ses bras se tordaient et sa figure faisait d'effroyables grimaces où se peignait une

troupe nombreuse de serviteurs qui remplissent, en Chine, le rôle des esclaves, des affranchis ou des clients dans l'ancienne Rome. Les rapports de familiarité qui s'établissent d'ordinaire entre ces derniers et leur patron, sont tels que ces serviteurs finissent par se glisser partout, jusqu'à ce qu'on les chasse, et souvent ils ne sortent par une porte que pour rentrer par une autre.

stupeur profonde , pendant que les assistants, riant à se tordre, recevaient de Paw-ssé-tchen l'assurance que cette sensation n'était qu'agréable. Cependant je venais , en arrêtant la machine, de rendre la liberté au pauvre général tartare qui se recula aussitôt, en grommelant, se frottant les épaules et les coudes comme un homme qu'on aurait battu ; tandis que Paw-ssé-tchen, voulant ajouter la preuve à ses paroles, s'emparait de nouveau des deux poignées de cuivre et supportait sans la moindre peine les effets fort innocents de l'instrument ramené rapidement par moi à son état primitif.

On se moqua beaucoup des plaintes du général tartare; chacun voulut essayer de l'instrument et comme je l'avais disposé de manière à en rendre les secousses très supportables , on s'étonna de la mollesse efféminée du général , et plusieurs défis lui furent portés pour l'engager à recommencer, mais il fut sourd à toutes ces provocations et se tint à l'écart, continuant à se frotter de temps à autre les épaules et les coudes d'un air piteux et mécontent.

En me reconduisant, Kum-chon, qui s'était sans doute aperçu de mon mécontentement, chercha à m'expliquer que la réserve dans laquelle s'était tenu le général tartare, au moment où je m'étais avancé pour prendre congé de lui , avait été impérieusement commandée par la présence d'une foule considérable de subalternes qui auraient été immanquablement choqués de certaines marques de politesse faites à un étranger par un fonctionnaire de ce rang : cette explication arrivait un peu tard pour le pauvre général.

Le vent de nord-ouest qui soufle avec violence depuis avant-hier, a brusquement abaissé la température de l'atmosphère ; il fait décidément froid aujourd'hui, à Canton. Les habitants ont successivement endossé plusieurs vêtements les uns par dessus les autres ; vienne la gelée, ils porteront, je crois, toute leur garde-robe sur eux ; cet usage est tel dans le midi de la Chine, où l'on ne porte pas de fourrures, qu'on pourrait presque déterminer le degré de la température, au nombre de robes, de taï-qua, de ma-qua que revêt un négociant ; le peuple accumule sur son dos les casaques (sham) et multiplie les pantalons (hon) ou les caleçons (mat-sot) ; il s'arrondit ainsi de toutes les ressources de son vestiaire ; car il n'a pas de vêtements d'hiver.

Les maisons ne sont pas, d'ailleurs, disposées pour préserver du froid ; ouvertes à tous les vents, les salles qu'habitent les gens riches sont séparées les unes des autres par des cloisons sculptées à jour ou de légers treillis de bambou, ornés de méandres et d'arabesques ; les fenêtres sont à peine fermées d'une gaze, d'une natte ou tout au plus d'un châssis garni d'écailles de placunes et de pernes, auquel le luxe commence à substituer des vitres d'un verre fort mince.

La grippe s'est multipliée sous l'influence de ces premiers froids et je n'entends, dans les rues, que des gens enrhumés éternuant et toussant.

Le vent de nord-ouest (mousson), refroidi et desséché au contact des neiges éternelles de la chaîne du Thibet,

souffle avec violence sur les parties méridionales de la
Chine, depuis le mois d'octobre jusqu'en avril, et con-
tribue à abaisser, en hiver, la température beaucoup
au-dessous du point où elle devrait être relativement à
la latitude; l'action réfrigérante qu'il exerce est telle,
que la moyenne de la température de Canton, pendant
les mois de novembre, décembre, janvier et février, est
la même que celle de la côte septentrionale de l'Afrique,
qui compte 10 degrés de plus en latitude; mais la température excessive de l'été, accrue par les vents réguliers du sud-ouest (mousson) qui, après s'être saturés
des chaudes vapeurs enlevées au versant méridional de
l'Hymalaya et aux régions brûlantes de l'Inde et de la
Cochinchine, viennent balayer les côtes de Chine, cette
haute température, dis-je, rachète cette différence de
telle sorte, que la ligne isotherme qui passe par Canton
est assez régulière par rapport à l'équateur [1].

[1] Ce fait semblerait démontrer que, pour féconder les belles
recherches isothermales de M. de Humboldt et en tirer des conséquences plus rigoureuses et surtout plus concluantes et plus
étendues sur la distribution de la chaleur, à la surface du globe,
il serait indispensable de tracer des courbes isothermes par saisons.
On trouverait ainsi que la même courbe isotherme hivernale,
comprend Paris et Pékin, bien que Pékin soit de 9 degrés
plus au sud que Paris, tandis que la courbe estivale de Pékin
passerait par la Havane et le sud du Maroc; et, comme les fruits
de la terre et les habitudes de la vie dépendent bien plus des
maximum ou minimum de température que des moyennes, les
courbes isothermes par saisons renfermeraient de précieuses données non plus seulement sur la physique générale du globe, mais
encore sur les points qui touchent de plus près à l'existence ma-
térielle de l'homme.

Il y a eu cette nuit un violent incendie, à une portée de fusil de la factorerie française. Nous avons dû être sur pied pour veiller aux progrès du feu.

C'était un désordre inexprimable, très-favorable d'ailleurs aux voleurs qui d'ordinaire ne manquent pas de pareilles occasions. L'arrivée de la troupe chinoise, commandée par un mandarin, a rétabli l'ordre ; on a commencé à faire la part du feu, en coupant la ligne des maisons ; puis les pompes ont joué avec activité. Cependant trente maisons environ ont été la proie des flammes, et ce matin leurs malheureux habitants erraient au milieu des décombres.

Heureusement pour le vice-roi Ky-ing, cet incendie a éclaté dans le faubourg ; s'il avait eu lieu dans la ville, ce haut-fonctionnaire aurait été dans le cas d'être privé des revenus de sa place, pendant une année, attendu qu'il s'agit de trente maisons ; pour dix seulement, il n'aurait perdu que neuf mois de traitement ; mais pour trois cents, il aurait subi l'abaissement d'un degré dans le rang qu'il occupe ; telle est la loi de l'Empire. Mais il est sans doute avec elle des accommodements, et les lois sont, en Chine comme ailleurs, des toiles d'araignées qui laissent passer la guêpe et où le moucheron demeure.

Il est dix heures du soir. Je viens d'assister à la célébration de la fête religieuse du quartier voisin de celui des factoreries. La rue principale est ornée de lustres de cristal, garnis de lampes fumantes ; et, à l'une de ses extrémités s'élève une estrade entourée de mannequins en papiër, de grandeur colossale, représentant des demi-dieux guerriers. De grandes peintures sur verre, rappelant les aventures miraculeuses de la vierge Kuan-yn, tapissent cette estrade. De temps à autre, des bonzes viennent y brûler des papiers dorés et chanter des cantiques tandis qu'un nombreux orchestre attire la foule des sectateurs de Boudha.

Nous nous étions approchés, pour chercher à discerner, au milieu de ce tapage nocturne, la trace d'un rythme musical quelconque ; mais dans ce pêle-mêle de dissonnances obtenues malgré tous les efforts de chaque musicien pour jouer à l'unisson, il nous était fort difficile de saisir le thème des morceaux. Cum-chon m'avait cependant assuré de l'habileté des exécutants, ainsi que de la variété et du choix des instruments. Il est de fait que le gong avait été exclu de ce tapage ; mais les tchec-tong, espèce de haut-bois criard, soufflés à tue-tête par trois gros Chinois, à la face bouffie, auraient presque fait regretter son absence, si surtout il avait pu couvrir de ses puissantes vibrations les sons aigres que quatre violonistes tiraient du taï-kam et du hi-hin, petites pochettes à deux cordes entre lesquelles sont pris les crins de l'archet. A divers intervalles on distinguait le son du yon-kam, instrument dont les cordes métalliques tendues sur une table d'harmonie et passées tantôt sur un chevalet, tantôt dessous, sont frappées par deux petits marteaux en bois ; ou bien ceux du you-tchan, lyre à seize cordes de laiton pincées des deux mains avec l'extrêmité des ongles.

Je n'aurai garde d'oublier dans cet ensemble concertant le yut-kam, le sam-hin et le pipa, guitares à deux, trois et quatre cordes de boyau qui, de temps à autre, faisaient entendre leurs maigres accords ; mais que pouvaient-ils à côté du tachan (cymbales), du ta-sou-loo, petit gong aigu, et du ting-ting, autre espèce de gong sur lequel un exécutant frappait à coups redoublés avec une règle de bois. D'ailleurs, dans les morceaux d'ensemble le ta-tong, trombone droit en cuivre, et le tcheckan, autre trombone recourbé, ne les couvraient-ils pas de leur voix grave ? Il n'y avait guère que le ngaokong (cornet à bouquin) et le tchat-kan, sorte de trompette d'une harmonie imitative fort inconvenante, qui pussent lutter de bruit.

Cependant, six joueurs de ta-siou, y-siou et samsiou, flûtes de dimensions diverses dont le premier trou garni d'une pelure d'oignon, donne à ces instruments le monotone *ron-ron* de notre mirliton, parvenaient à se faire entendre dans leurs interminables tenues. On remarquait encore la présence du yun-pan, castagnette à trois pièces, dont l'une qui est libre, frappe sur les deux autres liées ensemble, du pok-yn, morceau de bois refendu et très sonore, frappé avec une tige de bambou, et du takou enfin, sorte de petit tambour, couvert d'une peau de porc, qui résonnait sous un roulement de baguettes exécuté avec une inconcevable prestesse.

Nous finîmes cependant par saisir à peu près deux airs, grâce aux solos de tean, espèce de flageolet et de shioushan, sorte de chalumeau assez gracieux, dont les tuyaux en bambou garnis de trous se bouchent avec les doigts et se terminent par des anches libres qui résonnent comme dans l'accordéon, soit qu'on souffle, soit qu'on aspire. Ces airs qui sont placés ci-contre permettront de juger du goût musical des Chinois comme on a pu déjà juger par les détails qui précèdent de l'extrême pauvreté de leurs instruments, à peine dignes de figurer à côté du tamtam et du balafo que j'ai vus chez les nègres de la côte occidentale de l'Afrique.

25 novembre.

Départ de Canton pour Macao. Deux voies de communication sont ouvertes entre ces deux villes, le Chookeang (le Tigre des Européens) que j'ai déjà suivi pour remonter à Canton, et les canaux intérieurs. Cette dernière voie offre bien quelques dangers pour des Européens, de la part des pirates qui infestent les îles du littoral où aboutit le canal intérieur, mais on traverse un pays curieux et peu connu ; cette considération est déterminante pour mes deux compagnons de voyage comme pour moi.

Dès cinq heures du matin, nous sommes sur pied ; mais l'exactitude n'est pas, en Chine, la politesse des bateliers, et, il est sept heures, quand notre *lortcha* quitte le quai des factoreries. Il nous faut d'abord remonter la rivière, puis, la traverser pour gagner l'entrée du canal, alimenté par une dérivation du Chookeang. Les deux mauvais forts qui s'élèvent de droite et de gauche inspiraient, à ce qu'il paraît, si peu de sécurité aux Chinois, lors de la guerre avec les Anglais, qu'ils n'avaient trouvé d'autre moyen, pour empêcher les bâtimens ennemis de remonter ce canal, que de former avec des pieux et des pierres un barrage . qui rend aujourd'hui la navigation fort dangereuse sur ce point. Placé à l'avant , le patron de la barque indiqua par des signes le chenal au timonier. Ce mauvais pas franchi , les immenses voiles de nattes plissées en éventail se déployèrent , et les *teou-mo* (tête et yeux), c'est ainsi qu'on désigne les bons matelots, les eurent bientôt orientées ; tandis que trois ou quatre apprentis marins étaient occupés à mettre tout en ordre à bord ; l'un prit un paquet de papiers dorés qu'il jeta tout enflammé dans le fleuve pour nous rendre les dieux favorables , un autre s'empressa de faire la provision d'eau douce, en remplissant une grande jarre placée sur le pont et , comme l'eau du canal est trouble , il y jeta , pour la clarifier, une substance saline , blanchâtre, dans laquelle je reconnus de l'alun [1].

Nous sommes bientôt en face de la jolie pagode de ta-shan , près de laquelle se groupent plusieurs petites chapelles consacrées à des saints ; des champs couverts de riz dont le vent agite les épis jaunâtres, s'étendent à perte de vue ; la moisson d'automne a commencé sur plusieurs points de cette immense plaine , et l'on aperçoit au loin les moissonneuses occupées à couper le riz avec leur faucilles. Sur notre gauche est la haute tour de Lis-koton ; le hameau bâti à ses pieds se dérobe sous un massif d'arbres.

A midi , nous sommes devant un joli amas de maisons

---

[1] Il est à remarquer que cette même pratique est en usage sur le Nil , depuis les temps les plus reculés.

groupées sur le bord de l'eau et qu'habitent d'actifs cultivateurs, tout entiers à la rentrée de la récolte du riz, et des pêcheurs dont les filets sèchent sur la rive; le Chinois qui nous sert d'interprète, nous nomme ce lieu Chia-pé. Une lieue plus loin, nous atteignons Waï-tchong, point remarquable par les immenses bancs d'huîtres fossiles en possession de fournir, depuis des siècles, la chaux nécessaire aux pays voisins. Les huîtres de ce dépôt sont dans un état de conservation si parfait, qu'on ne saurait mettre en doute qu'elles n'aient vécu sur la place même qu'elles occupent actuellement ; d'un autre côté, la mer voisine nourrit encore des huîtres à talon semblables à celles-ci et, de plus, des coquilles identiques à celles qu'on trouve à l'état fossile mêlées au dépôt de Waï-tchong ; tout concourt donc à démontrer que la plaine que nous traversons et qui ne s'élève pas à plus de 4 mètres au-dessus du niveau des hautes marées, doit son existence à un exhaussement récent du sol, à la suite duquel la mer a été rejetée à vingt lieues plus loin. Ainsi les côtes de la Chine ont aussi leur terrain quaternaire, comme celles de Toscane et de Sicile.

Au delà de Waï-tchong, on aperçoit, à droite, Tchamtchun, gros village bâti sur un des embranchements du canal. Les nombreuses barques pavoisées qui se pressent au milieu des maisons des deux rives, dénotent une grande activité commerciale. Sur le bord opposé est une tour de pagode à deux étages, attenante à un couvent de bonzes. Les villages commencent tellement à se multiplier, le long du canal, qu'ils se touchent presque; tant est nombreuse la population que nourrissent ces plaines fertiles. Au village de Poun-pou succède le bourg de Tchi-naï, où la douane chinoise est établie. Nous donnons, en passant, toute notre attention à la grande pyramide quadrangulaire de Ta-lion qui domine le pays, du sommet de la montagne voisine; ce serait, d'après notre guide, le tombeau d'un guerrier. A ce point, le canal se confond avec un bras considérable de la rivière de Choo-keang, qui ne tarde pas à se diviser en deux embranchements; nous prenons celui de l'ouest.

La grauwacke qui s'est révélée, depuis Canton, par plusieurs affleurements, commence à se montrer en masses; elle forme la montagne de Ta-lion dont je viens de parler et rejoint, dans la direction de l'est-sud-est, les hauteurs de Bocca-Tigris.

C'est aux environs de Ta-lion que sont situées les grandes plantations de mûriers du district du Shun-té, l'un des principaux centres d'approvisionnement des fabriques de soie de Canton. La campagne a conservé, malgré la saison avancée, un aspect magnifique; des champs de riz et de mil, bordés de haies de mûriers (sang-shu) s'étendent à perte de vue; notre interprète me fait remarquer des femmes occupées à cueillir et à faire sécher des feuilles encore vertes de mûrier, qu'on réduira plus tard en une poudre destinée aux vers à soie comme aliment tonique et rafraîchissant, après leur première mue. On aperçoit aussi de longues lignes de mûriers plantés en quinconce, dont la culture paraît fort soignée et qu'une main habile a débarrassés de leurs branches centrales ou de celles par trop divergentes.

Le vent et le courant favorables nous manquent à la fois, devant le village de Paw-sha-bé, où nous sommes forcés de jeter l'ancre ; mais, à onze heures du soir, la marée descendante nous permet de continuer notre route, et nous franchissons les villages de Wankan, de Sie-taoun, de Siou-lam et de Pah-fa-tao. Le point du jour vient nous surprendre au milieu des digues de pierres et des levées de terre, grâces auxquelles une plaine immense, d'un niveau inférieur à celui des hautes marées, a été conquise sur la mer et livrée à la culture du riz.

Le pays que nous découvrons autour de nous, ce matin, paraît être d'une grande fertilité ; des touffes de bananiers et des lignes de pêchers et de mûriers rompent à propos la monotonie de l'horizon. Le patron s'est arrêté devant Kong-haou, pour faire sans doute ses dévotions ; car l'un des apprentis matelots vient de placer, à l'avant et à l'arrière de la barque, des allumettes sacrées, dont le parfum destiné au dieu Fo se mêle à la fumée des prières de papier doré qu'on brûle, à l'avant, et aux détonations des pétards : nous sommes bien sûrs maintenant de terminer heureusement notre voyage.

Le canal de Kong-haou dans lequel nous nous engageons, est défendu par une forte estacade au-dessous de laquelle s'élève un fort qui la protège ; puis, à quelques centaines de pas plus bas, commence l'immense village de Hiung-shan, dont les maisons sont entassées sur les deux rives ; on donne à ce village 15 à 20,000 habitans [1]. C'est d'ailleurs le principal point d'embarquement des produits du district du Shun-té, et nous

[1] Il résulte des recensements faits en 1812 sous le règne de Kea-king et publiés à Pékin en 1828 par les soins de l'empereur regnant Tàò-kwàng, que la population totale de l'Empire Céleste dépasse trois cent soixante millions d'habitants dont le tableau ci-dessous indique la répartition par provinces.

NOMS DES DIX-HUIT PROVINCES.	POPULATION.	Superficie par province en kilomètres carrés.	Population spécifique
Chih-le.	27,990,871	152,796	183
Shan-tung	28,958.764	168,750	172
Shan-se.	14,004,210	143,255	99
Ho-nan.	23,037,171	168,750	137
Keang-soo	37,843,504	240,955	298
Gan-hwny.	34,168,050		
Keang-se	23,046,999	187,084	123
Fo-keen	14,777,410	138,621	107
Ché-keang.	26,256,784	104,477	259
Hoo-pih	27,370,098	375,244	120
Hoo-nan.	18,652.507		
Shen-se	10,207,256	399,189	64
Kan-suh.	15,193,125		
Sze-chuen	23,435,678	432,346	53
Kwang-tung	19,174,030	205,950	98
Kwang-se.	7,313,895	202,824	37
Yun-nam.	5,561,320	279,856	20
Kwei-chow	5,288,219	167,324	37
TOTAUX...	360,279,897	3,334,418	1,807
		Moyenne...	100

D'où il ressort une moyenne de cent habitants par kilomètre carré ; or, le chiffre de la population spécifique de la France dépasse soixante habitants d'après l'annuaire du bureau des longitudes ; ainsi donc si la France comptait cinquante-cinq millions d'âmes, au lieu de trente-quatre millions, elle serait aussi peuplée que la Chine proportionnellement à l'étendue de

pouvons juger de l'importance de ce commerce intérieur par l'innombrable quantité de bateaux sur lesquels
se pressent les coolies et les bateliers. Une tour de pagode à six étages s'élève sur le monticule qui domine
ce village et deux collines couvertes de sépultures en-
cadrent le tableau à l'horizon.

Nous sommes accueillis en passant, par les cris de
fan-koï, que le bas peuple accompagne d'une pantomime par laquelle il exprime fort énergiquement qu'on
nous coupera le cou, si nous prenons terre ; nous ré-
pondons à ces vaines menaces par quelques sourires
moqueurs et en montrant nos fusils, démonstration qui
fait taire subitement les plus hardis.

Au delà de ce village, la campagne prend un aspect

son territoire. Ce rapprochement me semble de nature à dissiper
les doutes qui se sont élevés dans l'esprit de beaucoup de gens
sur l'exactitude des relevés statistiques chinois ; il n'y a rien,
en effet, d'impossible à ce que le territoire français nourrisse
un jour cinquante-cinq millions d'habitants quand les principales améliorations agricoles telles entr'autres que celles à attendre d'un système général d'irrigation du sol, seront réalisées ;
quand une foule de perfectionnements industriels que l'avenir
nous réserve seront obtenus, quand les voies de communications
seront achevées, etc.

Le département du Nord dont la population spécifique est
de 171 habitants dépasse de beaucoup, comme on le voit, la
moyenne de la population en Chine.

Un autre fait assez curieux que met en lumière le tableau
ci-dessus, c'est que les parties montagneuses de la France sont
spécifiquement plus peuplées que celles de la Chine ; ainsi nos
départements des Alpes ont une moyenne de vingt-deux habitants par kilomètre carré, tandis que la province du Yun-nam
n'en compte que vingt.

fort animé; la population est occupée des travaux des champs ; ici, des femmes moissonnent le riz , d'autres forment des gerbes qu'on charge sur des bateaux ; là, des paysans battent le riz avec des fléaux et nettoient le grain au moulin à vanner, d'autres enlèvent la paille et en forment de grandes meules qui passeront là l'hiver.

La tour de l'antique pagode de Fa-tap devant laquelle nous passons, vers midi, compte sept étages ; elle rap. pelle par son inclinaison la tour penchée de Pise. Le fortin de Ha-stap s'élève plus loin pour défendre une estacade en pieux qui barre la rivière et qu'on avait flanquée, lors de la guerre avec les Anglais, de deux batteries en terre : c'est le troisième barrage que nous franchissons.

Le terrain de la grauwacke rouge, que nous avons suivi jusqu'ici, commence à faire place à la formation granitique ; les points de contact de la grauwacke et des affleurements du granit indiquent qu'il n'existe aucune liaison entre ces deux terrains, dont l'un a servi à l'autre de bassin de dépôt.

Entrés, vers quatre heures de l'après-midi, dans le vaste lac de Fou-yong-cha, formé par plusieurs branches de la rivière et communiquant avec la mer, nous y courons encore, à la nuit, des bordées pour en sortir et gagner la mer. Plusieurs bateaux rôdent autour de nous; les manœuvres plus que suspectes de l'un d'eux, dans lequel nous avons aperçu un nombreux équipage, nous obligent à faire branle-bas de combat, c'est-à-dire, à prendre position sur le toit en terrasse de notre cabine avec nos armes chargées, pour être prêts à tout événement ; quant à nos bateliers, c'est une affaire qui semble ne pas les toucher le moins du monde ; si l'on en vient aux mains ils nous regarderont faire , conservant la neutralité la plus absolue ; car, jamais un Chinois ne prend fait et cause pour un étranger vis-à-vis d'un autre Chinois. Aussi , nous bornons-nous à recommander au patron de forcer de voile et de soigner sa manœuvre. A peine avions-nous terminé ces dispositions , que le bateau pirate qui voltigeait autour de nous avec toute la facilité que lui donnait une supériorité de marche bien marquée, se rapprocha vivement , nous serrant de près comme pour couper notre direction ; mais, lorsqu'il nous eut aperçus nous et nos armes, à la clarté de la lune, il perdit, à ce qu'il paraît, tout espoir d'une attaque par surprise, la seule dont se soucient les pirates chinois , car ils n'aiment pas la poudre ; nous le vîmes virer de bord , à notre grande satisfaction.

Il est trois heures du matin, nous jetons l'ancre dans le port intérieur de Macao.

10 décembre.

Départ de Macao pour Manille.

CHAPITRE X.

LES PHILIPPINES.

15 décembre.

Retour à Manille [1].

19 décembre.

Trois banquas nous attendent à Santa-Anna. J'ai déjà décrit la forme de cette sorte d'embarcation qui, si elle n'offre pas de sécurité et encore moins de commodité au voyageur, réunit en revanche la principale condition d'une baignoire. Nous partons pour une excursion dans les provinces de Tondo, Laguna, Tayabas et Batangas.

[1] Voir page 227 du premier volume ce qui a déjà été dit sur Manille.

Délégué par le gouverneur-général de Manille pour nous faire les honneurs du pays , M. de Piñaranda s'est embarqué avec nous. Nous remontons le Passig, et comme j'ai déjà décrit le cours de cette gracieuse rivière , je profiterai de la distance qui nous sépare de notre première halte , pour vous parler de notre guide.

M. de Piñaranda est un militaire espagnol , un lieutenant-colonel, et quoique, aux Philippines, les militaires envoyés par la métropole soient tous plus ou moins lieutenants-colonels , celui-ci est un lieutenant-colonel sérieux, occupant les fonctions de son grade dans un des régiments d'infanterie tagale de la garnison de Manille. Homme d'un véritable mérite , il a gagné tous ses grades à la pointe de son épée comme à la sueur de son front ; ingénieur aussi habile qu'infatigable , il a dressé la carte d'une grande partie des îles Philippines ; officier brave et expérimenté, il a conduit avec succès plusieurs expéditions chez les Ygorotes insoumis qui habitent le centre de la haute cordillière de Luçon , ainsi que contre les Malais qui désolent les côtes des possessions espagnoles; administrateur probe et éclairé, il a exercé pendant plusieurs années les fonctions de gouverneur de la province d'Albay, où il a laissé comme monument de son passage, des routes qui , en traversant le pays dans tous les sens , décuplent sa puissance de production ; homme aimable et spirituel, on l'offre aux étrangers de distinction comme un spécimen du corps d'officiers de la colonie.

Le village de Passig, où nous prenons terre , est situé sur la rive droite du principal embranchement de la rivière à laquelle il donne son nom. Au centre, s'élève une belle église attenante à la maison curiale ; les cases des Indiens se groupent modestes et humbles, autour de cette espèce de château seigneurial, où nous accueille de la manière la plus aimable, le *padre* Miguel Grijalbo, le digne pasteur des Passigois.

La paroisse ne compte pas moins de trois mille huit cents tributos ou familles payant chacune 14 réaux et 1/2 (10 fr. 50 c.) de capitation. Ce nombre représente à peu près dix-neuf mille habitants [1], que gouverne de fait le père augustin, le gobernadorcillo n'ayant guère que l'ombre de l'autorité, bien que la loi n'admette l'intervention ecclésiastique que dans les affaires relatives au culte et à l'observation des devoirs religieux. L'action du curé est, d'ailleurs, toute paternelle ; le révérend Grijalbo souriait en nous montrant ce qu'il appelait son prétoire où, après avoir entendu les parties, il rend son jugement d'arbitrage qui se termine le plus ordinairement, nous disait-il, par une distribution de quelques férules sur les doigts de l'Indien convaincu de mauvaise foi.

Le Beaterio ou maison d'éducation religieuse de Passig nous parut bien tenu ; il se divise en école pour les filles et école pour les garçons. On y enseigne la lecture, l'écriture, le calcul, la doctrine chrétienne, les travaux d'aiguille et le piano. Les jeunes filles vinrent, les unes après les autres, baiser respectueusement la main du curé.

---

[1] La population des îles Philippines se groupe par familles de tributos, dont voici le tableau d'après le dernier recensement,

Le village de Passig n'est éloigné que d'une demi-
lieue du lac de Bay, à l'entrée duquel nous attendait notre *paraos*, grand bateau disposé pour le transport des

lequel ne comprend pas les nombreuses peuplades des Ygorotes
qui habitent le centre de la cordillière de Luçon et que l'Espagne
n'a jamais subjuguées.

NOMS des 29 PROVINCES.	FAMILLES			TOTAL
	Tagales soumises à la capitation.	Métis soumises à la capitation	Exemptes de la capitation	
Albay..........	24,448	448 1/2	1,182	26,078 1/2
Antigue........	13,498 1/2	15 1/2	488 1/2	14,002 1/2
Bataan	6,638	1,182 1/2	756 1/2	8,577
Batangas	38,032	1,031	2,092 1/2	44,155
Bulacan........	31,585 1/2	4,044	2,087 1/2	37,717
Cagayan	13,789 1/2	21 1/2	602	14,413
Calamianes.....	2,939 1/2	»	152 1/2	3,092
Camarines Norte	5,200	31	250	5,481
Camarines Sur.	31,585	150	1,377 1/2	33,112 1/2
Capiz	28,070 1/2	23 1/2	1,155 1/2	29,249 1/2
Caraga........	6,410 1/2	51	324 1/2	6,786
Cavite........	15,976 1/2	2,593 1/2	1,572	20,142
Cebù	47,717	1,706 1/2	6,443 1/2	55,867
Ilocos Norte	30,017 1/2	51	1,066	31,134
Ilocos Sur......	37,222	1,081 1/2	2,319 1/2	40,623
Iloilo..........	51,562 1/2	331	1,885	53,778 1/2
Isla de Negros..	11,808	154 1/2	510	12,572 1/2
Laguna........	24,182 1/2	3,402 1/2	1,199	28,884
Leyte.........	18,567 1/2	245	682 1/2	19,495
Mindoro.......	6,266	30	311	6,607
Misamis........	5,215 1/2	49 1/2	1,739	7,004 1/4
N. Ecija.	4,910 1/2	144 1/2	263 1/2	5,318 1/2
N. Vizcaya	3,197 1/2	»	227 1/2	3,425
Pampanga......	33,784	4,558 1/2	2,980 1/2	41,323
Pangasinan.....	45,598	629 1/2	2,927 1/2	49,154 1/2
Samar	19,162 1/2	205 1/2	773	20,141
Tayabas........	17,493 1/2	58	774 1/2	18,328
Tondo	34,241 1/2	9,131	3,581 1/2	46,954
Zambales.......	7,613 1/2	152 1/2	613 1/2	8,379 1/2
	616,735	31,623	40,338	688,696

voyageurs. Le vent qui souffle grand frais nous emporte à travers cette petite mer intérieure. Déjà nous avons laissé à bâbord le détroit de Quinabutasan, qui sépare la pointe du Diable de l'île de Talim , dont l'existence se rattache aux dernières actions volcaniques de l'immense cratère qu'occupe aujourd'hui le lac de Bay. La pointe sud de Talim doublée, nous venons jeter l'ancre non loin de Poulo-Ampalis, à l'embouchure de la rivière de Calamba, village où nous trouvons un gîte chez le curé.

20 décembre.

La troupe efflanquée des vingt-six chevaux mis en réquisition à notre intention est réunie , au point du

En multipliant par 5 la moyenne du nombre des individus composant une famille , on a pour la population indienne 3,433,480

En y ajoutant :

1° La population des îles Marianas, d'après le recensement de 1840 7,414

2° La population des îles Batànes constatée en 1842 . . . . 8,000 } 25,179

3° La population des trois établissements espagnols de l'île de Zanboanga 9,765

4° La population { mâles 1,069 } blanche à Manille d'après le recensement de 1842 . . . . . . { femelles 732 } } 1,800

5° La population { mâles 1,139 } 1,984 blanche extra-muros, d'après le recensement de 1842. { femelles 855 } { Chinois . . . . 5,736 { Tinguianes . . . . 9,488 } 19,019

3,477,678 âmes pour le total de la population des Philippines soumises à l'Espagne.

jour, devant la maison curiale ; nous partons. La route s'engage à travers un pays accidenté où la nature a prodigué toute sa puissance de végétation ; mais le tuf volcanique qui constitue ce sol n'est pas favorable à l'entretien du chemin, transformé à perpétuité en une rivière de boue.

A quatre lieues de là, nous trouvons le village de Tanawan, où nous devons relayer. Chargé de nous trouver des chevaux, le gobernadorcillo en a fait rassembler, en moins d'une heure, par les habitants, le nombre voulu. On les paie à raison d'un réal par tête, c'est le prix fixé par les réglements de la poste. Au village de Lipa, distant d'environ quatre lieues de Tanawan, nous nous arrêtons chez le père augustin, dont l'excellent dîner témoigne à la fois de l'abondance et de la variété des produits du pays, ainsi que des ressources de la cave du bon père, car les meilleurs vins de France et d'Espagne, le porter et l'ale s'étaient donné rendez-vous sur sa table.

Avide de voir des étrangers, la population indienne avait envahi la cure, pendant le dîner. Cette licence montre combien est patriarchale l'autorité du curé ; sa maison est ouverte à son peuple, qui vient y prendre sa part des divertissements qu'on y donne ; il est vrai que c'est lui qui paie les violons, il est donc juste qu'il puisse voir l'usage qu'on en fait. On distinguait, parmi la foule, un grand nombre de métis à leurs figures, où le jaune remplaçait avantageusement la teinte légèrement cuivreuse, caractéristique de la race tagale ; ils avaient aussi gagné dans le croisement des races une espèce de nez, tandis que ce trait est tellement exigu chez les Indiens pur sang, qu'il semble qu'il leur manque quelque chose au milieu du visage.

En sortant de table, nous allâmes entendre l'orgue de l'église touché avec talent par plusieurs jeunes filles tagales.

Il était trois heures, quand nous prîmes congé du curé de Lipa. Deux chemins conduisent à Batangas, chef-lieu de la province de ce nom, l'un, et il est détestable, par le Rosario, l'autre par San-José; on choisit ce dernier, afin que les dames, fatiguées de la course à cheval de la matinée, pussent continuer leur voyage en voiture.

Le sol est partout formé d'un tuf volcanique, décomposé, recouvrant des blocs de trachyte et de lave feldspathiques, que l'on aperçoit sur les flancs des ravins où ils ont été mis à découvert par les eaux; on observe aussi, dans les ruisseaux, des amas plus ou moins considérables d'oxidules de fer en grains noirs provenant du lavage des tufs.

Après deux heures de petit galop, nous arrivons à San-José. Toute la population du village était accourue à notre rencontre ayant en tête le père Marcos Anton, de l'ordre des augustins; une espèce de musique militaire, dont la grosse caisse, les cymbales et le trombone faisaient le fond, prit la tête de la colonne et nous fîmes une entrée triomphale à la cure, où nous attendait un *rafresco*; l'arrivée du gobernadorcillo et de sa famille, venus pour nous complimenter, mit heureusement fin à ce vacarme. Ce fonctionnaire avait revêtu son plus beau

costume : c'était une veste de nankin , ornée d'un collet
et de parements verts, qui lui donnait assez l'air d'un
garde forestier. A peine sa femme et ses quatre filles
eurent-elles pris place, que le curé les engagea à danser
une comminta. A l'instant , les accords de plusieurs
mandolines à deux cordes en cuivre donnèrent le signal
de cette danse. Oh ! qui n'a pas vu ces bras s'entrelacer
et se tordre dans une molle langueur, ces tailles si souples reproduire les mouvements onduleux de la couleu-
vre , ces chemisettes transparentes , irritant l'œil sans
rien lui cacher des trésors qui les soulèvent , ce pied
d'enfant dont la sandale , toujours prête à s'échapper,
est toujours retenue par un mouvement imperceptible
du petit doigt veillant en dehors comme pour remplir
cet office ; qui n'a pas vu ces groupes dont l'œil a
peine à suivre les mille transformations ; celui-là a encore à connaître le plus énivrant des spectacles. Nous
nous y étions oubliés.... Il fallut presser nos chevaux
pour franchir la distance de quatre lieues qui nous séparait de Batangas, où nous arrivâmes fort tard.

21 décembre.

C'est jour de marché , au chef-lieu de la province.
Dès six heures du matin, la place du bourg de Batangas
se couvre de monde. Les Indiens y affluent de tout côté,
apportant sur les chevaux des fruits, des légumes, des
volailles et les divers produits du sol, tels que du cacao,
du riz, du café, du coton blanc, du coton jaune, de la
filasse d'abaca, etc., etc., ainsi que quelques objets de
fabrication locale, comme étoffes de coton, chapeaux de

jonc (salacots), paniers, etc., etc., etc. Des marchands forains sont occupés à déployer , sous un vaste hangar, des tissus d'Europe aux couleurs éclatantes , des mouchoirs et des cambayas de coton , des *tapiss* de soie qui font déjà tourner les têtes de cette troupe de jolies filles, passant et repassant sans cesse devant ces trop séduisantes boutiques. De petits marchands ont dressé en plein vent leurs établis qui se couvrent de quincaillerie, de mercerie, de coutellerie, de sellerie et de droguerie. Plus loin, vers le centre de la place, des cuisiniers ont établi leurs fourneaux , où cuisent dans l'huile et la graisse des beignets, des volailles, du poisson. La physionomie de ce marché m'avait transporté dans les Alpes, au milieu de nos foires de village.

Batangas est le lieu le plus sain de la province ; je n'en veux pour preuve que madame l'alcadesse-mayor dont la rotondité et le teint brillant témoignent, comme elle me l'assurait elle-même, de la bonté de l'air et de l'excellence des eaux.

A l'entrée de la baie de Batangas, se trouve la pointe d'Azufre qui fait face à la petite île de Maricaban; l'eau de la mer dans l'intérieur de l'anse et près de la pointe est tellement chaude, que les pêcheurs indiens y traînent leurs filets pour tuer le poisson qu'ils ont pris et le retirer plus aisément. On avait établi sur ce point, il y a quelques années, des bains qui ont été abandonnés. Le soufre est très abondamment répandu sur la rive, où on le trouve, en masses amorphes et en cristaux , mêlé aux sulfates de chaux et de strontiane.

Vers quatre heures de l'après-midi , nous montons en

voiture pour aller coucher à Taal. A une lieue de Batangas , se trouve le village de Baoan. Il fallut céder aux instances du curé et s'y arrêter pour visiter les travaux de construction d'un magnifique palais, destiné à remplacer son modeste presbytère. Le sol de la plaine est couvert jusqu'à Taal de masses de madrépores, auxquelles sont encore adhérentes des coquilles fossiles identiques à celles qui vivent actuellement dans la mer voisine ; il est donc impossible de douter que cette plaine ne doive son existence à un soulèvement récent du fond de la mer.

La route qui traverse ce délicieux pays est bordée d'arbres et de jolies cases , dont les habitants étaient venus se poster sur le bord du chemin pour nous voir passer ; ils nous saluaient un peu bas , car ils allaient jusqu'à mettre un genou en terre. Cet hommage rendu à la race conquérante indignait l'un de nos compagnons qui se répandait en invectives contre eux pour les rappeler, disait-il, à leur dignité d'homme ; quant à M. de Piñaranda, accoutumé à cette marque de respect , il nous assurait que le temps n'était pas venu d'y renoncer, et son intéressante conversation me prouvait qu'il connaissait bien le pays ainsi que la manière de s'y conduire.

22 décembre.

Le village de Taal s'élève en amphithéâtre sur une colline formée de tuf volcanique mêlé de coraux, et située au bord de la mer, à l'embouchure de la rivière de Bonbon. Il se compose , comme tous les villages tagals , d'une vaste construction en pierre comprenant

une église avec son clocher et un presbytère qu'on pourrait, comme je l'ai déjà dit ailleurs, décorer du nom de
palais. Autour de ces édifices se groupent les cases des
habitants; ces maisonnettes, couvertes en feuilles de
palmier, sont soutenues par des piliers de bois, à 5 ou 6
pieds au-dessus du sol; le plancher à claire-voie laisse
entrer l'air et sortir une foule de débris dont s'accommo-
dent les porcs logés sous ces sortes de rez-de-chaussées.
La rue principale est occupée par des boutiques, où l'on
vend des fruits, des légumes, du poisson sec et quelques
menus objets de consommation journalière; mais il est
à peu près interdit sinon d'acheter, du moins de payer,
car, dans son extrême incurie, le gouvernement espagnol a laissé disparaître sans les remplacer au fur et à
mesure les petites pièces d'argent et même la monnaie
de cuivre; il faut donc renoncer à acheter tout objet dont
le prix ne s'élève pas à une piastre, et, à Taal, de
tels objets sont rares; aussi, le petit commerce a-t-il dû
rétrograder jusqu'à la voie de l'échange en nature. Du
courage, messieurs les Espagnols, encore quelque temps
de votre régime, et les populations dont le ciel vous a
chargés retourneront à l'état primitif! Eh! n'ai-je pas
le droit de me laisser aller à ces doléances, quand je me
souviens qu'il me fallut, faute de monnaie dans le village,
abandonner à un Indien, que j'avais envoyé pêcher
quelques coquilles, une piastre, alors qu'il me réclamait
en paiement un réal de veillon.

Après avoir parcouru le village, visité les principales
cases dont les habitants nous accueillaient avec empressement, mis en fuite à travers les rues les petits enfants

effrayés, attiré les filles aux fenêtres ou sur le pas de leurs portes, fait caqueter les vieilles femmes et recueilli les témoignages du respect que la race blanche inspire à ces bons Indiens, nous partîmes, vers trois heures, pour Pancipit.

La compagnie s'était partagée en deux bandes ; l'une prit le sentier praticable aux chevaux, l'autre, et j'en faisais partie, préféra la voie de la rivière de Bonbon, que nous remontâmes dans une barque conduite par cinq vigoureux rameurs. Les beautés du cours du Passig étaient complétement effacées par celles de ces délicieuses rives, dont les arbres formaient sur nos têtes des dômes de verdure. Tantôt le coteau venait mourir en une pente douce sur le bord de la rivière ; tantôt le terrain se redressait en un escarpement abrupte, dont les mamelons allaient se perdre dans la profondeur de la forêt vierge ; quelques petites cases en bambou nous révélaient de temps à autre la trace de l'homme. Ici, une jeune fille dans l'eau jusqu'à la ceinture, était occupée à laver son unique costume ; à côté d'elle, une de ses compagnes se dérobait presque à nos regards sous sa longue chevelure noire flottante, que ses doigts effilés peignaient et repeignaient dans l'eau ; troublée, à notre approche, dans les soins de sa toilette, elle demanda à l'onde un voile que son cristal, hélas ! lui refusa indiscrètement. Notre émotion causée sans doute par l'embarras que nous venions d'occasionner à cette gracieuse fille de l'Océanie durait encore, lorsque nous arrivâmes à Pancipit, où nous devions passer la nuit.

Situé près du point où le lac de Taal donne naissance

à la rivière de Bonbon , ce hameau ou plutôt ce groupe de quatre à cinq cases nous offrit un assez bon gîte. Un jeune buffle qu'on mit à mort, dut faire les frais du souper ; mais peu s'en fallut qu'il ne passât en entier sous la dent vorace des Indiens de notre suite ; nous dûmes leur arracher les meilleurs morceaux, tant était grande leur avidité ; chemin faisant, ils avaient déjà essayé de faire main-basse sur nos provisions de bouche ; nous eûmes toutes les peines du monde à conserver notre souper.

23 décembre.

On me conduisit pour passer la nuit , dans une case qui n'avait qu'une pièce , servant de chambre à coucher à une nombreuse famille , dont trois grandes et belles filles, faisaient l'ornement ; une vaste natte étendue sur le plancher nous reçut tous, mais une pièce de cotonnade , jetée discrétement sur une corde tendue en travers , marqua les limites de ma couche et nous nous endormîmes sur la foi des traités.

La case où j'ai trouvé cette nuit un abri, est une de ces petites sucreries, si répandues aux Philippines, où une famille tagale fabrique annuellement de 1,000 à 1,200 kil. de sucre, sucrerie primitive, où l'art de cuire dans le vide n'est guère soupçonné ; un levier y remplace les cylindres à presser, un seul chaudron y sert à déféquer, à concentrer et à cuire le vesou ; quelques formes en terre tiennent lieu de refroidissoir, de cristallisoir, etc. Ce sont là les sucres que les Chinois ou les Métis achètent aux Indiens et transportent à Manille .

où ils sont traités de nouveau, avant d'être expédiés au dehors. Ils reviennent généralement, à Manille, à 2 piastres, 2 réaux (12 fr. 50 c.) le picul (62 kil. et 1/2).

La violence du vent rendant fort dangereuse la navigation du lac de Taal, nous dûmes suivre à pied sa rive occidentale pour gagner la pointe de Malanao, la plus rapprochée de l'île formée par le volcan actuel. Ce trajet qui se fit tantôt au bord de l'eau, sauf à être de temps à autre couvert par les lames qui se brisaient au pied de la falaise à pic, tantôt en gravissant le pépérino de la côte, à travers les roches cendreuses qui le recouvrent, nous obligea à un rude exercice favorisé, d'ailleurs, par l'excessive légèreté de notre costume. Nous eûmes bientôt traversé, au moyen de nos banquas, le détroit qui sépare la pointe de Malanao de l'île occupée par le volcan, où nous prîmes terre dans la partie sud.

La pente qui règne depuis le lac jusqu'au bord du cratère actuel est peu prononcée, mais les scories noires et les cendres qui la couvrent en rendent le parcours assez pénible; quelques blocs erratiques de basalte rompent seuls l'uniformité de ce plan incliné. Nous marchions depuis une demi-heure, lorsque nous atteignîmes le bord de l'escarpement abrupte au fond duquel s'élèvent deux petits cônes tronqués vomissant d'épaisses vapeurs d'eau et de soufre; celui de l'ouest renferme une mare de soufre en ébullition. Ces deux cônes qui sont beaucoup moins élevés que les bords du cirque, en sont séparés, vers le nord, par un lac d'une eau vert-jaunâtre, thermale et acide, au sein de laquelle sourdissait, vers l'est, un liquide chargé de boue, se dessinant avec intermittence en rayons noirs, dans les eaux du lac. Les roches sont recouvertes au loin d'efflorescences de soufre qui leur donnent une teinte uniforme d'un jaune verdâtre. Le cratère s'est ouvert dans le trachyte dont les fragments sont accumulés sur ses pentes abruptes; cette roche, d'un brun mat, empâte de petits cristaux jaunâtres de feld-spath. On ne rencontre pas de laves proprement dites aux environs et il semblerait que les éruptions du volcan de Taal n'ont été que cendreuses; au surplus, la tradition a conservé le souvenir des changements survenus dans sa forme, depuis près de trois siècles.

Il paraît que, lors de la première apparition des Espagnols dans le pays, le lac de Taal s'étendait beaucoup moins à l'est et que ses bords étaient couverts de villages tagals, que Juan de Salzedo, à la tête de quelques Indiens de l'île de Panay, soumit en 1570 à la domination espagnole. En 1571, on édifia l'église dont on peut encore voir les ruines, au sud-ouest, près du point où le lac communiquait avec la mer et par lequel des barques de 80 tonneaux avaient accès; mais, lors de l'éruption du 12 décembre 1754 [1], qui détrui-

1 Les archives conservées au couvent de Taal mentionnent les faits suivants, que j'y ai relevés :

L'an mil-sept-cent-seize et le vingt-un septembre, à six heures de l'après midi (M. Andrés Hercado étant alcade et M. François Pingaron, prieur,) on entendit dans les airs comme des coups de canon venant du côté de Manila et, un moment après, on distingua le feu qui s'échappait en gerbes du volcan qui se trouve dans l'île du lac de Bonbon, faisant face au village de Lipa, sur une pointe appelée Calavit; on aurait dit que cette pointe était toute en feu. Le feu se propagea en-dessous du lac

sit la plupart des villages indiens, l'entrée du lac fut obstruée par des amas considérables de cendres ; les niveaux du sol adjacent se modifièrent et le lac de Taal

et se manifesta dans la montagne de Macolot, qui se trouve à trois lieues de là. De la vapeur d'eau et des cendres s'en échappèrent en grande quantité sous forme d'une gerbe qui allait se perdre dans les nuages. Quelques violentes secousses de tremblements de terre accompagnèrent cette éruption, qui jeta la terreur parmi les habitants. Les eaux de ce lac envahirent tumultueusement la plage. Le vent soufflait avec force et poussait les flots du côté du couvent, qui se trouva isolé au milieu des eaux répandues à plus de huit mètres au-delà de leurs limites habituelles. Bien que cet édifice fût bâti en grès et en pierres calcaires, on craignait qu'il ne s'écroulât. Cette grave situation se prolongea, les jeudi, vendredi et samedi, jusqu'au dimanche, époque où les flammes disparurent faute d'aliment. Les gaz sulfureux dégagés en abondance causèrent une grande mortalité parmi les poissons, que l'eau rejeta sur la plage ; cette eau, bouillante comme si elle sortait d'une chaudière, exhalait une si forte odeur de soufre, que tous les villages indiens des alentours du lac en furent incommodés.

Dans la journée du dimanche, le soleil reparut ; cependant il tomba beaucoup de pluie accompagnée d'un violent orage. L'eau du lac était devenue verdâtre. La même journée du dimanche, le temps se mit au beau, et il ne resta de tout cela que la puanteur qui s'exhalait du poisson mort et l'odeur désagréable du soufre.

Puisse le bon Dieu compâtir à notre sort et nous donner un temps meilleur !

Signé, frère François PINGARON.

Deuxième extrait : L'an 1754, au mois de décembre, (M. Joseph Ayuno étant alcade, et le frère Martin d'Aguirre, prieur,) le volcan du lac de Bonbon eut une violente éruption, dont l'épouvantable fracas imitait le bruit d'une vive canonnade. Des secousses terribles ébranlèrent le pays à une grande distance. L'obscurité qui régnait était telle que, plaçant la main devant les yeux, on ne pouvait pas la distinguer : des masses de cendre et

cessa de recevoir les eaux de la mer. Mais, chose assez curieuse, plusieurs genres de poissons de mer qui s'y sont trouvés renfermés, ont continué à y vivre et à s'y

de sable furent lancées dans les airs en si grande quantité, que les toits et les rues de la ville de Manila en furent couverts, quoique cette ville soit distante de vingt lieues du volcan. On se ferait difficilement une idée de la hauteur à laquelle les pierres les plus énormes étaient projetées dans l'atmosphère; une vapeur noire et dense les accompagnait. L'eau du lac de Taal bouillonnait, se soulevait et se répandait avec le soufre sur les terres de Bonbon.

Des poissons, tels que le caïman, le tiboron et les thons, que le flot apportait sur la plage, étaient totalement cuits. L'air fut bientôt corrompu par les émanations pestilentielles qui se dégageaient de cette masse en putréfaction. Le bruit de détonnations souterraines se fit entendre à trois cents lieues de là. Il tomba une grande quantité de cendres dans toutes les provinces voisines, surtout dans celles de Tondo, de Bulacan et de la Pampanga, placées dans la direction des vents.

Dans Manila, on fut obligé d'éclairer à midi. La terreur était à son comble et chacun réclamait la confession à grands cris.

Ces calamités durèrent huit mortelles journées. Les villages de Sala, Tanawan, Lipa et Taal furent complètement détruits ; de telle sorte que la population fut obligée de se transporter ailleurs et de choisir, pour s'établir, un nouvel emplacement plus éloigné du volcan. Le village de Balayan et ceux qui étaient dans la même direction eurent aussi beaucoup à souffrir.

Nous eûmes à déplorer la perte de plusieurs habitants, qui furent atteints par les pierres ou asphyxiés par la chaleur. L'on souffrit, pendant plus de six mois, des exhalaisons fétides des gaz nitro-sulfureux dont l'air était imprégné. Ce qui ajouta encore à nos malheurs c'est qu'après ce terrible événement, nous fûmes envahis par la peste et des fièvres putrides et malignes qui sévissaient avec tant de force, que la population qui était de dix-huit mille familles, fut réduite à neuf mille.

reproduire ; on y trouve encore des requins (tiborons),
des thons et diverses autres espèces marines qui se sont
habituées insensiblement à vivre dans l'eau peu salée du
lac. En mêlant aujourd'hui leurs débris aux coquilles
d'eau douce, telles que les sirènes, les mélanies, les
cyclades qui vivent dans le lac, elles préparent aux géologues futurs des problèmes fort embarrassants sur la
nature des terrains qui se déposent actuellement dans
le lac de Taal.

Le volcan de Taal, considéré dans son ensemble,
comprend trois enceintes circulaires, concentriques, séparées les unes des autres par des lacs. La plus grande
de ces enceintes, celle que trace le rivage actuel du
lac de Bonbon, représente le pourtour du premier soulèvement ; un immense affaissement, succédant à ce
phénomène, a laissé subsister une cavité, bientôt
transformée en un lac dont les bords présentent sur plusieurs points, notamment près de la montagne de Macolot, des escarpements à pic où la sonde ne trouve pas
de fond à cent brasses. Un nouveau cône s'est élancé du
centre de cet affaissement, mais, en s'abîmant à son

L'année suivante, nos champs furent ravagés par des nuées
de sauterelles qui occasionnèrent la famine. Puis, ce qui mit le
comble à nos maux, ce fut l'invasion des Maures, qui firent beaucoup de captifs et pillèrent tous les villages de la côte. La province de Boulacan s'est trouvée réduite à un tel état de détresse
qu'il a fallu plus de vingt ans pour réparer tant de misères.

Tel est le rapport fait par le frère François Vencuchillo.

On a vu depuis, à diverses époques, sortir des flammes et de
la fumée du volcan de Taal, mais cela n'a duré que quelques
heures.

tour dans les profondeurs de la terre, il a donné naissance à un vaste cirque dont l'intérieur, transformé par les eaux pluviales et les sources d'eau minérale qui y sourdent, en un petit lac, a vu surgir les deux cônes actuels ; leurs sommets écroulés forment aujourd'hui deux bassins dans lesquels le soufre et l'eau bouillonnent tumultueusement.

Le phénomène volcanique qui s'est manifesté à Taal a donc passé par les mêmes phases qu'à Ténériffe et à Bourbon ; il a laissé les mêmes témoignages de la succession des événements, et l'on peut le considérer comme constituant la formule générale de l'action volcanique proprement dite.

Deux de nos guides s'étant offerts pour aller nous chercher de l'eau des sources qui alimentent le lac intérieur, on disposa, à cet effet, une forte corde au moyen de laquelle ils purent descendre sur le flanc du cratère, qui présente partout un escarpement à pic d'environ cent mètres de hauteur, avant d'atteindre le talus au bas duquel se trouve le lac ; les blocs qui se détachent de l'escarpement auraient rendu cette descente fort dangereuse, si nos Indiens n'avaient eu le soin de faire tomber en descendant, tous ceux qui n'étaient pas solidement fixés aux parois. Ils nous rapportèrent deux bouteilles d'eau minérale, dans laquelle j'ai reconnu la présence d'une quantité considérable d'acide chlorhydrique libre et combiné. [1].

---

[1] J'ai remis une de ces bouteilles d'eau à M. Dumas, président de l'Académie des Sciences, qui a bien voulu prendre le soin de l'analyser.

Il était nuit close, quand nous quittâmes le volcan de Taal ; le vent s'était calmé, nous pûmes traverser le lac dans nos banquas et débarquer sans encombre au hameau de Balelig, où des chevaux avaient été préparés pour nous. Le chemin qui conduit à Tanawan traverse un pays coupé de ravins et couvert d'arbres. Les rayons de la lune venaient se jouer à travers les cocotiers ; nos guides chantaient de gais refrains tagals ; délicieuse fut donc cette course de deux lieues. Le gîte qui nous attendait chez le père augustin devait couronner dignement cette mémorable journée, où j'avais épuisé toutes les jouissances du voyageur à pied, à cheval, en bateau et à la nage.

24 décembre.

Partis, au point du jour, de Tanawan, nous franchissons en trois heures de petit galop la distance qui nous sépare de San-Pablo. La population était dans tous ses atours pour notre arrivée. On avait dressé des arcs de triomphe sur notre passage ; le chemin était orné de festons de bambous taillés et découpés en franges du plus élégant effet. A notre approche, les cloches de la ville se mettent en branle, les boîtes y répondent par d'assourdissantes détonnations ; la musique militaire, je veux dire la grosse caisse et le trombone qui tiennent sans doute à ne pas passer inaperçus au milieu de ce vacarme, luttent énergiquement pour se faire entendre, et si l'on doit juger des honneurs de la réception à la grandeur du bruit, il est impossible d'être mieux reçu.

Les vastes salons du presbytère de San-Pablo s'étaient

remplis de l'aristocratie du pays, venue pour nous complimenter. Ici, l'aristocratie n'est pas, comme dans notre vieille Europe, basée sur de vaines distinctions ; la beauté, les grâces, la jeunesse, voilà les seuls titres d'admission au couvent, j'allais dire au palais du père augustin ; dans cette société toute primitive et dont l'égalité devant le *padre* est la base, quelle autre distinction sociale pouvait-on adopter ? Au signal que donnèrent les mandolines, les flûtes et les haut-bois, un essaim de jeunes filles sortit des rangs pressés de la foule et les danses commencèrent, danses pleines de langueur dont la grâce naïve est inconnue au Grand-Opéra. Le populaire du village avait peu à peu envahi le salon : la liberté grande qu'il prend dans ces sortes d'occasions témoigne, comme je l'ai déjà dit, de la douceur du gouvernement des bons pères augustins, qui vivent ici comme entourés de leurs enfants.

La plaine de San-Pablo est fort remarquable par les quatorze grands cratères volcaniques qu'elle renferme et qui sont devenus, après l'extinction de l'action ignée, des lacs profonds dont les eaux nourrissent aujourd'hui une prodigieuse quantité de crocodiles. Après avoir visité cette curieuse localité, nous nous acheminâmes sur Majaijai, à travers un pays couvert d'immenses plantations de cocotiers et de palmiers nipis, exploités pour la fabrication du vin de *tubo*.

A cet effet, on perce d'outre en outre l'extrêmité du bourgeon floral, destiné à porter le fruit et l'on y fixe un bambou pour recevoir la sève qui s'écoule par cette plaie ; on vide ce bambou tous les quatre jours et l'on réunit les produits dans une cuve pour les faire fermenter ; puis, on distille la liqueur et l'on obtient ainsi le *tubo*, qui est, comme on le voit, le [produit alcoolique de la distillation de la sève fermentée du cocotier. Comme ces arbres ont des tiges élevées et droites sans branches latérales, on pratique sur le tronc de l'un d'eux des entailles qui permettent d'atteindre aisément à son sommet, et afin de se dispenser de monter sur chaque arbre, on met en communication tous les sommets de ces arbres au moyen de tiges de bambous qu'on y fixe solidement ; de sorte que les paysans indiens passent d'un arbre à l'autre et parcourent ainsi leurs plantations sans descendre à terre : on calcule que le revenu d'un cocotier en rapport est de demi-piastre par année ; le vin de coco est d'ailleurs livré au gouvernement, qui s'est réservé le monopole de sa vente [1].

On trouve sur la route, avant d'arriver à Majaijai, le village de Nagcarlan. Nous l'atteignons à la nuit close et mouillés jusqu'aux os par l'averse, qui n'a pas cessé de tomber, depuis notre départ de San-Pablo ; le bon curé nous donne un abri et nous presse d'accepter l'hospitalité pour la nuit ; mais nous sommes attendus à Majaijai, et, malgré l'obscurité, le mauvais temps, les chemins défoncés, nous nous remettons en route après avoir changé de chevaux.

Il est dix heures du soir ; nous entrons au couvent de Majaijai ; le père Antonio Roman, de l'ordre des

---

[1] On peut aussi faire avec le suc séveux du cocotier une espèce de sucre connu sous le nom de Jagre ; dans ce cas, on prévient par une cuisson immédiate la fermentation de ce suc.

franciscains, commençait à avoir quelque inquiétude sur notre compte ; son accueil n'en fut que plus affectueux.

Notre toilette faite, nous nous réunissons au salon, où notre hôte nous attendait. Quelque vaste que fût cette pièce, le père Roman semblait la remplir à lui seul de sa superbe prestance ; sa forte tête encadrée de grosses boucles de cheveux d'un noir de jais et qu'éclaire un regard de feu, repose sur un menton à triple étage, rappelant la volumineuse sous-gorge d'un taureau suisse ; son ventre, bien que contenu dans les limites du majestueux, menace de tourner bientôt à l'obésité ; mais un ventre luxuriant dépara-t-il jamais le froc d'un moine !

L'annonce du festin interrompit mes réflexions qui s'égaraient ; nous prîmes place autour d'un souper splendide, dont notre hôte nous fit les honneurs avec une grâce parfaite.

Il régnait dans la salle à manger, une extrême propreté et même une certaine élégance ; les murs, éclatants de blancheur, étaient couverts de gravures richement encadrées. Je m'approchai, dans l'espoir d'y admirer quelque pieux sujet, tel que le chemin de la croix ou la vie de Saint-François ; mais il s'agissait d'une collection de proverbes illustrés, d'une exécution fort originale ; je remarquai entr'autres une gravure représentant, au premier plan, un groupe de gueux et d'estropiés demandant l'aumône et, sur l'arrière-plan, des filles de joie arrêtant des jeunes gens et les engageant à monter chez elles ; au-dessous de ce proverbe en action, on lisait ces mots : le prêtre vit de l'autel. Je restai un instant stupéfait, je l'avoue, devant cette étrange naïveté, affichée dans un couvent.

Le marché de Majaijai est très fréquenté; les alentours et la place du couvent sont, de grand matin, garnis des étalages des marchands forains; les paysans des campagnes voisines s'y pressent en foule; leur costume présente fort peu de variété; il consiste en une chemise en toile bleue, de fabrication locale, descendant sur un pantalon de même étoffe; un salacot, espèce de chapeau de jonc ou de feuille de palmier, sans coiffe, assez semblable à une bassine renversée, leur sert de coiffure.

Ce marché m'offrit l'occasion d'examiner les principaux produits de la province de la Laguna. Les indigos qu'on y apporte proviennent de petites indigoteries, disséminées aux alentours et dans chacune desquelles on fabrique annuellement, par des procédés quelque peu grossiers, 20 à 30 livres d'indigo. Aussi, cette matière tinctoriale, partout ailleurs si précieuse, n'a-t-elle qu'une faible valeur dans cette localité, soit en raison de sa qualité, soit par suite de la difficulté qu'on éprouve pour assortir ces indigos de provenances diverses et composer des parties homogènes de quelque importance; le prix du kilogramme ne dépasse pas 8 francs et il descend jusqu'à 2 francs. Toutefois, la province de la Laguna est regardée comme fournissant le meilleur indigo des Philippines.

Je consacrai le reste de la matinée à l'exploration des environs de Majaijai et surtout du ravin [qui borde ce village. Des fragments anguleux de roches feld-spathiques et de trachytes , mêlés de rapilles et de cendres, constituent le sol de la contrée ; le ravin offre un pêle-mêle de blocs , où je pus faire une collection nombreuse de roches volcaniques. Il n'existe nulle part de traces de coulées ou de roches soulevées encore en place ; la formation de la vaste plaine qui comprend les provinces de la Laguna, Tondo, Batangas et Tayabas, serait donc uniquement due, d'après mes observations, à des éruptions cendreuses et pierreuses des bouches volcaniques qu'on rencontre de distance en distance , parmi lesquelles je citerai les montagnes de los Baños, Calamba, Marayat, Calavan, Macolot, San-Cristoval, etc.

L'alcade-mayor de la province de la Laguna était venu à notre rencontre à Majaijai ; nous partîmes ensemble pour Pagsanjan, sa résidence. Après avoir relayé au village de Magdalena, nous arrivâmes avant la nuit au chef-lieu de la province de la Laguna. Des arcs de triomphe avaient été dressés sur notre passage ; le peuple en habits de fête formait la haie ; la musique exécutait la Marseillaise, les cloches étaient en branle et le bruit de l'artillerie des boîtes , donnait la dernière sanction à cette ovation.

26 décembre.

J'ai reçu la nuit dernière , l'hospitalité chez l'administrateur de la province, dont l'élégante demeure est située au confluent de deux rivières qui vont porter au lac de Bay le tribut de leurs eaux ; dès le point du jour de nombreuses pirogues se croisent dans tous les sens et animent ce délicieux paysage ; l'existence de l'Indien se passe sur l'eau.

Après le déjeûner, nous partons en nombreuse compagnie pour visiter aux environs de Pagsanjan, le cours de la rivière de Bonbongan , l'une des merveilles du pays. Nous nous arrêtons en passant, à los Baños, source d'eau thermale, que l'on a entourée d'une petite construction et d'un bassin pour prendre des bains.

La rivière de Bonbongan forme de distance en distance des sauts ou rapides , fort difficiles à remonter. Nos pirogues ont franchi les deux premiers et nous déposent sur la rive droite, à l'entrée d'une gorge resserrée, que les eaux de la rivière occupent en entier. Là, s'arrête la curiosité des voyageurs vulgaires; on se contente de mesurer de l'œil cette fissure profonde, dont les flancs noirs, formés d'un conglomérat volcanique, s'élèvent à pic à quelques centaines de pieds. Aucun Européen n'a encore osé s'avancer dans cette espèce de gouffre, où quelques hardis pêcheurs indiens du village voisin ont seuls jusqu'ici pénétré. Les deux petites pirogues qui servent ordinairement à leurs expéditions sont attachées à la rive; l'une de nos dames s'est placée intrépidement dans la première et nous convie à cette périlleuse exploration ; nous acceptons gaîment l'espèce de défi qu'on semble nous porter et quatre d'entre nous prennent place dans ces étroites pirogues avec les pêcheurs indiens , chargés de les manœuvrer ; les vœux de nos compagnons, que le manque d'embarcations attache à la rive, se mêlent au bruit cadencé des pagaies, et nous disparaissons bientôt derrière la pointe avancée d'un

rocher. A notre approche , la troupe des oiseaux aquati-
ques , paisibles habitants de cette solitude , s'enfuit
épouvantée et semble protester par ses cris sauvages
contre cette violation de domicile , tandis que quelques
iguanes se dérobent à nos coups de fusil, dans les cre-
vasses de la roche. Nous gagnons ainsi le troisième rapide , où nous nous présentons sans hésitation ; nos
Indiens sautent sur les saillies des rochers qui forment
le barrage , luttent avec adresse et courage contre le
courant et finissent, après bien des efforts , par le faire
franchir à nos frêles embarcations. Le bassin supérieur
qui lui succède , roule ses eaux tranquilles et calmes
entre deux murailles de rochers s'élançant à perte de
vue vers le ciel, que nous dérobent les branches d'arbres suspendues sur le précipice ; le charme de cette ravissante promenade en fait oublier un instant les dangers.

Nous remontons ainsi jusqu'au septième rapide ; là ,
nos Indiens s'arrêtent près d'un rocher et nous font
comprendre qu'ils n'ont jamais remonté plus avant et
qu'ils regardent le huitième rapide comme infranchissable. Chacun de nous commençait, je crois , à avoir assez
des émotions de ce genre de promenade ; aussi, la proposition de s'en retourner fut-elle unanimement acceptée.
D'ailleurs , la descente des rapides nous réservait de
nouvelles et plus vives sensations , lorsqu'entraînée par
le flot impétueux et sur le point de se briser contre le
rocher, notre pirogue était détournée par un coup de
pied rapide de l'Indien, placé à l'avant, et glissait comme
un poisson , dans l'écume de la cascade.

Un grand dîner nous attendait chez l'alcade-mayor,

au retour de cette course ; le père Armingol, de l'ordre des franciscains y avait été invité. On le plaisantait fort sur son goût pour le muscatelle , goût qui le portait, assurait l'alcade , à s'en servir même pour la messe. Au second service , on apporta un magnifique poisson, dont la vue jeta le désespoir dans l'âme du bon *padre*, qui se plaignit amèrement qu'on ne l'en eût pas averti , parce qu'il se serait, disait-il , abstenu de goûter aux viandes du premier service pour pouvoir manger de cet excellent poisson, la règle de son ordre ne lui permettant pas l'un et l'autre , dans le même repas ; cette dernière observation fut faite avec un ton de mauvaise humeur vraiment comique. La physionomie du moine conserva , pendant le reste du repas , l'expression de méditation piteuse d'un homme résigné ; ses épaules affaissées semblaient ne plus retenir le froc qui les couvrait ; il subissait , il faut le dire, une rude épreuve ; il s'agissait d'une curbina, le meilleur poisson du lac de Bay.

Nous quittâmes, dans l'après-midi , Pagsanjan pour aller coucher à Sainte-Croix. La plaine qu'on traverse est très-fertile. Je m'arrêtai quelques instants pour examiner des champs d'indigofères de la plus belle apparence ; n'est-il pas regrettable que l'indolence des Espagnols laisse dans les mains des Indiens la préparation de ce produit, alors que l'introduction des méthodes nouvelles et des procédés de fabrication en grand placerait promptement les Philippines au premier rang parmi les pays producteurs de l'indigo !

On me montra aussi , chemin faisant , sur la pente d'un ravin quelques plants de bananiers , d'une espèce

indigène aux Philippines et dont la tige fournit l'*abaca*
ou chanvre de Manille. Cette belle et grande plante herbacée, connue des botanistes sous le nom de *Musa tro-
gloditarum*, commence à être cultivée en grand , surtout
dans les provinces de Camarinas-norte, Camarinas-sur,
Albay (île de Luçon), Samar et Leyte (îles de ces noms) [1].

---

[1] On choisit pour cela les pentes de montagnes nouvellement
défrichées. Les jeunes plants, débarrassés de leurs tiges, sont
placés à 14 pieds de distance les uns des autres, dans des trous
d'environ 6 pouces en tous sens. Pendant les premières années,
le soin de cette plantation ne réclame que deux sarclages par
an pour détruire les mauvaises herbes qui ne tarderaient pas à
étouffer les plants. C'est dans le courant de la troisième année
qu'on commence à couper les plus gros troncs. Comme le bananier a la propriété de pousser sans cesse de nouveaux jets, les
plantations ont une durée illimitée, ou du moins indéterminée
jusqu'à ce jour.

Pour préparer l'abaca, on divise la tige du bananier, dont il
s'agit, en plusieurs longues lanières, puis on les passe entre une
planche épaisse placée horizontalement et une lame de couteau
qu'on appuie fortement d'une main, pendant que de l'autre, on
tire la lanière, qui est ainsi raclée et dépouillée de sa partie char-
nue, tandis que les fibres restent. Le soleil les sèche, et elles se
séparent spontanément les unes des autres. Il ne s'agit plus que
de les trier et de les réunir par petites masses.

On calcule qu'un pied de bananier fournit 10 à 12 onces de
filasse, et qu'un ouvrier peut préparer 25 kilog. d'abaca par jour.

Avant 1823, la production de l'abaca avait fort peu d'importance ; on n'en exportait pas au-delà de 1,000 kilo. par année.
Aujourd'hui, le chiffre de l'exportation s'élève à plus de 25,000
quintaux métriques. On l'expédie en balles du poids de 120 kilos
chaque. La filasse d'abaca mise en balle sous presse se vend
une piastre et quart de plus que celle qui n'est pas pressée.

On fait des cordes et des cordages et des tissus avec l'abaca.
Il existe à Manille une corderie à la vapeur qui fournit une

Il est neuf heures du matin. Le père augustin, chez qui nous avons trouvé, la nuit dernière, la plus aimable

grande quantité de cordages pour le service de la marine. Les cordages d'abaca ne subissent pas de retrait par l'effet de l'humidité. Mais cet avantage est balancé par plusieurs inconvénients qui les placent dans un état d'infériorité marquée par rapport aux cordages de chanvre : ainsi ils n'acquièrent jamais la souplesse de ces derniers et forment des tours qui engagent souvent les manœuvres. Enfin ils prêtent considérablement et s'affaiblissent d'autant par l'effet de la traction.

Les tissus d'abaca sont des espèces de toiles transparentes, fort raides, légères et très fraîches au toucher, dont les Tagals font du linge de corps et de table et des chemises de diverses couleurs. Les tissus qui reçoivent ce dernier emploi sont ordinairement rayés et souvent brochés de coton. Le fil d'abaca n'est point filé ni tordu ; c'est le filament tel que la nature le produit, qu'on noue bout à bout. On pelotonne ces brins qu'on bat ensuite pour les assouplir ; puis on les blanchit en les faisant plonger pendant vingt-quatre heures dans de l'eau de chaux, et on les fait sécher au soleil ; dans cet état, ils sont propres au tissage.

On fait dans la province de Camarinas, avec le fil d'abaca non blanchi, des étoffes écrues connues sous le nom de *guinara*, de *medriniaque-cocido* et de *medriniaque-tributo*. On les emploie avec avantage pour les garnitures et doublures d'habits et pour toiles à tamis. Ces étoffes sont importées aujourd'hui, en quantité notable, en Espagne, où elles reçoivent ce double emploi.

On fabrique avec le fil trié d'abaca une jolie étoffe très claire, nommée *jusi* (houssi), rayée de soie de diverses couleurs, valant 13 fr. 50 cent. les 16 mètres.

On trouve aussi à Manille un tissu d'abaca et coton, qu'on fait dans la province d'Iloilo (île de Panay). C'est une étoffe commune dont le peuple s'habille. Elle coûte, en gros, 1 fr. 80 c. la pièce de 3 m. 50 c. de longueur sur 40 à 43 cent. de largeur.

hospitalité , nous accompagne jusqu'à un pavillon flot-
tant , construit sur quatre pirogues liées ensemble et
ornées de festons de verdure et de pavois. Nous descendons ainsi , au bruit de l'artillerie du couvent et de la
mousqueterie de la milice tagale , la rivière à l'embouchure de laquelle nous attend notre paraos.

Le temps ne nous a pas permis de nous arrêter à
Jala-Jala, où l'un de nos compatriotes, M. Vidie possède
une belle habitation ; nous saluons de loin cet établissement et gagnons rapidement le Rio-Passig.

Il est cinq heures ; nous sommes à Manille.

La piña est un filament qu'on retire de la feuille de l'ananas,
elle se prépare comme l'abaca, mais on apporte dans le triage des
brins un soin extrême, afin de les bien assortir avant de nouer
les brins : on teint la piña.

L'étoffe connue à Manille sous le nom de *sinamaye* est fabriquée avec de la piña, de la soie et du coton. Les deux premières matières forment des bandes plus ou moins larges et di-
versement colorées ; quant au coton, il fait des dessins brochés
sur ces bandes. Les dames font des robes, les hommes des
chemises fines, et les femmes tagales des camisards (chemisettes
flottantes) , avec cette étoffe, qu'on tire de la province de
Camarinas.

On fait aussi dans la province d'Iloilo des tissus de piña et de
coton unis et brochés. La largeur de cette étoffe varie entre 40 et
50 centimètres. La pièce vaut, en gros, 9 francs 75 cent.

Mais le tissu le plus beau de tous ceux qui se fabriquent aux
Philippines est sans contredit celui de pure piña; il vaut 4 f. 50 c.
à 7 fr. le mètre carré. On en fait des robes, des écharpes et des
mouchoirs qu'on couvre d'admirables broderies.

La nipis ou soie végétale est aussi un filament que fournit la
feuille du palmier-nipis, dont on retire, en outre, le vin (tubo) :
on fait avec ce filament une espèce de piña de qualité inférieure,
qui vaut 25 p. 0 0 de moins que la vraie piña.

Nous sortons de Manille à dix heures du matin par Tondo, l'un des faubourgs de la ville tagale de Binondo, et, courant au nord, nous ne tardons pas à atteindre le bourg de Caloocan ; c'est au-delà de ce village que l'on passe le beau pont de pierre de Tinajero, qui sert de limite entre les provinces de Tondo et de Boulacan : une plaine immense s'ouvre alors devant nous ; elle est couverte de rizières qu'on achève de moissonner ; d'énormes meules, rapprochées les unes des autres, témoignent de la fertilité du sol. Répandus çà et là, de jolis bouquets d'arbres viennent varier à propos l'aspect un peu trop uniforme de cette culture.

La route, se dirigeant toujours au nord, traverse les villages de Polo, de Maycaveyan et de Marilao : là nous franchissons la rivière sur un pont d'une longueur et d'une légèreté effrayantes ; le bambou en a fourni tous les matériaux, aussi cède-t-il sous le poids de notre voiture, mais c'est avec élasticité et pour se redresser aussi fort, aussi solide qu'auparavant. La journée est chaude et nos chevaux commencent à se fatiguer ; pendant que le cocher les laisse souffler sur la route, nous entrons dans la maison voisine : tout y dort, c'est l'heure de la sieste ; toutefois le bruit que nous faisons éveille la famille indienne qui l'habite, et malgré notre importunité, elle s'empresse à notre vue, à la vue des blancs, ses seigneurs par droit de conquête et d'intelligence, de nous offrir gracieusement ses services. Poursuivant notre route à travers ce beau pays, nous franchissons à

Bocabé un grand pont de bambou ; les crues extraordinaires et subites des rivières ne permettent guère de les
construire autrement ; quand ils sont emportés , et cela
arrive fort souvent, on les reconstruit immédiatement
et sans de grandes dépenses , car le bambou et le jonc
en font seuls tous les frais ; il n'entre pas un morceau
de fer, pas un clou dans cette œuvre. Au village de Biga,
que nous traversons , le pont de bambou est recouvert
d'un toit qui le protège contre les alternatives de pluie
et de soleil.

Enfin , nous arrivons par une route magnifique, unie
et sablée comme une allée de jardin, au village de Quingoa
que nous avions choisi comme le terme de notre première journée. M. Inigo d'Assaola , notre compagnon et
notre guide , nous conduit au couvent des Augustins ;
mais , ô désappointement ! le padre est absent : ces
jours-ci le clergé des Philippines est en gala à l'occasion
des fêtes de Noël ; les curés se visitent , se traitent les
uns les autres , et pendant ce temps , leurs paroissiens
deviennent ce qu'ils peuvent ; or, nous étions, pour ce
moment, du nombre de ces pauvres paroissiens livrés
à eux-mêmes. Nous nous installons toutefois dans la
maison curiale , très déterminés à ne nous laisser manquer de rien. Le dîner est donc commandé , et en attendant qu'on nous le serve, nous faisons, à titre de premiers
occupants, les honneurs du logis à plusieurs moines
franciscains qui courent le pays. Le temps, qui s'est
mis à la pluie, nous force d'ajourner nos promenades
aux alentours du village et nous confine dans la chambre
que , dans l'absence du maître du logis , nous nous

sommes choisie, en gens qui se sentent chez eux quand ils sont aux Philippines chez un Européen, que cet Européen porte le froc ou l'épée.

Après le dîner, la conversation roule sur le gouvernement des Philippines, et nous sommes tout oreilles pour entendre sur cet intéressant sujet notre savant compagnon de voyage, Inigo d'Assaola, qui, ayant exercé de hautes fonctions aux Philippines pendant trente ans, en connaît l'organisation dans ses plus petits détails. Les Philippines, nous dit-il, sont divisées en trente provinces, administrées par des fonctionnaires européens qui prennent le titre de gouverneurs s'ils sont militaires, et d'alcades-mayors s'ils appartiennent à la classe des agents civils. Les premiers sont plus particulièrement placés sur les points menacés, soit par les descentes des Maures de Mindanao et de Soulou, soit par les invasions des Ygorotes qui habitent le centre de la Cordillière de Luçon. Ces trente fonctionnaires répondent d'ailleurs de la rentrée de l'impôt, dont le recouvrement a lieu par tiers; ils veillent à la sûreté publique, à la régularité de l'emploi des revenus locaux, à l'entretien des chemins, à la répartition du contingent de la milice; ils jugent au correctionnel et au criminel, sauf l'appel au tribunal de l'audience royale, séant au chef-lieu de la colonie.

Cette omnipotence engendre beaucoup d'abus et a été quelquefois la source de fortunes scandaleuses, auxquelles le commerce que faisaient les gouverneurs a servi de manteau; paralysant, sinon de droit, du moins de fait, par leur autorité, toute concurrence, ils mono-

polisaient à leur profit les productions comme les consommations du pays dont ils empêchaient ainsi le développement agricole et industriel. Un ordre de la cour
de Madrid a cherché récemment à remédier à cet état
de choses en interdisant toute opération commerciale
aux gouverneurs ou alcades-mayors, dont on a, en
conséquence, augmenté le traitement ; mais le pli est
pris, et nous avons entendu le gouverneur-général se
plaindre de l'inefficacité d'une mesure qui obligera,
disait-il, les fonctionnaires à augmenter leurs exactions
pour rémunérer le prête-nom derrière lequel ils conti-
nueront leur monopole commercial.

Chaque chef de famille indienne acquitte annuellement, à titre de capitation, une somme de 14 réaux 1/2,
soit 10 fr. 50., dès qu'il a vingt ans ; l'âge de soixante
l'affranchit de ce tribut. Les familles sont réunies par
barangay, mot qui veut dire littéralement en tagal bateau
d'habitation, parce que dans l'origine, sans doute, les
Tagals vivaient sur des bateaux, mais qui aujourd'hui
désigne un groupe de cinquante familles sous l'autorité
d'un cabeza, qui recouvre directement le tribut, répartit
les corvées pour les travaux publics, et juge, sans frais,
les petites difficultés qui peuvent survenir. Cette charge
est quelquefois héréditaire, mais le plus souvent elle est
conférée par voie d'élection, par les cabezas de barangay
du pueblo. Après trois années de bonne administration,
les cabezas sont classés parmi les notables, ce qui les dispense des corvées personnelles et du tribut ; ils acquièrent
aussi le droit de prendre le *don*, premier degré de noblesse
qui leur assure la considération de leurs concitoyens.

Les pueblos ou paroisses sont formés de la réunion d'un plus ou moins grand nombre de barangay et administrés par un Gobernadorcillo ou maire, assisté d'un juge principal (juez mayor), d'un juge de plantation (juez de palmas), d'un lieutenant et d'alguazils. Les fonctions des trois premiers sont annuelles et électives; c'est dans la casa real, en présence de l'alcade-mayor, que le collége électoral, composé des douze plus anciens cabezas de barangay et du Gobernadorcillo, procède à cette triple nomination à la pluralité des suffrages. Les conditions d'éligibilité sont de parler et d'écrire la langue espagnole, et d'être propriétaire et agriculteur. Le choix est soumis à l'approbation du gouverneur de la province; les officiers municipaux inférieurs sont nommés en même temps, mais sans qu'il soit toutefois nécessaire de faire approuver leur nomination.

La compétence du Gobernadorcillo s'étend jusqu'aux causes dont l'importance s'élève à 2 taëls d'or (soit 242 fr.); il instruit les procès criminels, exerce son action sur les cabezas de barangay, notamment en ce qui concerne la police, le recouvrement de l'impôt, et l'entretien des chemins; enfin, il appuie les curés de son autorité. Dans les pueblos riches, le Gobernadorcillo reçoit un traitement de la commune; autrement, le revenu de sa place se borne à la perception de quelques droits pour signature d'actes.

Les métis Indo-chinois connus dans le pays sous le nom de sang leyes obtiennent l'autorisation lorsqu'ils sont en nombre considérable dans un village, de former une commune distincte qui a son Gobernadorcillo et son administration séparée.

L'audience royale ou conseil colonial, ajoute en terminant M. d'Assaola, se compose d'un régent, de quatre oïdors et de deux fiscaux ; elle exerce une espèce de contrôle médiat sur les actes du gouverneur-général, et juge en dernier ressort les causes civiles et criminelles.

Un gouverneur général réunit tous les pouvoirs civils et militaires de la colonie. Enfin, pour compléter le système de gouvernement, il existe une cour des comptes ou trésorerie générale ainsi composée : un intendant des finances, deux contrôleurs principaux, deux contrôleurs vérificateurs, un trésorier, un conseiller, un directeur des tabacs, un directeur des douanes, un directeur des postes.

Les revenus annuels, qui s'élèvent à environ 5 millions de pesos (25 à 26 millions de francs), sont fournis par la capitation sur les Tagals et les Chinois, le produit de la douane, celui de la vente du tabac et du vin de coco, la ferme de l'opium et celle des combats de coqs.

Cette conversation, à laquelle j'aurais à joindre mille détails qui m'échappent, nous conduisit jusqu'à l'heure où l'on n'est pas fâché en voyage de trouver un lit, fût-ce un lit manillois, je veux dire une natte de jonc placée sous une moustiquaire. Chacun de nous se munit de sa manceba : mais que ceux qui comprennent l'espagnol ne se hâtent pas de porter sur nous un jugement défavorable : ce mot s'applique aussi figurativement à un traversin étroit, long et dur qu'on place entre ses jambes pour les séparer, les tenir soulevées et permettre ainsi à l'air de circuler autour. Les Chinois se servent d'une variété infinie de mancebas en étoffe calandrée, en tissus gommés, en cuirs maroquinés, en joncs tressés. Il est beaucoup de gens qui ne sauraient dormir sans la manceba ; c'est la pièce la plus importante du lit ; et telle est l'excellence de cette invention, que j'en avais appris seul l'usage, comme on apprend toutes les choses véritablement bonnes et naturelles.

La route que nous avions suivie la veille depuis Manille se continue au-delà de Quingoa, aussi belle, aussi bien entretenue, à travers la plaine verte et parée, que le plus délicieux jardin anglais. Mille arbres, aux formes variées, cachent aux voyageurs son immensité ; on n'aperçoit plus les rizières ; d'épais bosquets entourent et abritent des cases de l'effet le plus pittoresque ; l'Indien, nonchalamment étendu sur sa porte ou devant sa fenêtre, la cigarette à la bouche, semble à notre aspect sortir un instant de sa somnolence habituelle ; les jeunes filles répondent en souriant langoureusement à nos innocentes provocations. *Il dolce far niente* est réellement d'invention tagale ; nul peuple n'est paresseux avec plus de naturel, j'ai presque dit avec plus de droit, et nul, à coup sûr, n'en paraît plus heureux : voilà bien l'état d'édénisme, pour me servir de l'heureuse expression du socialiste Fourier ; je l'ai enfin rencontrée sur cette terre, cette société où l'homme, aussi éloigné de l'état sauvage que de la civilisation, vit dans l'aisance, sans travail ; où le fruit se présente de lui-même à la main qui le cueille, à la bouche qui s'en rafraîchit ; où la douceur du climat dispense de vêtements, où les désirs

ambitieux naissent et meurent dans l'enceinte destinée
aux combats de coqs. Mais plus le champ des passions
est restreint, plus vives elles sont : l'amour du Tagal
pour son coq n'a pas de limites ; il est plus pour lui que
son enfant, plus que son amante ; il le nourrit de sa
main, le caresse sans cesse, ne le quitte ni jour ni nuit,
voyage le portant sous le bras ; c'est le ressort de toute
son existence passionnelle. Il est vrai que son coq est
sorti vainqueur de maints combats où se décidaient
toutes les jouissances de la vie, le tabac, le vin de coco,
la parure de la femme aimée, et qu'il n'a jamais fui ; que
s'il eût compté un seul jour de faiblesse, l'attachement
de son maître se fût changé immédiatement en une rage
sanguinaire que la mort du lâche eût pu seule calmer ;
mais si le sort des combats a trahi son courage, s'il
tombe dans l'arène grièvement blessé, il l'emporte dans
ses bras et lui prodigue les soins les plus empressés. La
mort a-t-elle marqué sa victime, alors l'Indien plume
en pleurant son meilleur ami, celui à qui il dut les seules
émotions de sa vie ; il lui donne les honneurs de la sépulture, et en s'abstenant de paraître pendant quelques
jours dans l'arène des coqs, il porte ainsi le deuil du
guerrier son ami [1].

Après avoir laissé sur notre gauche le joli village de
Baligoa et son pittoresque presbytère, nous arrivons
dans l'après-midi à Angat ; là se termine la route praticable aux voitures. Quelques instants sont d'abord
donnés au rafresco chez le curé du village ; puis, munis

---

[1] Nous avons donné page 233 du premier volume la description
d'un combat de coqs auquel nous avons assisté.

de nos marteaux , nous nous hâtons de commencer nos explorations géologiques, principal but de notre voyage. Chacun de nos pas confirme l'opinion où nous étions que le phénomène volcanique auquel on avait cru devoir attribuer la formation du groupe des Philippines est loin d'avoir eu l'importance qu'on lui suppose; qu'il est demeuré en quelque sorte circonscrit au pied des hautes montagnes qui forment le trait principal de ce groupe, et qui existaient, dans des dimensions moindres il est vrai, antérieurement à l'apparition volcanique. Déjà à Angat, situé au pied des contre-forts de la Cordillière de Luçon, il n'existe aucune trace de produits volcaniques, et les roches que charrie la rivière sont des diorites, des roches amygdaloïdes, des spilites, des épidotes, des calcaires magnésiens, des porphyres, qui tous appartiennent à une formation plutonique, sans doute contemporaine des ophites des Pyrénées, à en juger par leur nature ainsi que par les roches calcaires qu'elles ont soulevées, et qui nous ont paru, d'après quelques indications paléontologiques, appartenir au terrain crétacé ancien.

31 décembre.

Nous nous proposions de remonter la rivière d'Angat pour pénétrer dans les montagnes et y visiter un gîte de fer oligiste magnétique dont on venait de m'apporter des échantillons ; mais les dernières pluies avaient tellement grossi cette rivière, que nous dûmes renoncer à ce projet ; elle était devenue un torrent impétueux et profond, dont les Indiens profitaient pour se livrer joyeusement à une foule d'exercices natatoires assurément fort neufs pour des Européens. Les uns s'y engageaient, montés sur des buffles dont on n'apercevait bientôt plus que l'extrémité du museau. Tourmentés par leurs cavaliers et emportés par la violence du courant, ces animaux, à coup sûr insubmersibles, se débattaient, et cherchaient par les mouvements les plus brusques à se débarrasser de leurs charges. Cette lutte au milieu de l'eau donnait lieu aux péripéties les plus curieuses. D'autres Indiens, à cheval sur un bambou, passaient et repassaient la rivière, non sans devenir quelquefois le jouet du flot tumultueux sous lequel ils disparaissaient par instant. C'est ainsi qu'on s'amuse à Angat; à Paris on patine. Pour nous, qui n'étions pas des êtres amphibies comme les Indiens, nous jugeâmes à propos de renoncer à une excursion géologique dans laquelle il eût fallu passer dix-neuf fois cette rivière. Le Gobernadorcillo d'Angat vint donc nous prendre pour nous faire parcourir la plaine et le premier plan des montagnes qui s'étendent au sud de ce village.

Cette plaine fut évidemment le fond d'un lac immense où se rassemblèrent pêle-mêle, pendant une longue suite de siècles, les fragments roulés des roches plutotoniques et métamorphiques qui constituent les montagnes au sein desquelles la rivière d'Angat prend sa source. L'absence de tout débris d'origine volcanique parmi ces amas de cailloux roulés est un fait remarquable qui démontre que, postérieur à l'existence de ce lac, le phénomène volcanique ne s'est manifesté sur ce point, comme nous avons eu occasion de l'observer sur tant d'autres, qu'au pied de la chaîne principale des montagnes préexistantes. Cette observation vient donc corroborer l'opinion qui attribue à l'affaiblissement de la croûte solide du globe, au voisinage des anciennes lignes de soulèvement, cette disposition à donner passage aux fluides élastiques qu'entretient la chaleur interne de la terre. Des lignes de brisure plus ou moins continues doivent, en effet, tracer le pourtour des continents formés par voie de soulèvement, et donner naissance à des points de moindre résistance. Ainsi s'expliquerait, sans avoir besoin de faire intervenir l'action des eaux de la mer, pourquoi la majeure partie des volcans sont placés sur les bords des grandes terres.

Le pourtour de l'ancien lac d'Angat s'étend au loin, sur un diamètre de 3 ou 4 lieues; l'inégalité de son fond se manifeste au sud par une espèce de promontoire, dû sans doute à une première érosion dont l'effet a été de creuser le fond du lac et d'en changer les rivages. Après avoir franchi cette colline caillouteuse, nous nous trouvâmes sur les bords de la rivière, dont le lit profond a été creusé dans l'épaisseur du dépôt lacustre; l'escarpement de la rive gauche nous offrit une étude facile de sa composition à laquelle, comme je l'ai dit plus haut, la formation volcanique n'avait fourni aucun élément. Une pirogue fort exiguë nous transporta sur la rive droite, où nous retrouvâmes le même terrain, les mêmes bancs de cailloux roulés, mais incomplètement arrondis, indice certain d'une provenance peu éloignée : nous retrouvâmes là les serpentines, les ophites, les amphibolites observés devant Angat même, et je remarquai surtout quelques fragments de calcaire métamorphique pénétré de serpentine, qui me rappela le marbre de la vallée de Campan (Pyrénées).

Des rizières couvrent le sol, et comme il n'est pas de niveau, on y a élevé avec un art infini de petites digues de terre en manière de gradins, et qui sont destinés à étayer les eaux ; ce mode d'irrigation donne à la surface du sol, l'aspect de broderies festonnées du plus gracieux effet. En approchant d'un hameau considérable dépendant de la paroisse d'Angat, mon compagnon de voyage me fit part de son espoir d'y rencontrer des Négritos, descendus des montagnes voisines pour gagner quelques poignées de riz en travaillant à la terre, ou bien à éplucher des paddi dans un mortier. Quand ils ont gagné une mesure de riz, ajouta M. d'Assaola, ils reprennent le chemin de leurs montagnes, et l'on ne les revoit pas de longtemps. O indépendance ! il faut que tu offres bien des charmes à tes enfants, pour que, sans abri et à demi morts de faim, les Négritos te préfèrent à l'édénisme dont jouit le Tagal sous la domination des blancs !

Dans la forêt, leur lit est le pied d'un arbre ; leur nourriture, le produit incertain de la chasse. Cette vie toute d'éventualités doit rendre l'homme le jouet des caprices du sort : aussi les Négritos sont-ils les êtres les plus superstitieux du monde ; ils craignent les mauvais sorts, l'esprit de la plaine, et que sais-je encore ? Quand la mort enlève l'un des principaux membres d'une famille, ils doivent, pour le repos de son âme, appelée devant Meg-Capul (le grand dieu créateur), tuer autant d'hommes que le défunt a remué de doigts en mourant ;

alors commence pour le chef de la famille une vie de fatigues et de dangers incessants. Armé de son arc et de ses flèches empoisonnées, il guette le voyageur à la lisière des bois, et va l'achever quand le poison commence à produire son effet. La cérémonie de l'ensevelissement se compose d'une foule de pratiques bizarres. Le mort est placé verticalement dans un trou, où on l'enterre jusqu'au cou; la tête seule reste dehors; on place à sa portée du riz cuit, des fruits et de l'eau; un petit toit en feuilles de palmier recouvre et garantit le tout.

Les Négritos persistent à se regarder comme les seuls et uniques propriétaires des montagnes, et dans les premiers temps de l'invasion des Tagals on leur payait un tribut. Ainsi, au commencement de ce siècle, il existait encore dans la montagne de San-Pablo une Négrita, dernier débris d'une horde de Négritos; cette vieille femme recevait le tribut annuel des habitants du village tagal. Un Négrito, à la vue d'un abattage de bois destiné à la construction d'un fort, à la limite du pays des Ygorrotes, s'écria devant M. d'Assaola qu'on dévastait injustement ses domaines.

J'avais donné toute mon attention à cette conversation, lorsque nous atteignîmes les premières maisons du hameau; devant l'une d'elles stationnait un groupe d'Indiens qui s'ouvrit à notre approche et nous laissa apercevoir une famille de Négritos arrivant de la montagne, comme pour combler mes souhaits. L'homme était nu ou peu s'en faut, puisque le parenchyme fibreux d'une feuille de palmier composait tout son costume;

il était bien pris dans sa petite taille de quatre pieds et demi, que je mesurai en m'approchant de lui ; sa tête me venait à l'épaule. Sa figure, d'un brun clair, était ovale, ses yeux noirs, grands et doux, son menton pointu, son nez un peu épaté, son front bas; l'épaisseur de ses lèvres n'avait rien de très exagéré ; ses cheveux étaient laineux ; une moustache crêpue ombrageait sa lèvre supérieure, et quelques poils de même nature frisaient à l'extrémité de son menton ; sa peau luisante avait toute la tension que donne l'embonpoint ; les muscles de ses mollets et de ses fesses étaient bien marqués; il portait galamment sur le dos un enfant d'un an environ, et un petit cabah contenant un briquet et du bétel pendait à son cou. Sa femme se tenait à ses côtés, ses grands yeux noirs modestement baissés; elle ressemblait extrêmement à son mari, et la nature n'a jamais, je crois, mieux appareillé deux êtres. A son costume des bois, costume dont quatre bracelets de paille composaient tout l'élégant et gracieux appareil, on avait eu le temps de substituer, avant notre arrivée, un tapis de cotonnade et une chemisette de gaze; mais ce costume d'emprunt atteignait à peine son but, tant les contours gracieux de son corps étaient bien dessinés, tant ses seins révoltés se soulevaient avec indépendance. Cette race nous sembla être celle des Papouas, très différente des Endamènes ou petits noirs, qui habitent les mêmes montagnes, et avec lesquels on les confond à tort.

Je donnai au mari une pierre à feu : c'était le plus grand cadeau qu'on pût lui faire, et j'offris à la femme, avec ma carte de visite que j'avais retirée très gravement de mon portefeuille, quelques cigarettes qu'elle prit avec empressement; je lui demandai en retour et par signe une mèche de ses cheveux; elle me tendit pour toute réponse sa tête, où je coupai une grosse mèche laineuse d'un noir de jais qui prit place dans mon portefeuille.

Nous engageâmes ce couple errant à nous suivre dans ses montagnes, et il y consentit sans se faire prier.

Nous poursuivîmes donc notre route escortés de ces Papouas, auxquels s'étaient joints quelques Tagals du village. Après avoir quitté les bois de cocotiers qui ombragent les cases du hameau nous rentrâmes dans les rizières établies en gradins sur le penchant de la colline caillouteuse qui forme le fond de l'ancien lac que nous parcourions depuis le matin. A peine avions-nous marché une heure, qu'au détour d'un bois nous nous trouvâmes en face de trois Négritos descendant de la montagne; l'un d'eux, le plus grand, qui pouvait bien avoir 4 pieds 9 pouces, était armé d'un arc et de deux flèches. Rassuré par les paroles et les gestes du Gobernadorcillo qui nous accompagnait, il vint à nous avec ses deux compagnons; je leur distribuai quelques cigarettes qui me mirent au mieux avec eux. Leur costume se bornait à une étroite ceinture en fibre de palmier; ils portaient aux avant-bras des bracelets de paille jaune tressée. Leur peau couleur de suie, leurs cheveux crépus, leurs traits plus sèchement accusés et d'une expression plus farouche, leur muscles faiblement développés, leur taille grêle et leur air malingre, établissaient une différence frappante avec nos premiers Négritos, et je ne doutai pas que je n'eusse devant les yeux la véritable race des Endamènes, ces petits noirs, premiers habitants de l'Océanie, relégués aujourd'hui dans les montagnes par les conquérants dont l'apparition s'est succédée par ordre de suprématie de races, comme pour établir que la terre est providentiellement le domaine de l'intelligence.

Dans ce moment, nous offrions la réunion pacifique des quatre races qui se sont successivement disputé le sol des Philippines. Oubliant leurs vieilles haines, les vainqueurs et les vaincus fumaient ensemble le calumet de la paix. L'Endamène au regard sauvage allumait paisiblement son cigare à celui du Papoua son vainqueur, et le Tagal conquérant du Papoua, mais subjugué à son tour par l'Européen, s'était empressé de nous donner du feu.

Le monde a-t-il vu la dernière transformation politique des Philippines? Si l'on considère que les races conquérantes ont toujours été supérieures dans l'ordre de l'intelligence, on n'aperçoit pas de causes à une nouvelle conquête. L'émancipation de l'Indien est sans doute la plus imminente des révolutions réservées à l'avenir des Philippines, et la première guerre en Europe peut en être le signal.

Nous emmenâmes avec nous ces nouveaux enfants des forêts, et chemin faisant, voulant éprouver l'adresse du Négrito qui portait un arc, je l'engageai à tirer un oiseau que je lui montrai sur une branche. Non, non, me répondit-il en tagal; je ne tuerai jamais mon compagnon dans les bois. C'est aussi sans doute parce que le rossignol n'est pas bon à manger, que l'homme trouve qu'il chante trop bien pour qu'on le tue.

Le terrain change sur l'autre versant de la colline caillouteuse que nous venions de gravir ; le tuf volcanique vient butter sur le dépôt alluvien et le recouvrir en partie. Cette ligne de rencontre de deux terrains d'origine aussi distincte confirmait les hypothèses que j'avais faites en chemin, et dont un géologue ne saurait se défendre quand il commence à saisir distinctement quelques faits. Il devenait évident que le dépôt de cailloux roulés lacustres était, ainsi que je l'ai dit plus haut, antérieur à l'apparition des phénomènes volcaniques ; que c'était sans doute à la commotion produite par ces derniers phénomènes qu'étaient dus l'écoulement des eaux du lac et le transport vers la mer d'une partie des galets accumulés dans son fond ; que ces matériaux, en se mêlant aux débris volcaniques, étaient venus constituer la surface de la vaste plaine de Boulacan, dont le sous-sol, composé exclusivement du tuf volcanique, s'était antérieurement formé dans la mer qu'il avait comblée, et ceci explique la présence de nombreuses coquilles marines existant à l'état fossile dans le pépérino du sous-sol de la province de Boulacan : ainsi l'ordre de succession des phénomènes géologiques auxquels sont dus le territoire d'Angat et la vaste plaine de Boulacan, est très clairement indiqué.

Nous ne quittâmes plus la formation volcanique jusqu'à la petite rivière de Matitic, dont les deux rives escarpées présentent des masses de tuf volcanique empâtant quelques galets de roches plutoniques. C'est, en effet, ce qui devait avoir lieu dans le voisinage du dépôt lacustre préexistant. Ce tuf a aussi enseveli des troncs d'arbre qui forment çà et là de petites couches de lignites bien carbonisées, mais où l'on peut encore reconnaître la texture végétale du bois.

En remontant au sud-ouest, nous rejoignîmes la rivière d'Angat à une lieue au-dessus du point où nous l'avions franchie ; elle est barrée dans cet endroit par une ligne de roches calcaires, dont les couches sont relevées verticalement. Ce calcaire éloigné du centre de l'action métamorphique, y a échappé ; il est blond, cristallin, compact et dur ; il renferme de nombreux débris d'êtres organisés marins, tels que madrépores, huîtres, peignes, échinites, etc. Ce serait se presser peut-être un peu que de classer ce calcaire sur ces seuls indices ; mais s'il fallait exprimer une opinion à l'égard de son ancienneté, je serais disposé, d'après l'ensemble des caractères qui le distinguent, à le rapporter au terrain de craie ancien. L'examen des fossiles que nous avons rapportés décidera au surplus cette question [1].

La pluie nous accompagnait depuis quelques heures ; pluie chaude et partant supportable, mais qui, ayant rendu le terrain fort glissant, ne permettait pas de poursuivre nos recherches ; nous acceptâmes donc l'offre que nous fit le Gobernadorcillo de nous reposer chez

---

[1] L'opinion de M. d'Orbigny qui a examiné ces fossiles, est qu'ils appartiennent au terrain crétacé, ainsi que j'avais cru le reconnaître.

lui et nous entrâmes dans sa case, la plus belle du hameau. Ces bons Indiens nous accueillirent parfaitement;
sa femme s'empressa de nous servir la morisqueta ;
tandis que la fille aînée nous préparait des œufs au plat,
et que le fils de la maison posait sur la table une bou-
teille de vin de coco (tubo). Tant que dura notre repas,
le maître de la maison se tint dans l'attitude la plus
respectueuse , debout derrière nos seigneuries, pour
veiller à leurs moindres besoins. Voilà , me disais-je,
des vaincus bien assouplis ; vive Dieu ! l'Espagnol sait
faire les choses. Le tour de la cigarette arriva ; une
jeune fille s'était chargée d'allumer la mienne, qu'elle
me présenta humide encore du contact de ses petites
lèvres. J'applaudis à l'invention. Si elle est de vous ,
messieurs les Espagnols , décidément vos méthodes de
colonisation en valent bien d'autres. Dans cet instant,
transporté d'aise, je laissai s'échapper quelques gais refrains qui parurent impressionner jusqu'à l'extase mon
auditoire indigène : on m'entourait ; on se groupait à
terre autour de moi , un jeune homme avait déjà saisi
sa guitare pour essayer de m'accompagner. Je vois encore du coin de l'œil cette jeune fille accoudée sur un
banc, pousser son amant de son pied mignon en lui di-
sant : Retiens donc ce chant-là pour nous le redire.

En revenant à Angat , nous nous rencontrâmes avec
une vieille femme qu'on portait en terre : sa face était
découverte ; elle était affublée d'une robe de franciscain
dûment bénite , excellent passeport pour gagner le ciel
sans passer par le purgatoire : aussi était-on venu l'a-
cheter , au prix de quatre piastres fortes , au couvent

des saints-pères , seuls dépositaires brevetés. Les parents et amis suivaient le corps, avec une sorte d'indifférence que j'attribuai charitablement à la pluie , laquelle causait sans doute une diversion physique peu favorable aux pleurs. J'en fus toutefois quelque peu scandalisé, en pensant qu'à la nuit, un bon souper servi au domicile de la défunte et aux dépens de sa succession allait réunir ces parents et amis à l'œil sec , et les trouver beaucoup plus sensibles aux joies du festin funèbre, joies dont rien ne troublerait alors les épanchements.

La nuit venue, une aimable et intéressante causerie occupa notre soirée. M. d'Assaola , vieillard spirituel et philosophe aimable, eut souvent la parole , et le pays que nous parcourions et qu'il connaît si bien ne cesse d'être le sujet de la conversation. Oh ! si les mille détails dans lesquels il entra, pouvaient se ranger ici sous ma plume, avec les heureuses expressions du narrateur, je serais amplement rassuré sur l'intérêt de ce récit ! Je désirais vivement connaître le mot de l'énigmatique révolte de régiments tagals à Manille, le 22 janvier 1843 , et je profitai de cette circonstance pour lui demander des éclaircissements à ce sujet. La fête de St-Joseph, me répondit-il, avait réuni à Litao, province de Tayabas, le 1er novembre 1841, une grande affluence d'Indiens, contre la volonté formelle de l'alcade-mayor et du curé, qui prétendaient s'opposer à la célébration de cette fête, que l'autorité avait remise à quelques jours de là. L'alcade se mit à la tête de ses alguazils, et voulut obtenir par la force ce que ses paroles et ses sommations avaient été impuissantes à faire. La foule n'opposait toutefois qu'une résistance passive; mais l'alcade, homme d'un caractère bouillant, ne se contenant plus, se rua sur les Indiens, frappant rudement tout ce qui était sous sa main. C'est dans cette bagarre qu'il reçut un coup ; qui le porta, on n'en sait rien, mais ce coup fut mortel. A la nouvelle de ce malheur, dû à l'imprudence extrême de la victime, le gouverneur-général Oxaa entra en fureur, et ne voulant voir dans ce fait que le commencement d'une levée de boucliers contre la métropole, qu'une révolte qu'on ne saurait trop tôt ni trop sévèrement punir, il fit marcher 500 hommes d'infanterie contre les prétendus révoltés de Litao. Ce village fut cerné pendant la nuit, et sa population égorgée : 1400 personnes de tout âge et de tout sexe payèrent de leur sang le meurtre accidentel de l'alcade.

Les soldats tagals en garnison à Manille comptaient beaucoup de parents et d'amis parmi les victimes; ils conçurent donc une haine violente contre le gouverneur-général qui avait ordonné cette horrible boucherie. Cette haine s'accrut de divers actes de dureté et de tyrannie et fit naître des projets de vengeance dont on différa cependant l'exécution jusqu'au 22 janvier 1843. Ce jour, et de grand matin, quelques centaines d'hommes des régiments tagals, ayant à leur tête leurs sous-officiers, prirent les armes et s'emparèrent de la forteresse de San-Yago dans la ville de Manille, sans coup-férir. Le cri de ralliement était : la mort d'Oxaa ; mais sans plan d'attaque, et privés d'ailleurs de direction et d'ensemble, ces troupes eurent quelques moments d'hésitation qui donnèrent le temps à l'artillerie de se réunir et de les contenir ; puis, le premier élan passé , ces pauvres soldats se laissèrent désarmer comme de timides agneaux. On en fusilla bon nombre et l'ordre se rétablit. Mais le gouverneur général Oxaa , au lieu de voir dans cet acte de rébellion une réponse au massacre de Litao, s'efforça d'y trouver une conspiration ayant pour but l'indépendance des Philippines. Par cette combinaison il échappait , d'une part aux reproches d'avoir excité le mécontentement des troupes tagales par ses violences ; d'autre part, il se posait comme le sauveur d'une colonie qui avait tenté de secouer le joug de la métropole. Dans son égoïsme , il est vrai , il mettait de côté l'effet moral que ne pouvait manquer de produire un pareil fait. Proclamer que les troupes tagales s'étaient révoltées dans des vues d'indépendance nationale , c'était leur en donner l'idée pour une autre fois ; c'était leur indiquer un but noble et grand ; c'était dire aux ennemis de l'Espagne ce qu'ils auront à faire à l'occasion.

Poursuivant donc son système, il fit procéder à l'arrestation de plusieurs hommes considérables du pays ; l'un d'eux , M. Roxas, riche négociant indigène , fut accusé d'avoir soudoyé les rebelles , et il se trouva un homme payé pour mentir , qui déclara qu'il avait été chargé par ce dernier de distribuer 200 piastres aux troupes. Cette assertion ridicule et qui se réfutait elle-même ne fut pas admise par la cour martiale, et l'ordre fut donné de relaxer M. Roxas. Mais la haine d'Oxaa veillait à la porte du cachot, qui ne s'ouvrit pas malgré la sentence d'élargissement ; la mort seule put arracher

à Oxaa sa victime : M. Roxas mourut en prison ; sa
fille est allée en Espagne demander justice contre le
meurtrier de son père.

... En quittant le village d'Angat, nous franchissons
les collines caillouteuses qui, à l'ouest, bornèrent un
jour le lac d'Angat, à la suite des modifications qu'avait
subies son premier niveau. Le temps est devenu magnifique, et nous permet d'observer à notre aise les
cultures : ici un champ de sésame, dont l'huile est employée par les Indiens pour s'oindre le corps dans presque toutes leurs maladies ; là un champ d'indigofère ou
de maïs, plus loin un bois de cocotier ; des hommes sont
occupés à extraire le suc séveux de cet arbre pour le
convertir en tubo (vin de coco); puis une petite plantation de cannes à sucre, où le planteur indien, livré à
ses faibles moyens d'exploitation, fabrique, bon an mal
an, plusieurs quintaux de mauvais sucre que quelque
brocanteur chinois viendra lui acheter pour le revendre
à Manille à des négociants, comme M. Roxas, qui,
après l'avoir soumis à une nouvelle épuration, l'assor-
tiront à d'autres parties de sucre de provenance analogue. La situation misérable de l'industrie sucrière aux
Philippines accuse la paresse de l'Espagnol, que rien
ne peut décider à quitter sa chère ville de Manille et à
se faire colon. La qualité défectueuse de l'indigo, dont
la préparation est également abandonnée aux mains des
Indiens, fait ressortir davantage encore le vide que laisse
l'absence d'une direction intelligente dans les produc-

tions du pays. Quand donc l'Espagnol viendra-t-il se mêler à la population qu'il a conquise? Quand se décidera-t-il à mettre en valeur l'inappréciable cadeau que lui a fait la Providence en le rendant maître des Philippines, cette perle de l'Océanie?

Toutes ces réflexions et mille autres nous surprirent à Quingoa à la tombée de la nuit. Le père augustin n'était pas encore, nous dit-on, de retour à sa cure; nous fûmes donc chercher un gîte chez un ancien ami de M. d'Assaola. Nous venions à peine de nous installer, que le curé accompagné de trois de ses confrères, vint nous rendre visite. Après les compliments d'usage et d'aimables reproches de ce que nous n'étions pas descendus à la maison curiale, la conversation aborda plusieurs sujets de nature à nous donner une idée fort avantageuse de tous ces messieurs. Histoire naturelle, sciences, beaux-arts, littérature, rien ne fut oublié; il en fut même question en termes qui prouvaient qu'on possédait plus que des notions générales sur ces diverses branches des connaissances humaines. Plusieurs avaient lu Robertson et Voltaire, malgré les défenses de la sainte inquisition; puis Victor Hugo et Lamartine. De tels hommes, détachés par leurs études des préjugés qui retiennent ailleurs le prêtre dans l'ornière des vieilles idées, sont certainement très aptes à travailler à l'œuvre sainte que le clergé des Philippines poursuit avec zèle et succès, depuis plus de deux cents ans. La civilisation par le catholicisme n'a pas transformé, il est vrai, ces îles en une vaste manufacture comme l'est Java; mais elle a créé un peuple heureux dans la simplicité de ses besoins, et des individus dont le travail n'est la propriété de personne.

C'était fête au village de Quingoa ; nous y fûmes régalés vers dix heures du soir d'un beau feu d'artifice de composition chinoise ; et les Chinois sont passés maîtres en pyrotechnie, art qu'ils ont inventé avec tant d'autres quand le sol des Gaules était encore couvert de forêts vierges.

Nous ne tardâmes pas à nous apercevoir que nous avions eu tort de refuser les lits offerts si obligeamment par le curé, et qui, tout en conservant le caractère de dureté qui distingue ceux du pays, sont toutefois munis de tous les accessoires admis par le comfort. La moustiquaire, le traversin, la manceba, nous manquaient à la fois ; nous passâmes donc la nuit fort mal couchés, servant de pâture à d'affreux moustiques qui nous saignèrent impitoyablement : aussi le point du jour nous trouva-t-il sur pied.

En arrangeant notre voiture nous nous aperçûmes de la disparition des objets que nous avions laissés dans ses coffres : tout avait été fouillé et volé pendant la nuit ; il n'est pas jusqu'au sac d'échantillons minéralogiques de M. d'Assaola qui n'eût été pris, au grand désespoir de ce dernier, qui ne s'en consolait qu'en pensant à l'embarras dont ce sac serait pour le voleur. Les Indiens volent tout ce qui est à leur portée, comme ils mangent tout ce qui leur tombe sous la main ; j'ai vu cent fois la desserte d'un dîner dévoré avant de parvenir jusqu'à la cuisine, et nos propres domestiques ne pas trouver de quoi manger après les repas homériques qui nous étaient offerts. Quand il rencontre pareille aubaine, l'Indien mange aisément pour trente-six heures.

2 janvier.

Aux Philippines comme en Europe, point de bonne fête sans lendemain : donc pendant que nous faisions nos préparatifs de départ, la place se couvrait de monde; la foule se pressait autour d'une estrade où un Chinois livrait un combat à mort à un serpent monstrueux. Après une lutte opiniâtre, où l'art des passes, des contre-passes, des voltes et des retraites de corps avait été épuisé, le pauvre Chinois fut dévoré, englouti lui et sa lance, aux applaudissements frénétiques de la foule. Inutile sans doute d'avertir mes lecteurs que ce serpent colossal est en papier; mais l'imitation en est si parfaite, ses mouvements sont si naturels et la ficelle sur laquelle il se meut est si bien dissimulée, qu'on se prend de pitié, quand on n'est pas Indien, pour le sort du pauvre Chinois. Car le Chinois est la bête noire de l'Indien, qu'il exploite, tond, plume, écorche et dépouille par tous les moyens à l'usage des juifs du moyen-âge, dont il remplit exactement le rôle dans la société tagale actuelle; et de même que le juif d'autrefois dépassait en intelligence, en finesse, en ruse, en esprit des affaires et du commerce, les peuples au milieu desquels il vivait, de même le Chinois d'aujourd'hui l'emporte aux mêmes titres sur les Indiens. Ajoutons pour compléter la similitude que, comme le juif d'autrefois, il subit une foule d'avanies, et est souvent dépossédé par la violence.

Si donc c'est au profit du Chinois que l'Indien travaille, il y a de temps à autre réglement de compte avec le poignard , et l'Indien reprend en masse , au moyen d'un assassinat, ce qu'il a perdu en détail par la ruse : aussi, s'il se laisse attirer dans ce pays par l'appât d'un gain certain, le Chinois ne s'aventure jamais sur la grande route et loin de sa demeure après le coucher du soleil.

Nous marchions depuis quelques heures , lorsque la voiture s'arrêta devant la cure du *padre* *** de l'ordre des récollets, nous y entrâmes pour demander une tasse de chocolat qui nous fut servie incontinent. Le souvenir de ce bon procédé enchaîne aujourd'hui ma plume, toute prête à décrire l'ingrate tournure de notre hôte : c'est un sacrifice que je fais au chocolat. Je me contenterai de dire qu'ancien soldat de la foi en 1823, et plus tard contrebandier, le père *** a conservé les manières, les mœurs et le langage de ces deux états. Ses plaisanteries furent tellement graveleuses , que ma plume sera cette fois condamnée à se taire.

La chute du jour nous surprit aux portes de Manille, où nous prîmes congé de notre excellent guide , M. d'Assaola.

CHAPITRE XI.

MINDANAO. — L'ARCHIPEL SOULOU. — LES ILES BASILAN ET SOULOU

8 janvier 1845.

Départ de la frégate la *Cléopâtre* et de la corvette à vapeur l'*Archimède* pour l'archipel des îles Soulou.

11 janvier.

Nous longeons la grande île de Mindanao, dont nous apercevons, dans l'après-midi, l'extrêmité septentrionale, où se trouve l'établissement espagnol de Zamboanga ; plus loin, à l'horizon, se dessine le profil de l'île Basilan. Les corvettes françaises la *Sabine* et la *Victorieuse* nous ont devancés dans ces parages, pour faire de l'hydrographie, sur les côtes à-peu-près inconnues des îles Basilan, Soulou et Tawoui-tawoui, qu'habite la race inhospitalière et cruelle des Malais.

Nous avons à demander compte au perfide Ousouk, le chef de l'un des villages de l'île Basilan, de l'assassinat, dans la rivière de Maluzo, de l'enseigne de vaisseau Meynard et des deux matelots qui l'accompagnaient. Trompés par les paroles engageantes et les promesses de Ousouk, nos trois malheureux compatriotes, oubliant les recommandations de prudence qui leur avaient été faites, s'engagèrent dans la rivière, où ils furent bientôt entourés par les Malais et lâchement massacrés.

12 janvier.

Nous sommes à l'entrée du port naturel de Malomawi. On y aperçoit à l'ancre la corvette la *Sabine.*

A notre vue, elle se hâte de mettre ses canots à la mer. Les officiers, privés depuis si longtemps de nouvelles dans ce coin retiré du monde, accourent à notre bord; on s'embrasse avec effusion; il semble que nous leur apportons un avant-goût des joies du retour dans la patrie.

Le port de Malomawi, que nous nous empressons de visiter, est formé par un canal demi-circulaire qui sépare la petite île de Malomawi de l'île principale de Basilan; ce canal, dont la largeur varie entre deux et trois encâblures, a partout 15 à 16 mètres de profondeur. Quais naturels construits par les zoophytes, les bords de ce canal sont formés de madrépores et de coraux, et sortent à pic du sein des eaux. Ce port offre un mouillage parfaitement sûr pour une flotte entière.

Nos bâtiments ont pris, à leur arrivée dans ces parages, un aspect tout-à-fait guerrier ; les canons sont chargés à mitraille ; les fusils forment des faisceaux sur le pont ; ici, on aiguise les sabres d'abordage ; là, on prépare les grenades et les piques. On a ouvert, à l'arrière de la corvette l'*Archimède*, un sabord pour y placer une pièce en batterie; les sentinelles montent la garde le fusil chargé. Il faut être prêt à tout événement, dans le voisinage de ces repaires de la piraterie, où l'on peut être attaqué à l'improviste par des nuées de forbans.

Nous sommes cependant en relation avec la côte. Baranc, chef du village de Balagtasan, se présente en ce moment au pied de l'échelle de l'*Archimède* avec son beau-frère Harac, pour demander à parler au commandant du *Dakal-api* (bateau de feu). Ces deux personnages sont vêtus de juste-au-corps en indienne à grands ramages et portent à leurs ceintures de beaux kress; leurs dents sont d'un noir d'ébène, l'émail en a été soigneusement limé, afin de leur ôter toute ressemblance avec des dents de chien, ce qui serait le comble de la laideur chez ce peuple ; leurs lèvres rougies par le bétel semblent suinter du sang ; leurs visages d'un jaune bronzé sont empreints d'une énergie sauvage, leur regard surtout a quelque chose d'assuré, de hardi, qu'on chercherait vainement chez les Malais efféminés des Philippines. Ici, on le voit, nous avons affaire à des hommes qui n'ont pas abdiqué le droit de se protéger eux-mêmes.

L'île de Malomawi que nous venons de parcourir est couverte dans ses parties basses de palétuviers dont les mille racines raffermissent le sol vaseux qui les nourrit et le préparent à servir d'appui aux masses de débris madréporïques détachés du fond de la mer et roulés incessamment à la côte. Les rivages les plus battus par le flot sont déjà garnis d'un fort bourrelet de sable calcaire, sur lequel s'élève une belle forêt vierge. L'île s'est étendue autour d'un petit rocher de basalte qui en occupe le centre, et grandit chaque jour par la seule puissance du flot. Les sangliers y abondent ; on en rencontre des traces à chaque pas, et nos camarades se sont proposés de venir les disputer aux caïmans qui leur font une rude chasse.

Après avoir fait le tour de Malomawi, nous nous engageons dans la rivière de Pasanhan, à la recherche d'une bonne aiguade. Des blocs de basalte et de trachyte sont amoncelés sur ses rives et forment à demi-lieue en amont un barrage au-dessus duquel nous trouvons de l'eau douce. Nous pouvons juger d'après les sentiers qui aboutissent à la rivière ainsi que par les nombreuses pirogues tirées sur la rive, que cette rivière est très fréquentée ; mais aucun habitant ne se montre à nous. Ils se bornent à faire retentir les échos lointains de leurs cris sauvages et à nous lancer des pierres, à travers les arbres qui les dérobent à notre vue. Quant à nous, nous ouvrons une vive fusillade sur les caïmans étendus au bord de l'eau et qui plongent à notre approche.

De bon matin, nous sommes devant Zamboanga. Après les salves d'usage, nous prenons terre près du fortin qui défend le port et la ville ou plutôt le bourg ; car l'incendie de l'an dernier a réduit le chef-lieu de la colonie aux plus minces proportions ; à l'exception de quatre à cinq habitations, que leur mode de construction a préservées du feu, tout a brûlé. On ne voit plus de chaque côté des rues que des cases en palmier suspendues en l'air sur leurs pieux, selon la mode malaise. Le rez-de-chaussée de chacune de ces maisons est occupé par une petite boutique, où l'on vend des fruits, du tabac, du poisson sec, de la mercerie et les menues denrées de consommation journalière.

La vaste plaine de Zamboanga est bordée par une ligne de collines toujours vertes, servant de contrefort à une haute chaine de montagnes qui s'enfonce vers l'intérieur de l'île. De belles rizières, des bois de cocotiers et de grandes plantations de bananiers couvrent cette plaine fertile, parsemée de jolies cases d'Indiens.

Il est dix heures du matin. La brise de mer périodique vient de se lever ; elle rafraîchit l'air au point de rendre la chaleur très supportable à cette heure de la journée, et j'en profite pour visiter les alentours avec l'administrateur de la colonie , qui veut bien me donner des détails sur le pays.

Les métis indo-espagnols sont en majorité à Zamboanga, qui a été pendant quelque temps le Botany-bay des Philippines. Les présidiarios espagnols s'étant à peu près tous mariés avec des Malaises, à l'expiration de leur peine, il en est résulté une belle population de métis, augmentée d'ailleurs depuis par les mœurs faciles des femmes, qu'il est d'usage chez les divers agents espagnols de la colonie d'épouser de la main gauche, à leur arrivée et pour tout le temps de leur séjour dans le pays. Ne pouvant, à son départ, emmener ses enfants qui appartiennent à la femme, le père abandonne d'ordinaire à la famille tout ce qu'il possède dans la colonie et le lien se trouve ainsi brisé.

Au retour de ma promenade, M. de Piñaranda, que j'avais eu le plaisir de retrouver à Zamboanga, voulut me présenter au gouverneur qui me retint à dîner. Notre conversation roula, tantôt sur les îles de l'archipel Soulou et notamment sur Basilan, tantôt sur la colonie de Zamboanga. Ici, les Indiens sont affranchis du *tributo* qui leur est imposé à Manille ; ils n'acquittent pour tout impôt direct ou indirect qu'un droit de capitation d'un demi-réal par famille ; le tabac, le sel, le vin de coco (tubo) sont exempts de tout droit. Aussi, cet établissement, loin de donner des revenus au gouvernement, ne paie-t-il pas ses dépenses ; mais il est considéré comme un avant-poste destiné à protéger les îles contre les attaques des Maures de Soulou et de l'est de Mindanao. C'est dans ce but qu'on y entretient une garnison d'environ trois cents hommes et une escadrille de falouas de la *marina sutil*, chargée de courir sus aux prohas des pirates malais ; ce dont elle s'acquitte d'ailleurs avec une prudence qui rend les engagements fort rares.

D'après les réglements de la douane, les provenances

de l'archipel Soulou et de la grande île de Borneo consistant surtout en bestiaux et en riz, paient 1 pour 0/0
de droit d'importation. Ce sont, d'ailleurs, les seuls
pays qui soient admis à commercer directement avec
Zamboanga, dont Manille s'est réservé l'approvisionnement. Toutefois, quand on relâche dans le port, on
peut vendre des marchandises jusqu'à concurrence du
montant des dépenses qu'on est obligé d'y faire pour
achat de vivres ou réparations.

17 janvier.

Au point du jour, je suis à cheval, escorté de mon
fidèle Robert. Un Indien que le gouverneur a bien voulu
me donner pour guide, nous conduit, à travers la plaine,
dans la direction d'une gorge profonde, flanquée d'un
piton noir dont je me propose d'interroger les flancs
abruptes et dépouillés de verdure. Nous pénétrons
bientôt dans une forêt épaisse par un sentier dont il eût
été impossible de s'écarter, tant les arbres et les lianes
qui le bordent de chaque côté se pressent entrelacés. La
puissance de végétation et l'aspect majestueux de cette
forêt vierge me rappelaient ce que j'avais vu de plus beau
en ce genre à la Guyane ; une vaste clairière couverte
d'une belle pelouse la séparait du pied de la montagne.
Des bandes de chevaux et de bœufs paissaient en liberté
dans ces gras pâturages, et, plus loin, des troupeaux de
buffles à demi sauvages se vautraient dans les bas-fonds
marécageux de la plaine. A notre approche, un cri
plaintif s'est fait entendre, cri de ralliement auquel la
troupe entière a obéi; en un clin-d'œil cette masse éparse

a pris la forme d'un blockhaus régulier hérissé de cornes menaçantes ; au premier rang, au poste de combat sont les forts, la tête haute, la narine gonflée, l'oreille tendue et l'œil ardent, tandis que les faibles et les jeunes ont cherché un refuge au centre de ce formidable retranchement : notre éloignement rend le calme à ces hôtes des marais. Mon guide m'explique que ces troupeaux de buffles qui vivent dans l'état sauvage, sont cependant la propriété de quelques habitants de Zamboanga, qui viennent de temps à autre enlever de jeunes buffles pour les mettre au travail. Un buffle habitué à la charrue se vend, à Zamboanga, de 15 à 18 piastres, les chevaux valent de 18 à 25 piastres, les bœufs 10 à 12 piastres, les moutons 1 piastre à 1 piastre 1/2.

Après trois heures de marche, nous atteignons enfin le piton de Poulon-Batou formé de roches de trachyte et de dolérite renfermant de petites géodes de chaux carbonatée, cristallisée. On observe, çà et là, au pied de l'escarpement, des fragments de quartz calcédoine et d'agathe géodique, évidemment d'origine volcanique. Je gagne, par une pente couverte de rotins et de joncs, le lit de la rivière qui coule au pied du piton de Poulon-Batou. Les fragments de pierres et les blocs qui le remplissent offrent la réunion des diverses roches que traverse cette rivière dans l'étendue de son cours, j'y rencontre des calcaires coquilliers, des brèches de calcaire grossier, des marbres, des diallages, des diorites, des gneiss, des schistes argileux qui autorisent à conclure que les hautes montagnes du centre de l'île de Mindanao appartiennent à la série des terrains intermédiaires et non à la formation volcanique, qui, comme à Luçon, paraît ne s'être exercée que sur les côtes, là où les couches terrestres fracturées par un premier soulèvement lui ont donné accès, à la surface du sol.

En remontant la rivière, j'aperçois, se délectant au beau milieu de ses eaux limpides, un nouveau troupeau de buffles immobiles, les yeux à demi fermés et le regard éteint dans la sensualité. Ces animaux, absorbés par les délices du bain, semblaient avoir perdu toute leur sauvagerie, ils ne rappelaient nullement les fiers bataillons dont à mon approche l'attitude martiale s'était si énergiquement manifestée dans les marais de Zamboanga. Je m'avançai vers eux, et contemplai un instant avec un sentiment d'envie ces animaux, assurément les plus sensuels de tous les êtres de la création ; près de là, un arbre couvrait la rivière de ses immenses branches, je ne pus résister à la tentation de prendre ma part de ce bain et je m'y plongeai. J'en savourais, depuis un instant, la délicieuse fraicheur, lorsqu'un bruit confus se fit sur ma tête ; c'était la troupe joyeuse et folâtre des singes gambadant sur l'arbre qui me prêtait son ombre ; le plus grand d'entr'eux, et il avait près de 4 pieds, était descendu de branches en branches jusqu'au bord de l'eau, pour nous voir de plus près ; il ne manquait plus que la familiarité de ce joli animal pour compléter l'originalité de ma situation, au sein de cette forêt vierge, entouré de singes et plongé dans une rivière pêle-mêle avec des buffles.

De retour à la ville, je visitai à la nuit avec M. de Piñaranda la grande rue de Zamboanga, qu'il comparait en riant à l'Escolta de Manille, cette *Canebière* des Philippines; elle était assez bien éclairée par les lampes des boutiques dans chacune desquelles un essaim de jolies métis vendait de menus objets d'approvisionnement. M. de Piñaranda m'assura que toutes savaient lire et écrire, et comme j'en témoignais quelque doute , il procéda devant moi à une espèce d'enquête qui confirma pleinement son assertion.

Les deux falouas de la *marina sutil* qui devaient traverser le détroit de Zamboanga pour se rendre à Malomawi, étant sur le point de mettre à la voile, je passai à bord de l'une d'elles pour rejoindre l'escadre. On chargea , à l'intention des pirates malais qui croisent dans ces parages, la pièce de 8 placée à l'avant, ainsi que les 8 pierriers à pivot de chaque faloua, et trente-cinq hommes d'équipage se rangèrent sur les bancs des rameurs ; pour moi , enveloppé dans mon manteau, je fermai les yeux pour ne les rouvrir qu'à Malomawi.

5 février.

Nous jetons l'ancre dans la matinée par 7 à 8 brasses, à demi-portée de canon de la ville de Soulou , résidence du sultan. Cette ville est bâtie sur pilotis, au centre d'une anse profonde dont le fond de sable offre un excellent mouillage. Trois lignes de pauvres maisons couvertes en paille s'avancent dans la mer ; comme des rayons divergents du corps principal de la place , espèce de citadelle palissadée garnie de quelques mauvais canons. Un drapeau bleu et blanc flotte sur cette bicoque , autour de laquelle la population s'est groupée. On aperçoit au loin les guerriers du sultan défilant en colonnes; leurs pauvres chevaux semblent avoir peine à les porter; ils sont armés d'un kampilan, d'une lance et d'un bouclier. Quelques pirogues rôdent autour de nous, mais aucune n'ose approcher. Cependant un canot se détache de la *Cléopâtre* et se rend à terre; cette démarche a rendu la confiance aux Malais qui accourent en foule à notre bord, nous offrant des fruits, des légumes, des œufs, des volailles, des chèvres, des moutons, du poisson, de grosses tortues de mer, des coquilles; d'autres marchands arrivent les mains pleines de kress, de lances, de kampilans à deux mains, puis les perroquets de toutes couleurs, les singes de toute espèce surgissent en foule et le côté de tribord prend bientôt l'aspect d'une foire fort animée.

Nos matelots offrent en échange des objets qu'on leur apporte, des fioles qui ont contenu de l'eau de Cologne, des bouteilles en verre noir, de petits miroirs, des couteaux, de vieilles ferrailles et des mouchoirs de couleur qui obtiennent un grand succès; on a deux belles poules pour une fiole vide; si le flacon est façonné, la valeur en poules dépasse toutes les espérances des matelots. C'est un bruit, un tumulte à ne pas s'entendre; les marchés se concluent par gestes, quand la langue espagnole, l'anglais ou le malais font défaut aux contractants; de temps à autre, nos bons Bretons s'indignent que les habitants de Soulou ne comprennent pas le français. Des paniers remplis de bananes, des cocos frais, des mangoustans, des durians, des jacks, des patates douces, des courges couvrent le pont; ces provisions

de toute espèce vont faire diversion au régime des gour-
ganes et du lard salé, auquel nous sommes tous plus ou
moins soumis depuis un mois.

Les armes font l'objet de transactions beaucoup plus
importantes ; un beau kress à la lame flamboyante, incrustée de filets d'argent, au manche artistement sculpté,
au fourreau de bois finement poli, se vend jusqu'à trois
et quatre piastres.

Les Malais qui trafiquent de leurs armes sont de fa-
rouches guerriers, dont les barques sont conduites par
les captifs qu'ils ont faits à la guerre et qui eux, n'ont pas
le droit de porter des armes. Il est peu de ces Malais qui
n'aient quelque cicatrice indiquant l'honnête métier d'é-
cumeur de mer qu'ils font depuis leur enfance; l'un a eu
les doigts de la main gauche entièrement coupés dans un
abordage , un autre porte la trace d'une effroyable entaille au bras, un troisième a l'œil crevé ; pour ces gens
là, la vie n'est qu'une lutte violente, continue ; rarement
un Malais meurt dans son lit.

Les malheureux captifs attirent notre attention ; l'un
d'eux est un Hindou pris par les Maures, sur la côte de
Mindanao, où le navire anglais à bord duquel il servait
comme matelot , a fait naufrage ; l'équipage a péri en
se défendant contre les pirates ; lui-même porte sur le
corps les traces de deux coups de feu qu'il a reçus dans
le combat. Les Maures sont venus le vendre à Soulou, où
il est aujourd'hui la propriété d'un Malais, qui l'emploie
à plonger , à la recherche des perles fines qu'on pêche
en abondance sur les côtes des îles de cet archipel. Son
maître nous offre d'acheter quelques-unes de ces perles.

Il y a trois jours à peine que nous sommes arrivés en rade de Soulou et déjà la corvette de guerre anglaise *Samarand* est venue y jeter l'ancre, sous le prétexte de racheter l'équipage d'un prétendu navire anglais qui aurait fait naufrage sur la côte et qu'on aurait vendu dans l'île, mais en réalité pour observer nos faits et gestes. La corvette *Samarand* est, depuis plusieurs années, occupée (style diplomatique) à l'hydrographie de la côte nord-est de Borneo ; ce qui doit se traduire ainsi : les Anglais projettent quelque prise de possession sur la vaste côte de Borneo. Le commandant anglais s'empresse, à son arrivée, d'aller rendre visite à l'amiral Cécille, à bord de la *Cléopâtre*.

A la tombée de la nuit, les précautions les plus sévères sont prises pour empêcher les bateaux malais d'accoster le bord ; les factionnaires sont doublés. Cependant, sur les trois heures du matin, je suis éveillé par la rumeur que cause l'arrivée d'un captif tagal, venu à la nage pour chercher un refuge à notre bord ; il s'est hissé silencieusement à l'avant par la chaîne de l'ancre. Ce malheureux a été enlevé, il y a trois ans, sur les côtes de la province d'Ilocos ; il nous raconte que, la veille, trois de ses compagnons de captivité ont été arrêtés au moment où ils tentaient de s'évader et qu'on leur a crevé les yeux.

10 février.

L'amiral vient d'être reçu par le sultan de Soulou, au milieu de ses *datous* et avec tout le cérémonial d'usage. Ce sultan est une espèce de fétiche politique que l'usage immodéré de l'opium et des femmes a presque fait tomber dans l'enfance. C'est un fantôme qui trône, mais ne gouverne pas. La puissance réelle réside dans le corps des datous, hauts et puissants seigneurs qui possèdent des fiefs, des hommes d'armes, des clients, des esclaves. Ces grands feudataires forment une oligarchie, dont le conseil, désigné sous le nom de **Ruma-bechara**, décide des affaires du pays.

Le sultan, assis sous un dais, était censé présider l'assemblée, mais beaucoup plus occupé de mâcher son bétel avec le mouvement mécanique de nos magots, il avait abandonné aux datous réunis autour de son trône le soin de s'enquérir de la cause de notre présence devant Soulou. Pendant cette entrevue, on servit du chocolat dans des verres, et on fit circuler des assiettes de petits gâteaux. Nos explications parurent rassurer les datous, qui déclarèrent qu'ils appréciaient les marques de confiance que leur donnait l'amiral, en se présentant sans escorte au milieu d'eux.

12 février.

Notre canot nous débarque à une demi-lieue de la ville, près d'une belle source qui, en sourdant au milieu des roches basaltiques, forme une aiguade où nous allons faire de l'eau.

Ce point de la côte est situé sur la route la plus fréquentée de l'île. Les habitants y circulent en troupe et font halte à l'ombre d'un immense arbre de pagode (banian) qui sert en quelque sorte de caravansérail aux passants. Tous sont armés, jeunes ou vieux, d'une lance et d'un sabre ; quelques-uns marchent à pied, mais le plus grand nombre est monté sur des chevaux, des buffles et des bœufs à bosse. Je saisis au daguerréotype un groupe de ces curieux cavaliers et reproduis aussi l'arbre de pagode, dont la mesure du tronc vient de me donner dix mètres de tour. Les quelques femmes qui nous entourent, pendant cette opération, ne se cachent nullement à nous et paraissent jouir de la même liberté que les hommes.

18 février

Il nous est recommandé d'être bien armés quand nous allons à terre et surtout de ne pas nous éloigner de la côte, parce qu'on craint que les Malais ne cherchent à retenir quelqu'un de nous, en représailles des nombreux captifs qui viennent de trouver un asile à bord de nos bâtiments. Je cède cependant au désir d'examiner le pays et je pousse une reconnaissance qui me conduit par l'intérieur des terres jusqu'aux premières maisons de la ville. Dans cette course rapide, j'ai parcouru un fort beau pays, dont la végétation vigoureuse atteste la bonté du sol, formé d'ailleurs, comme celui de l'île Basilan, de détritus de roches volcaniques. J'ai eu l'occasion de voir des champs de cannes à sucre de l'espèce violette, d'une fort belle venue, des plantations de coton et de tabac, etc., etc.

23 février.

Nous jetons l'ancre, dans la matinée, dans la baie de Maluzo (île Basilan) non loin du village où l'infortuné Meynard a été assassiné par les Malais.

Ces jours derniers ont été consacrés aux préparatifs de la descente qu'on se propose de faire dans l'île, pour châtier le pirate Ousouk, auteur de ce crime, en ruinant le village dont il est le chef.

Vers sept heures du matin, un chalan quitte la *Cléopâtre* avec deux compagnies de débarquement et quatre obusiers de montague. Il se dirige, sous les ordres du commandant Rigault de Genouilly, vers un bois de palétuviers, à travers lequel on espère pouvoir pénétrer dans l'intérieur de l'île et prendre à revers les fortifications que les Malais ont élevées sur la rivière, à l'entrée de leur village. Pendant ce temps là, les grandes chaloupes de la *Cléopâtre* et de la *Victorieuse*, escortées d'une dixaine de canots, vont tenter de forcer le passage de la rivière de Maluzo, où les Malais ont accumulé tous leurs moyens de résistance ; des arbres couchés en travers barrent le cours de la rivière et retardent la marche de cette petite escadrille, que conduit au feu le commandant Maussion de Candé.

Cependant, vers midi, tous les obstacles sont franchis. A peine nos chaloupes ont-elles paru, au détour de la rivière, que la batterie des Malais ouvre sur elles le feu de ses cinq pièces de canon ; nos marins y répondent vigoureusement, mais sans grand succès ; on se canonne de part et d'autre, pendant deux heures. Nous comptions déjà trois hommes tués à bord de nos chaloupes, lorsque M. de Candé, qui attendait pour forcer le passage le signal de l'arrivée des compagnies de débarquement, jugeaht avec toute raison, qu'elles n'avaient pu réussir à se frayer un chemin, à travers la ligne des palétuviers qui forment comme une ceinture autour de l'île, se décida à débarquer sur la rive gauche et à tourner la position, à la tête d'une soixantaine d'hommes. Cette manœuvre exécutée avec vigueur eut les meilleurs résultats; les Malais évacuèrent précipitamment leurs retranchements et se sauvèrent à la nage sous la mitraille des chaloupes. Désormais maîtresses de la position, nos troupes se répandirent alors dans la campagne et brulèrent le village que les habitants avaient abandonné depuis le matin; l'heure avancée nous obligea de renvoyer au lendemain la suite des opérations.

28 février.

Nous sommes réunis sur la batterie enlevée la veille et que l'on s'occupe de démanteler. La triple rangée de troncs d'arbres enfoncés en terre et formant une palissade à l'abri du canon est arrachée, mise en tas et brûlée; puis, les troupes de débarquement forment cinq colonnes d'attaque qui prennent diverses directions. Nous nous engageons avec la colonne de M. de Candé, à travers un immense marais, de l'autre côté duquel on aperçoit dans le lointain un hameau encore occupé par les Malais, qui paraissent faire mine de nous attendre. La vue de cet insaisissable ennemi anime à tel point les troupes, qu'il est impossible aux officiers d'obtenir qu'elles conservent leurs rangs; chacun s'élance à la course et lutte de vitesse pour arriver le premier; mais l'ennemi s'était enfui et nous trouvâmes les maisons vides d'habitants, mais pleines de récoltes et de butin qui devinrent la proie des flammes ; on tua à coups de fusil les quelques bestiaux que l'ennemi n'avait pas eu le temps d'emmener. Les autres colonnes en avaient fait autant, de leur côté, et, quand nous eûmes saccagé ce nid de pirates et d'assassins, nous battîmes en retraite, livrant aux flammes une flottille de prohas et de pirogues, ainsi que les approvisionnements de deux chantiers de construction.

1er mars.

Nous faisons nos dernières dispositions pour quitter l'île de Basilan. Il résulte de nos études que c'est la plus considérable de l'archipel Soulou. Située par le sixième degré environ de latitude nord et le cent-vingtième de longitude est, elle a, d'après nos ingénieurs, dans sa plus grande longueur, 43 kilomètres, et dans sa plus grande largeur, 22 kilomètres ; sa surface, en y comprenant les îles adjacentes, peut être évaluée à 45,500 hectares.

Le détroit de Zamboanga, large de trois lieues, sépare Basilan de la grande île de Mindanao, la dernière au sud du groupe des Philippines.

Une chaîne de montagnes basaltiques, dont la hauteur maximum ne paraît pas devoir dépasser 400 mètres, constitue une arête centrale dans la plus grande largeur de l'île Basilan, dont elle a évidemment déterminé la forme ; cette chaîne court d'abord de l'est à l'ouest jusqu'au *pico-alto*, point central de l'île, où elle s'infléchit pour suivre la direction de l'ouest-nord-ouest. Les deux versants s'abaissent en pentes assez régulières, consti-

tuant de vastes plaines qui , en se prolongeant jusqu'à
la mer, rejoignent des lagunes où croissent , au milieu
de la vase et des débris de coraux amenés du fond de la
mer, le palétuvier et le manglier, arbres dont l'île est entourée comme d'une palissade à peu près infranchissable.

Un nombre considérable de petites îles bordent la
côte; les unes , fragments de basalte détachés du noyau
principal lors de sa formation , sortent du sein de la mer
en présentant leurs flancs abruptes ; les autres constituent des surfaces légèrement ondulées , dont le niveau
s'élève à peine de 2 mètres au-dessus des hautes marées;
ces dernières doivent leur existence , comme quelques
parties des terres basses de la côte de Basilan , d'abord
aux travaux des polypiers dont les constructions calcaires
ont élevé jusqu'au niveau des plus hautes eaux ceux
des hauts-fonds qui dans l'origine n'étaient point recouverts par plus de 10 à 12 mètres d'eau. Ces constructions ont ensuite servi de base aux dépôts de détritus de
coraux mêlés de coquilles roulées et de sable oolithique
que la mer y apportait incessamment ; alors la végétation sous un ciel chaud et humide, n'a pas tardé à s'en
emparer. Ces îles sont ainsi sorties du sein des eaux par
la seule puissance du flot , et il n'est nullement nécessaire d'invoquer ici l'hypothèse d'un soulèvement du
sol. Les petites différences de niveau qu'on observe
à la surface de ces îles marquent, on ne peut mieux, et
les dégradations que leurs côtes ont successivement
subies par l'effet des tempêtes et les réparations que ,
dans l'état ordinaire, elles ont reçues du mouvement
des eaux de la mer.

Ces îlots auraient été depuis longtemps sans doute réunis à l'île principale par le travail des zoophytes, n'étaient les courants d'eau douce qui, sur tous les points où ils arrivent à la mer, arrêtent le développement de ces animaux, dont les conditions absolues d'existence sont, à la fois, l'eau de mer sans mélange d'eau douce et des profondeurs qui ne doivent pas dépasser 10 à 12 mètres, ainsi que l'ont observé MM. Quoy et Gaimard et que j'ai eu occasion de le vérifier sur plusieurs points, la sonde à la main ; n'ayant jamais rencontré à de plus grandes profondeurs, que de petits madrépores incapables d'élever de vastes constructions et étrangers dès lors au genre *astrea* dont les grandes espèces, variées à l'infini, se présentent dans les hauts-fonds sous la forme tantôt de vastes cornets ou de larges raquettes et de volumineux hémisphères, tantôt d'immenses ramifications, véritables arbres de pierres, d'où s'élancent, comme de délicieuses fleurs vivantes, des myriades d'animalcules, agitant leurs bras et reflétant ces couleurs inimitables auprès desquelles le plus riche parterre resterait terne et sans éclat.

Ces îles en voie de formation expliquent clairement quelques faits géologiques que nous avons observés dans les montagnes du Jura, où l'on reconnait dans les couches de l'étage désigné par les géologues sous le nom de *corallien*, soit des îlots où les madrépores fossiles sont encore adhérents au sol sur lequel ils ont vécu, soit des amas confus de détritus de coraux et de coquilles roulées, mêlés à des sables à grains oolithiques ; et ce qui complète l'analogie du mode de formation, c'est qu'à l'époque reculée où la mer jurassique couvrait l'Europe, c'étaient déjà les madrépores du genre *Astrea* et des coquilles analogues à celles qui vivent actuellement au milieu des coraux de Basilan, qui constituaient les dépôts coralliens de cette mer.

De nombreuses rivières sillonnent l'île de Basilan transversalement et offrent au navigateur une foule d'aiguades commodes. La plus connue est la rivière qui se jette dans la baie de Maluzo. Elle peut être remontée à une lieue environ par des barques tirant trois ou quatre pieds d'eau.

Le sol, formé d'un mélange de détritus de végétaux et d'argile ferrugineuse provenant de la décomposition des roches volcaniques anciennes qui constituent l'ossature de l'île, est doué d'une fertilité prodigieuse, à laquelle contribuent puissamment les pluies douces et fréquentes qui y tombent pendant la plus grande partie de l'année, pluies qui, en rafraîchissant l'air, rendent le climat très supportable aux Européens et préviennent une foule de maladies propres aux terres intertropicales : aussi le pays passe-t-il pour sain.

Voici le tableau de la moyenne de la température sur la côte de Basilan, depuis le 12 janvier jusqu'au 8 février 1845 :

(MOUSSON DE N. E.)

A 8 heures du matin..................	29° centigrades.
A midi............................	31° »
A 2 heures 1/2....................	34° »
A 8 heures du soir..................	27° »
A minuit........................	25° »
A 4 heures du matin..............	23° »

La vigueur de végétation des arbres qui croissent spontanément et des diverses plantes cultivées que nous avons eu occasion d'y observer sur pied, peut soutenir aisément la comparaison avec ce que nous avons vu de plus beau à la Guyane.

La canne à sucre de l'espèce violette, la seule qu'on cultive à Basilan, atteint des dimensions très supérieures à celle de la canne qu'on plante aux Philippines. Le coton y est cultivé avec succès ; il est à courte soie et de la qualité de celui des Indes-Orientales. Le cacaoyer, qui y croît avec la plus grande facilité, donne des produits d'une qualité très recherchée à Manille, où on les paie un haut prix. Les cocotiers sont aussi remarquables par leur taille et l'abondance de leurs fruits ; enfin, l'arbre à pain y est commun et d'un grand produit.

Les fruits et les légumes y sont superbes et très savoureux ; l'île produit du riz en abondance et nourrit une grande quantité de bestiaux. Ces deux articles sont même l'objet d'une exportation assez importante, tant à Soulou qu'à Mindanao. Les quantités considérables de riz que nous avons trouvées dans les greniers de Maluzo, lors de l'invasion de ce territoire par nos troupes, confirment sous ce rapport les renseignements que nous avions obtenus précédemment à la douane espagnole de Zamboanga (île de Mindanao).

Le sol de Basilan, encore couvert pour les 9/10es de forêts vierges, n'attend que des capitaux et des bras pour produire à profusion toutes les denrées coloniales les plus précieuses : le sucre, le coton, les épices de toutes sortes, le café, le cacao, le tabac, l'indigo, etc.

Ses bois de teak, si propres aux constructions navales, ses bois de teinture de plusieurs variétés, ses richesses sous-marines, telles que l'huître perlière, le trépan et la nacre, ne manquent également que de bras pour devenir l'objet d'importantes exploitations.

L'île compte plusieurs milliers d'habitants (de 10 à 12,000, dit-on). Leurs principaux moyens d'existence résident dans la culture des terres, et l'on se tromperait fort, si on les considérait comme des sauvages que la civilisation a ébauchés à peine ; ils ont les habitudes d'une société ignorante, mais non brute. Leur vie ne manque pas d'un certain *comfort*, qu'ils semblent chercher à augmenter par tous les moyens possibles. Tel est le principal stimulant de la piraterie que plusieurs tribus de l'île exercent avec une énergie digne d'un meilleur emploi.

Les Malais préparent, filent, tissent et teignent le coton par des procédés qui ne sont pas inférieurs à ceux qui étaient pratiqués, il y a quarante ans au plus, en Europe. Nous avons eu occasion de voir des tissus de coton d'une bonne fabrication dans les couleurs bleues, vertes et rouges.

Basilan, situé à côté de Soulou, presque entre Manille et Java, près des Célèbes, des Moluques et de Bornéo, à portée de la Chine et de Singapore, possède trois ports naturels admirables, celui de Malomawi, celui de Maluzo et celui de Gubaweng sur la côte nord-est, tous trois attenant à des territoires fertiles et étendus, tous trois pourvus de bonnes aiguades. Un établissement européen dans l'un de ces ports aurait des chances de succès, parce que le commerce de l'archipel Soulou et des côtes de Bornéo manque d'un marché central où les naturels du pays puissent venir, comme cela se passe à Singapore, échanger contre les objets manufacturés d'Europe leurs produits naturels, propres surtout au commerce de la Chine, et consistant en nids d'hirondelles, holothuries, ailerons de requins, perles fines, nacre de perle, bois de teinture, bois de sandal, sagou, cannelle, cire, écailles de tortue, etc.

Le port de Soulou est aujourd'hui en possession de ce commerce local; quatre ou cinq navires y viennent chaque année charger à destination de la Chine et de Manille les produits sus-indiqués; mais les exactions du sultan et des datous, l'obligation d'acheter leur protection par des présents considérables et surtout l'absence de sécurité pour les personnes et les choses, se sont opposées jusqu'ici à l'extension des affaires; il n'est pas douteux qu'un établissement européen à Basilan n'en déplaçât le centre et ne se substituât au port de Soulou.

5 mars.

Les cimes nuageuses de l'île de Balabac nous restent à tribord, tandis que nous longeons à babord l'île basse de Balambagai et les îles de Banguey, dont les sommets élevés sont couverts de la plus brillante végétation. A neuf heures, nous sommes par le travers d'un banc dangereux auquel les deux roches de Mangsée servent de balise. On aperçoit au loin une multitude de pêcheurs malais qui, dans l'eau jusqu'à la ceinture, profitent de la marée basse pour pêcher le trépan (holothurie), dont ils remplissent leurs pirogues. Nous franchissons heureusement ce détroit, célèbre par tant de naufrages.

Dans l'après-midi, nous sommes en vue de la pointe de Tan-sampanmanje extrêmité nord-est de l'île de Bornéo. On voit dans le lointain la haute montagne de Keemy-Balloo, dont la cime toujours couverte de nuages est aperçue des navigateurs à quarante lieues en mer. Vers minuit, nous changeons la direction ouest de notre route, pour courir à l'ouest sud-ouest, vers les dangereux parages de la Royal-Charlotte et de la Louisa, écueils situés en pleine mer et dont rien n'indique la position.

7 mars.

Nous avons heureusement suivi le canal d'environ dix lieues de largeur qui sépare le banc de la Louisa de celui de la Royal-Charlotte et nous courons sur Singapore.

14 mars.

Retour à Singapore.

CHAPITRE XII

JAVA.

Nous jetons l'ancre à l'embouchure de la rivière de Tjilewong.

Nous venons de traverser rapidement les rues pestilentielles de Batavia, pour gagner la nouvelle ville de Weltevreden qu'habitent les Européens. On nous a retenu des logements à l'hôtel de Provence, où le prix de la journée est de cinq piastres (30 francs) pour la chambre, la table, la voiture, objet de stricte nécessité et première condition de santé pour des Européens chez qui, sous ce ciel dévorant, le moindre excès de fatigue peut être mortel.

Il est midi, les membres de la légation française sont réunis au palais du gouvernement. M. Reift qui remplit par intérim les fonctions de gouverneur-général des Indes Néerlandaises, nous fait un accueil noble et digne. Sa conversation sur Java, qu'il habite depuis trente ans, présente un haut intérêt et répand un véritable charme sur cette entrevue que l'impassibilité de sa figure et la froideur de son maintien avaient rendue par trop officielle. Il nous engage à venir passer quelques jours au château de Buitenzorg, sa résidence d'été.

Après avoir remis à M. Sanier, négociant français établi à Batavia, une lettre d'introduction dont j'étais porteur, je pris auprès de lui les premières informations indispensables à tout nouvel arrivant; il voulut bien m'accompagner dans l'excursion que j'avais hâte de faire dans la ville. Située non loin de l'embouchure de la rivière de Tjilewong, au milieu des terrains bas qui avoisinent la mer, Batavia est une ville construite à l'européenne. Elle compte à peine deux cents ans d'existence; mais la vie est courte à Java aussi bien pour les villes que pour l'homme qui les habite. Batavia présente aujourd'hui l'aspect triste et morne des grandeurs passées; l'insalubrité de son climat l'a comme vieillie et frappée de caducité avant l'âge; ces vastes et somptueuses demeures où l'Européen devenu millionnaire, avait accumulé toutes les recherches du luxe et du comfort, tombent en ruine; la fièvre a fini par en

chasser les derniers Européens , après une lutte acharnée que la soif de l'or a prolongée cent cinquante ans ;
les nombreuses tombes qui couvrent le cimetière de
Batavia sont là , attestant cette longue opiniâtreté du
colon hollandais et l'inutilité de ses efforts pour assainir
cette localité si favorable au commerce. La ville de Batavia est définitivement abandonnée aux Malais et aux
Chinois ; encore ces derniers subissent-ils trop souvent l'influence pernicieuse du climat. Le gouvernement
hollandais , en achetant les maisons en vente pour
les abattre, poursuit l'exécution du projet du général
Daendels de raser la vieille ville ; en attendant ,
ses plus belles maisons sont devenues des entrepôts
pour les marchandises destinées à être embarquées. Le
négociant européen n'y a conservé que ses bureaux, où
il se rend vers dix heures du matin et alors que le
soleil a dissipé les miasmes que la brise de terre apporte pendant la nuit ; vers 4 heures , il ferme son
comptoir et se hâte de quitter Batavia ; libre d'affaires , il regagne avec empressement son élégante demeure située à Weltevreden , où il doit retrouver l'air
pur et la fraîcheur dont il a été privé pendant la
journée.

L'architecture monumentale des maisons des habitans
aisés de Weltevreden frappe d'étonnement les étrangers.
C'est toujours au milieu d'un vaste jardin paré de la
plus brillante végétation et où l'art et la nature ont opéré
des prodiges , que s'élève cette demeure à laquelle d'ordinaire une belle colonnade blanche donne l'aspect d'un
palais princier ; l'air circule dans ces immenses salles ,

où tout est combiné pour échapper à la chaleur du climat; la richesse de leur décoration ne le cède en rien à la somptuosité de l'extérieur, et l'homme qui a vécu dix ans au milieu d'un pareil luxe ne doit plus retourner en Europe, il y végéterait dans nos mesquines habitations.

Canalisée à quelques lieues au dessus de la ville, la rivière qui traverse Batavia, distribue ses eaux dans plusieurs directions au moyen d'écluses; le canal principal traverse Weltevreden et longe la grande rue de ce vaste faubourg; c'est là que les habitans de tout âge, de tout sexe, de tout rang, viennent se tremper dans ses eaux jaunâtres. Là se rencontrent pêle-mêle la jeune fille javanaise détachant son sarong pour disparaître dans l'eau et le jeune homme qui quitte son caleçon sur le bord du canal; la jeune fille bien rafraîchie reprend, en sortant de ce bain délicieux, son sarong qu'elle avait laissé sur la rive et s'enveloppe naïvement dans cet unique vêtement dont le tissu mouillé et collant dissimule à peine ses formes aux regards de l'Européen nouvellement débarqué et qui, plus ému qu'elle, la suit de l'œil avec étonnement.

La même eau, cette eau jaune, sert aussi aux gracieuses filles de la Hollande, mais le bain est couvert, grillé, impénétrable; l'imagination seule peut en franchir les clôtures.

Ce canal suit, jusqu'à la vieille ville, une direction parallèle au cours de la rivière de Tjilewong qui n'arrive à la mer qu'après de longs détours, à travers la plaine basse de Batavia. Pour prévenir l'envasement de la rivière, à son embouchure, les Hollandais ont rejeté son cours au nord , tandis qu'ils ouvraient , au moyen de deux jetées prolongées fort avant dans la mer, un canal communiquant au moyen d'écluses latérales avec la rivière qui va former, au loin , sa barre dans la mer sans aucun inconvénient pour la navigation. Ce canal ne reçoit , au surplus, que des bâtimens de 30 à 40 tonneaux de jauge et sert surtout aux allèges employés à l'embarquement des denrées coloniales , à bord des bâtimens en rade , et au débarquement des marchandises qu'ils apportent à destination de Batavia.

Weltevreden renferme plusieurs édifices remarquables; au premier rang , nous placerons le palais du gouverneur-général , palais vraiment royal , dont l'architecture monumentale et l'élégante décoration répondent à l'éminente dignité du haut et puissant seigneur qui règne en souverain sur les Indes Néerlandaises. Nous citerons aussi l'église catholique , la grande caserne construite par le général Daendels et qui est située sur la place Waterloo , les beaux bâtiments de l'Harmonie , lieu de réunion d'une société nombreuse de souscripteurs , espèce de casino où sont reçus tous les journaux du monde et dont les portes s'ouvrent avec une grâce parfaite aux voyageurs de tous les pays. Cet établissement contient indépendamment de son beau salon de lecture et de ses salles de jeux, de billard et de concert, un magnifique local consacré aux bals ; nous le verrons ce soir même dans toute sa splendeur, car nous avons reçu, à notre arrivée, une invitation.

Dès huit heures et demie, la foule se pressait en effet aux portes de l'Harmonie. Tout y est admirablement dis-

posé pour une fête nocturne; cinq immenses salons séparés ou plutôt réunis par d'élégantes colonnades, s'ouvrent de plein pied ; le premier, affecté à la distribution
des rafraîchissements, communique à une vaste salle
à manger, où était dressé un splendide souper ; puis,
se succèdent trois immenses salles étincelantes de
lumières. On dansait dans la salle du milieu, l'on jouait
et l'on fumait sur la droite, et les dames formaient
une double rangée dans celle de gauche. En entrant
je demeurai ébloui moins de l'éclat des lustres que
de cette ravissante guirlande de beautés blanches dont
mes yeux étaient privés depuis si longtemps. Transporté à cette vue, j'osai porter à mes amis d'Europe
un défi railleur : vous, leur dis-je, qui plaignez
sans doute en ce moment le triste sort qui me retient
loin de ma patrie, ne soyez plus en peine de votre
voyageur, il a trouvé une oasis où les traits de votre
compassion ne sauraient plus l'atteindre. Non, votre
pitié n'est pas faite pour l'homme auquel les contrastes
réservent des délices inconnus à la monotonie de votre
placide existence. Hier, resserré entre quelques planches, ballotté par les flots, tout me manquait et
ma mémoire accablée n'aurait pu retrouver l'ombre
d'une joie quelconque; et voici que ma vue embrasse,
possède un essaim de beautés blanches, délicieusement parées et qu'anime le plaisir; et l'Europe et
ses joies tourbillonnaient autour de moi, emportant
jusqu'au souvenir de toute cette vie de privations, de
fatigues et de dangers, qui me séparait de ma patrie.
Je dansai avec entraînement une partie de la nuit,

sans sortir de l'extase produite par cette apparition inattendue de l'Europe ; le souper, en interrompant le bal, me rappela aux réalités de la vie ; quand je quittai la table, j'étais complétement revenu à moi ; mais la réaction que je subissais n'alla pas jusqu'à me faire comprendre les étranges préférences dont les mœurs du pays honorent, dit-on, au préjudice de ces belles Hollandaises, les filles de Java, au teint bistre, à l'œil ardent.

4 avril.

Conversation avec MM. Suermond et Sanier sur la situation embarrassée de la banque de Batavia, qui vient d'être autorisée à suspendre provisoirement ses paiements ; sur l'organisation de la société hollandaise du Handel-Manscappey, dont le monopole pèse si lourdement sur la colonie, au profit, sinon de la Hollande, du moins de quelques Hollandais, actionnaires privilégiés ; enfin sur les ressources commerciales qu'offre Batavia.

Promenade, dans la soirée, à Meester-Cornelis, village devenu célèbre par la bataille que les Hollandais y livrèrent aux Anglais, en 1811. Ce n'était pas précisément cette célébrité qui nous attirait sur ce point ; notre curiosité avait été excitée par la manière dont on avait prononcé devant nous, à table d'hôte, le nom de ce village, qui s'écrit *Meester* et se prononce *Mystère*, et dans lequel il se passe, ajoutait-on, des choses inénarrables.

Notre calèche, éclairée par des torches de résine, franchit en moins d'une heure la distance de Weltevreden au village. A notre arrivée, une troupe de ces danseuses

publiques connues sous le nom de Rangouns exécutait,
sous le toit d'une halle destinée dans le jour, à l'exposition de quelques denrées, une danse à caractère. La
bizarrerie du costume de ces femmes ne le cédait en
rien à l'étrangeté de leurs danses; leurs robes lamées
d'or étaient serrées autour du corps de manière à en
dessiner toutes les formes; des bandes d'argent ceignaient leurs tailles souples comme le roseau, leurs
épaules nues s'échappaient d'étroits corsets comprimant
fortement leurs seins; leurs bras s'agitaient lentement
et se tordaient avec tous les symptômes du délire, qu'exprimaient aussi avec une vérité saisissante les poses
voluptueuses et les mouvements onduleux de leurs corps;
leurs doigts mûs avec une extrême mobilité semblaient
rendre les diverses phases d'une situation échevelée et
des chants inarticulés ajoutaient à l'effet mystérieux de
ces gestes. Nous étions encore indécis sur le véritable
sens de cette pantomime si originale, lorsqu'elle prit un
caractère impossible à méconnaître; à ce moment, un
Javanais, enivré par les derniers traits de ce drame, se
mit à exécuter quelques passes devant l'une des rangouns et disparut avec elle dans les ombres de la nuit.
Plus loin en se rapprochant du centre, la scène s'était
élargie et complétée. Tout à côté des groupes de danseuses, étaient des joueurs accoudés sur de grandes tables et que rien ne semblait, au milieu de ce tumulte,
distraire de leur funeste passion; un banquier chinois
tenait le jeu; le cuivre roulait et le rateau impitoyable
dépouillait des malheureux en haillons; de temps à autre quelque heureux joueur s'échappait pour passer

dans la fumerie d'opium et de là dans des bouges in-
fects consacrés aux plus ignobles débauches. L'orgie
parvenue à son paroxisme semblait tourbillonner autour
de cette masse frappée de vertige et dont les paroles in-
cohérentes et les gestes, les cris, les fureurs et les rires
convulsifs auraient fourni un brûlant épisode aux scènes
de l'enfer.

Voilà les établissements que le gouvernement hollandais conserve à la porte de sa capitale des Indes ; voilà
l'une des sources de ses revenus. Le Hollandais, si recommandable dans ses foyers par ses mœurs douces et
patriarchales, ne semble pas avoir compris que la morali-
sation des peuples soumis à son joug, dût entrer dans
le programme de sa conquête ; tel est, sur tous les points
du globe, le trait dominant de sa politique coloniale : il
est venu chercher de l'or à Java ; c'est de l'or qu'il lui
faut, rien de plus, rien de moins ; l'exploitation du peuple s'arrête là où commencerait la baisse dans le revenu ;
c'est le joug de la matière réduit à sa plus simple
expression !

6 avril.

Visite à une belle plantation de caféiers appartenant
à Ti-kai, riche chinois établi aux environs de Meester-
Cornelis. Il a payé 100,000 florins (212,000 fr.), ce
vaste domaine qui provient des ventes de terrain faites
par l'ancienne Compagnie hollandaise ; le propriétaire,
quel qu'il soit, de ce domaine, jouit non seulement de
l'exemption de tout impôt, mais encore du droit seigneurial d'exiger la corvée des paysans javanais établis
sur le sol.

Le caféier est planté au milieu des bananiers et des palmiers, qui le protégent contre l'ardeur du soleil. On a aussi fait une plantation de muscadiers et de girofliers, que l'on est obligé d'abriter au moyen de paillassons, jusqu'à ce qu'ils aient atteint un certain développement. Toutefois, les essais de plantations de girofliers n'ont pas été jusqu'ici fort heureux à Java.

Nous profitons de cette course, pour visiter plusieurs ateliers, où des ouvrières en batik exécutaient avec de la cire fondue le tracé à l'aide duquel on teint en réserve les tissus de coton de manière à produire, après l'enlèvement de la cire, ces dessins incorrects et bizarres si recherchés des Javanais. J'achetai de l'une de ces femmes le petit vase de cuivre et la cire colorée par l'indigo, dont elle faisait usage. Les étoffes de batik coûtent extrêmement cher; ainsi un mouchoir d'un mètre carré vaut de 2 à 5 florins (4 fr. 24 cent. à 10 fr. 60 c.) et les sarongs, espèce d'étoffe que les hommes et les femmes attachent en forme de jupe autour des reins, valent jusqu'à 36 francs. Les Anglais ont tenté d'imiter cette fabrication par nos méthodes expéditives et simples d'impression sur tissus, mais l'exactitude et la correction des dessins a jusqu'ici trahi ces imitations que dédaigne le consommateur javanais; il serait cependant facile, je crois, d'arriver par nos procédés, à la reproduction parfaitement exacte de l'incorrection du dessin en batik, et d'immenses bénéfices sont réservés au premier fabricant européen qui y réussira.

Le musée et la bibliothèque de Weltevreden sont d'une pauvreté qui contraste par trop avec les ressources du chef-lieu de la riche et brillante colonie de Java. Peut-être m'objectera-t-on que des collections de livres, d'objets d'histoire naturelle et d'antiquité contribuent peu à la production du sucre, du café et de l'indigo sur lesquels se fixe exclusivement l'attention publique. J'oserai cependant répondre que les livres répandent la science et que, dans une société de producteurs, le savant a sa place marquée, place éminemment utile; les collections d'histoire naturelle rendent des services plus immédiats encore; l'étude du règne minéral, si riche, si varié dans les îles de la Sonde et si mal représenté dans ce musée, pourrait conduire à des découvertes fort importantes au point de vue industriel.

La botanique est à proprement parler, la seule branche des sciences naturelles à laquelle on ait fait l'accueil qu'elle méritait; il est vrai que l'importance de la Flore Javanaise commandait une exception et qu'elle avait pour interprètes les Rhumphius, les Blum, les Crawfurd, etc., etc.

La collection archéologique est riche, mais elle manque d'ordre; cependant les belles recherches de Horfield, de Baker, de Mackenzie et surtout de sir Stamford Rafles ont placé l'île de Java à côté de l'Egypte, de l'Inde et de la Grèce, pour l'importance des études archéologiques; les admirables temples de Brambanan, de Kebou-dalem, de Loro-Djongrang, de Kali-bening et de Boro-bodo, le palais de Kulassan, les ruines de Sing'a-sari, de Soukou et mille autres éparses sur le sol de l'île ont pu aisément fournir les matériaux de cette collection.

Aucune contrée, en effet, ne renferme une plus grande réunion de statues, de colonnes, de bas-reliefs, d'inscriptions, de médailles. Mais ces richesses archéologiques, tout en témoignant hautement de la civilisation avancée dont l'île de Java a été en possession dans les temps les plus reculés, répandront-elles une lumière assez vive sur ce passé, pour permettre, un jour, de préciser l'époque et les circonstances de la conquête de Java par les Hindous, pour suivre le développement des cultes de Brahma et de Boudha dans ces contrées, pour décrire les luttes acharnées auxquelles succomba, à Java comme dans l'Inde, le boudhisme qui n'existait déjà plus, lorsque la religion de Mahomet se substitua à celle des Brahmes? L'histoire pourra-t-elle retrouver le fil des événemens qui amenèrent cette substitution extraordinaire à laquelle la violence paraît être restée étrangère, mais qui entraîna tant de concessions en faveur du culte dépossédé, que les Javanais n'ont guère de mahométan que le nom?

7 avril.

Au point du jour, départ pour Buitenzorg. Nous nous arrêtons, en passant, à la grande manufacture de thé du gouvernement, dirigée par M. Jacobson, à qui la colonie est redevable de la culture de cet arbuste, introduit par lui à Java en 1827. Il a la bonté de nous conduire dans les divers ateliers où deux cents ouvriers sont occupés à donner les mêmes manipulations qu'en Chine à la feuille de thé, provenant des vastes plantations établies dans les montagnes de l'intérieur. Après avoir pris des notes très détaillées sur cet établissement[1], nous traversons rapidement la vaste plaine alluviale bornée, vers l'intérieur, par une chaîne de petites montagnes, au pied desquelles s'élève le magnifique château de Buitenzorg, où la plus gracieuse hospitalité nous attend.

Le dîner du gouverneur avait réuni les premières autorités du pays. Les questions les plus intéressantes y firent le sujet de la conversation, et furent traitées avec une supériorité de talent qui témoigne du soin que le gouvernement hollandais a pporte au choix de ses agents supérieurs.

8 avril.

Course chez M. Van-den-Bosch, propriétaire de la belle terre seigneuriale de Pendock-guedé, située à six milles de Buitenzorg, sur les premiers contreforts des montagnes centrales de l'île. On y cultive le thé, le cannelier, le caféier, ainsi que le nopal pour l'élève de la cochenille[1]. M. Van-den-Bosch a essayé d'introduire dans son exploitation des vaches de Suisse, mais elles n'ont pas réussi.

Je consacre mon après-midi à la visite du jardin bo-

---

[1] Voir, à la fin de ce volume, un mémoire où j'ai rassemblé toutes les notions recueillies sur les cultures de l'île de Java.

[1] Voir le mémoire sur les cultures, qui termine ce volume.

tanique du château de Buitenzorg. Son admirable situation et les soins dont il est l'objet en font un lieu aussi agréable qu'intéressant au point de vue de la science. Le jardinier-directeur me fait remarquer, entr'autres plantes curieuses l'antschar et le tschettik, dont le suc séveux servait autrefois à empoisonner les flèches que les Javanais lançent avec la sarbacane. Le premier est l'*arbor toxicaria* de Rumphius, qui croît à l'état sauvage dans l'est de l'île ; c'est un arbre dont la tige nue et cylindrique s'élève très haut ; lorsqu'on incise son écorce épaisse, il en découle un suc jaunâtre qui est un poison fort actif. Quant au tschettik, l'*upas tieuté* de Leschenault, sa tige est une liane grimpante d'environ 2 pouces de diamètre, dont l'écorce semblable à celle de la vigne, laisse suinter une liqueur rougeâtre qui constitue le poison ; cette plante rampe à l'ombre. Mais, ni cette liane, ni l'antschar ne font périr aux alentours la végétation, comme on l'a dit ; on doit aussi mettre au rang des fables les récits qu'on a faits sur les dangers que couraient les Javanais chargés de recueillir leurs sucs vénéneux. [1]

On nourrit aussi, dans le jardin botanique, une foule

[1] Il résulte des expériences faites sur ces deux espèces de poisons que l'antschar agit sur le sang, qu'il coagule ; tandis que l'action du tschettik s'exerce particulièrement sur le cerveau, et occasionne l'apoplexie. Des chiens piqués à la cuisse par une flèche récemment imprégnée de l'un ou de l'autre de ces sucs vénéneux, sont morts en une heure ; des souris en dix minutes, des singes en sept minutes, des poules en dix minutes, des chats en quinze minutes, des buffles en deux heures.

d'animaux rares et curieux. J'y remarquai des singes blancs, des singes noirs, des babouins, des tapirs, des oiseaux couronnés des Moluques, des babi-roussa (cochon-cerf en malais), espèce de sangliers dont les défenses traversent la lèvre supérieure pour se recourber en forme de cornes sur le front ; des kidangs, petits antilopes fort gracieux, etc., etc.

Les immenses pelouses qui entourent le château nourrissent des troupeaux nombreux de daims mouchetés, à demi apprivoisés, dont les groupes animent le paysage.

9 avril.

Notre nombreuse cavalcade se dirige vers la plantation de thé de M. Weber, située au pied du mont Salak. Le pays que nous parcourons est fort accidenté et couvert de la plus belle végétation. Nous visitons, en passant, une petite chapelle javanaise en grande vénération dans le pays. La pièce principale devant laquelle se prosterne le peuple est un *lingam* [1] haut de 5 pieds et droit comme une colonne ; on y remarque une entaille que la légende dit être l'empreinte du pied d'une grande princesse venue pour pleurer sur cette relique la mort de son mari. On retrouve dans cette étrange adoration des traces évidentes du culte hindou, culte auquel le mahométisme n'a réussi que très imparfaitement, comme l'on voit, à se substituer, puisqu'il n'a pu renverser les idoles les plus monstrueuses, les fétiches les plus bizarres.

---

[1] Le *phallus* de l'antiquité grecque.

M. Weber nous fit visiter sa plantation et sa manufacture de thé. Les observations dans lesquelles il entra
sur les détails minutieux qu'exige la préparation de
cette feuille précieuse, s'accordent parfaitement avec
les explications de M. Jacobson pour me convaincre de
l'impossibilité d'obtenir, à Java, des thés d'aussi bonne qualité et à aussi bon marché qu'en Chine; parce-
que, d'une part, la feuille pousse trop rapidement et
devient trop promptement dure et coriace pour avoir la
saveur aromatique et les autres qualités de la feuille
chinoise, et, d'une autre part, sa préparation exige des
manipulations extrêmement variées et une main-d'œuvre, dont la condition essentielle, le bon marché, ne
peut être réalisée ailleurs aussi bien qu'en Chine;
aussi, le thé de Java est-il détestable et ne peut-il se
placer en Europe qu'à la faveur des étiquettes chinoises
des caisses qui le renferment.

Nous fûmes de retour assez à temps pour éviter l'a-
verse qui, dans cette saison, tombe tous les jours, depuis trois heures et demie de l'après-midi jusqu'à cinq;
ce périodique et salutaire coup d'arrosoir éteint les feux
de l'atmosphère et apporte aux soirées une délicieuse
fraîcheur.

10 avril.

L'assistant-résident de Buitenzorg, M. Hogendorp
a l'obligeance de nous conduire à la montagne de Gunnung-Salang (montagne des Salanganes), où sont des
grottes nombreuses et profondes habitées par les salanganes (*hirundo esculenta*). Cette montagne située à

l'ouest-nord-ouest de Buitenzorg, est formée d'un calcaire compacte, jaune, stratifié, dont les couches ont été relevées verticalement dans la direction du nord, 20° ouest; ce calcaire, parfaitement identique à celui de l'île de Luçon (Philippines), soit sous le rapport des fossiles marins (coquilles et madrépores), qu'il contient, soit par ses caractères physiques, appartient sans doute à la formation du crétacé inférieur [1]. Quoiqu'il en soit, cette masse calcaire est criblée d'excavations dont la cause paraît devoir être attribuée, d'après l'examen de leurs parois, à des sources d'eau chargée d'acide carbonique; ces grottes, au nombre de soixante-dix, sont devenues la demeure d'une innombrable quantité de salanganes qui y construisent ces nids si recherchés des Chinois. Nous nous bornâmes à pénétrer dans les deux principales. L'entrée de l'une est peu

[1] De vastes lambeaux de la formation crétacée inférieure se montrent dans toute la longueur de l'île, qu'ils sillonnent de petites montagnes abruptes, dont les flancs contrastent avec les formes arrondies des montagnes dues à l'action volcanique. J'ai retrouvé ce calcaire près de Bandong (province des Préangen-regencies), au mont Tcharmaï (province de Chéribon); on le trouve aussi sur la côte nord, depuis Samarang jusqu'à Sourabaya, et dans toute l'étendue de l'île de Madura, enfin il présente une suite de chaînons sur la côte sud de l'île, principalement à la pointe la plus orientale, dans le cours de la rivière de Pugar, dans la partie des nouvelles provinces de Bagale et Banjoemaas qui avoisine la mer; enfin, près de l'embouchure des nombreuses rivières de la province de Préangen-regencies. Il semble que l'action volcanique se soit fait jour au milieu d'une chaine calcaire sous-marine, dont elle a rejeté les lambeaux au nord et au sud.

difficile; nous descendîmes à environ vingt pieds dans un trou aboutissant à une vaste salle, dont les parois et le dôme étaient tapissés de ces nids précieux.

La récolte était déjà commencée; mais elle dure un ou deux mois, parce qu'à peine le nid est-il achevé, qu'on l'enlève avant la ponte de l'œuf pour forcer l'hirondelle à en faire un second, puis un troisième et quelquefois un quatrième. Le premier, le plus estimé, est blanc, net et abondant en matière; le second participe des qualités du premier, mais il est sanguinolent à ses points d'attache au rocher; le troisième est pauvre en matière et beaucoup plus sanguinolent; l'oiseau, pressé de pondre, cherche à suppléer par l'addition de quelques-unes de ses plumes à la matière qui lui manque; le quatrième, quand on l'obtient, est sali par divers corps étrangers et mêlé de beaucoup de plumes. Ces détails ne laissent subsister aucun doute sur la nature de la substance de ces nids; c'est évidemment une sécrétion particulière de l'estomac de la salangane, qui durcit à l'air comme beaucoup de substances liquides animales. Il est d'ailleurs à observer que si, comme on l'a dit, ces nids étaient le produit d'herbes marines ramassées sur la côte, les hirondelles qui les fabriquent n'auraient pas été fixer leur demeure dans les grottes de Gunnung-Salang, distantes de quinze lieues de la mer; on retrouve d'ailleurs ces mêmes hirondelles sur des points de l'île encore bien plus éloignés de l'Océan [1].

---

[1] Voir ce qui a déjà été dit des nids de salangane, pages 220 et 301 du premier volume.

Je détachai quelques nids du rocher ; l'un d'eux con-
tenait un petit déjà bien emplumé, dont je m'emparai.
Les hirondelles ne paraissaient pas trop s'effrayer de
notre présence et de nos torches ; seulement le fermier
de la montagne qui nous accompagnait, nous avait recommandé de ne pas faire de bruit.

La seconde grotte, que je visitai, est d'une exploration
plus difficile ; il fallut descendre par une échelle de bambou, à la profondeur d'environ quatre-vingts pieds ;
mais nos guides javanais portaient si loin l'attention,
qu'un accident eût été impossible, leurs mains se multipliant autour de chacun de nous pour aider à tous nos
mouvements et ne nous lâcher qu'en position parfaitement stable. Cette grotte est beaucoup plus vaste que
la première ; une multitude de nids en tapissaient le
dôme. Troublées dans leurs fonctions maternelles, les
hirondelles s'agitaient dans les airs et s'échappaient
par les trous des parties supérieures qui communiquent avec la campagne.

Notre curiosité amplement satisfaite, nous reprîmes
le chemin de la maison du fermier chinois qui exploite
ces grottes ainsi que le vaste domaine y attenant. Grâces à ses soins, des chaises à porteur nous attendaient
au pied des rochers ; la fatigue que nous venions d'é-
prouver dans cette course, nous les fit accepter avec
empressement ; quatre paysans javanais, obéissant avec
docilité à l'appel de la corvée due au seigneur, offrirent à chacun de nous leurs épaules résignées et nous
nous y trouvâmes tous installés fort commodément pour
gagner la plaine. J'étais cependant un peu préoccupé

de l'atteinte grave que subissaient, en ce moment, les principes d'un de nos compagnons touchant la dignité et les droits de l'homme; il gémissait tout bas, du moins j'aime à le croire, sur le sort des paysans qui succombaient sous son poids, ou bien peut-être se laissait-il faire par système d'humilité pour ses principes humanitaires devenus trop intraitables depuis quelque temps; quoiqu'il en soit, puisqu'il avait tant fait que de fouler aux pieds le dogme de l'égalité, il paraissait décidé, en se prélassant sur sa chaise, à jouir dans toute sa plénitude du bonheur d'être porté.

Notre hôte nous attendait avec un déjeûner servi à l'européenne, fait que je note comme une preuve sans réplique de la perfectibilité des Chinois. Nous apprîmes de ce fermier qu'il paie annuellement 80,000 florins (169,600 fr.) au propriétaire de la montagne et du vaste domaine environnant et que ses bénéfices s'élèvent encore à 50,000 florins (106,000 fr.) La récolte totale des nids d'hirondelles de l'an dernier a été de 13 piculs (818 kilogrammes), qu'il a vendus l'un dans l'autre 10,000 francs le picul, soit 158 fr. le kil. Les autres produits consistent surtout en riz que cultivent les paysans établis, à titre de tenanciers, sur les terres de ce vaste domaine et dont ils doivent, aux termes de la loi, abandonner le cinquième au propriétaire du sol.

Avant de reprendre le chemin de Buitenzorg, nous visitâmes, dans le village de Salang, une statue d'éléphant, idole autrefois consacrée au culte de Brahma et qui gît aujourd'hui abandonnée sur le sol.

Départ, au point du jour, pour l'intérieur de Java. M. Vanderberg, officier de la garnison, veut bien nous faire les honneurs du Panghérango, montagne volcanique dont il a déjà fait l'ascension.

La route s'enfonce insensiblement dans les montagnes du centre de Java en s'élevant sur leurs contreforts par une pente habilement ménagée. La première poste est bientôt franchie; on arrive au relais. Les enfants se pressent en foule autour de notre voiture et les femmes, curieuses comme partout, viennent y chercher une distraction; elles portent pour tout vêtement un sarong, espèce de jupon lié autour des reins. Le décolleté de ce costume étonnerait de nouveaux venus; mais nous avons eu le temps, depuis que nous sommes à Java, de nous habituer à cette variété infinie de formes, dont la plume de Rabelais n'aurait pas manqué de faire l'objet d'une de ses réjouissantes énumérations, si pleines de verve et d'originalité ; hélas ! le bon vieux temps n'est plus où l'on pouvait être gai sans offenser les oreilles. La pruderie de nos mœurs ne me permet pas même de dire que tous ces trésors nous étaient offerts par ces femmes, comme ailleurs on présente son nez et que moins innocemment on eût touché leur main.

Institué payeur de la compagnie, je distribuai avec libéralité, à titre d'étrenne, dix duts en cuivre (18 centimes) à chaque coureur de la première poste, et ils les avaient, ma foi, bien gagnés par le rude service qu'ils avaient fait en courant à côté des chevaux pour les entraîner au départ et soutenir leur train aux montées, ce à quoi ils ne réussissaient pas toujours ; alors notre voiture se trouvait arrêtée tout court ; les chevaux ruaient, se cabraient et dansaient dans leurs harnais, sans qu'on pût les décider à repartir ; il fallait que nos gens se missent à pousser la voiture et, comme ils parvenaient à peine à l'ébranler, tous les travailleurs d'alentour, tous les passants étaient conviés fort impérieusement, aux cris de *tou-long*, *tou-long* (assistance); l'un quittait sa pioche, l'autre déposait sa charge, tous accouraient avec une admirable docilité pour pousser à la roue, tandis que, mollement étendus dans notre voiture, nous devisions de l'ascendant qu'exerce le blanc sur le Javanais. C'était bien le moins, d'ailleurs, qu'une population qui s'accroupissait sur notre passage, dans les fossés de la route, sans oser lever un regard sur nous, poussât, traînât même notre carrosse; plusieurs, je crois, avaient presque l'air satisfait, de l'honneur que nous leur faisions, et le cri *ayo, ayo !* (allons) qu'ils répétaient en chœur pour s'exciter mutuellement, était lancé avec un certain entrain de gaîté, prouvant qu'ils ont accepté sans arrière-pensée aucune, le rôle que leur départit l'Européen dans la communauté dont ils sont membres. A chacun selon sa capacité, a dit un philosophe moderne; et, ce principe une fois bien admis par nous, nous devînmes d'une susceptibilité, d'une exigence inouies, lorsqu'aux cris de *tou-long*, les paysans n'accouraient pas en foule aux roues de notre voiture ; je me suis surpris à trouver que les passants ne s'accroupissaient pas assez bas ou se relevaient trop promptement, que la posture de celui-ci n'était pas assez humble , que son regard n'était pas assez craintif ; un fait aurait dû cependant adoucir notre humeur hautaine et calmer nos exigences, c'est l'empressement avec lequel les cavaliers se jetaient à bas de leurs chevaux pour se prosterner devant notre char. Ce dernier trait d'humilité me fit comprendre jusqu'à quel point le vainqueur avait façonné au joug , avait assoupli le vaincu ; je restai comme absorbé dans la contemplation d'une soumission qui dépassait ma pensée ; puis , sous mes yeux , le bonnet de Gessler se dressa au bout d'une pique, je crus voir le peuple suisse défiler en s'agenouillant devant cet ignoble drapeau de la tyrannie , Guillaume-Tell seul avait refusé de le saluer et . . . . . . mais la voiture, en s'arrêtant à Tjipanaz, interrompit brusquement ce rêve ; nous étions à la porte d'une charmante maison de plaisance, que possède le gouverneur-général et qu'il avait eu l'obligeance de mettre à notre disposition. Nous y fîmes nos préparatifs de départ pour l'ascension de Gédeh et du Panghérango ; puis , laissant notre voiture à la garde du *mandour* [1] de l'habitation, nous prîmes à cheval la direction des montagnes.

La nuit nous surprit à l'entrée des vastes jardins de caféiers attenant à une forêt vierge qu'il faut traverser et dans laquelle nous ne tardâmes pas à pénétrer, précédés des torches dont nos conducteurs s'étaient munis , autant pour éloigner les tigres qui fréquentent ces localités que pour faciliter notre trajet nocturne à travers la forêt.

---

[1] Conducteur des travaux.

Les fatigues de cette longue journée de route, la lenteur de notre marche, le silence de la nuit, tout contribuait à allourdir ma paupière que l'éclat des torches avait peine à tenir entr'ouverte. Chaque faux-pas de mon cheval, me réveillait en sursaut pour me faire voir dans les profondeurs de la forêt à la lueur rouge et vacillante de la résine enflammée, tous les animaux les plus terribles de la création ; chaque tronc d'arbre renversé, chaque buisson agité par le vent prenait ou la tournure massive d'un rhinocéros ou les formes élancées d'un tigre au regard flamboyant ; transformées en de hideux serpents, les lianes repliées sur elles-mêmes semblaient se tordre en de longs anneaux ; les arbres s'étaient peuplés de singes qui venaient me faire de moqueuses grimaces. Ces allucinations d'un cerveau fatigué cessaient dès que cet état de somnolence cédait un instant à la puissance de ma volonté ; mais le rêve reprenait bientôt son cours et avec lui reparaissaient tous ces êtres fantastiques.

Cette lutte fièvreuse durait depuis trois heures, lorsque nos chevaux s'arrêtèrent devant la maisonnette de Tjibouron, où nous devions trouver un gîte pour la nuit. Cette petite maison en planches est attenante à de vastes jardins potagers, appartenant au gouverneur-général et situés au milieu de la forêt ; nos guides nous y allumèrent un bon feu et après un frugal souper, nous fûmes chercher un peu de repos sur des lits de mousse.

Nous étions à cheval à six heures du matin ; mais une dégradation considérable survenue dans le chemin de la montagne nous obligea à laisser nos montures, près d'une fontaine d'eau thermale qui tombe en cascade ; je profitai de cette petite halte pour en déterminer la température, qui se trouva être de 39 degrés centigrades.

Nous gagnâmes à pied Gaudang-badak (étable des Rhinocéros), quartier ainsi nommé parce que la première fois que les Européens y pénétrèrent, ils y trouvèrent établi un nombreux troupeau de rhinocéros qu'il fallut déloger avant de s'engager plus avant. Notre guide exigea que nous fissions une pause sur ce point, et aussitôt, la face tournée vers l'orient, il adressa à Rakchasa une invocation pleine de ferveur, pour que ce génie de la montagne se montrât favorable à notre entreprise ; puis, nous reprîmes le sentier du volcan. L'effet de la raréfaction de l'air commençait à se faire sentir, on s'arrêtait souvent pour reprendre haleine. Enfin, la vue du cratère qui commençait à se dessiner à travers le bois de mimosas que nous traversions, rendit de l'énergie aux plus faibles et nous atteignîmes, vers dix heures du matin, l'espace où la végétation s'arrête sous l'influence des vapeurs acides répandues dans l'atmosphère.

Des fragments amoncelés pêle-mêle de basalte, de trachyte, des laves, des scories et des cendres couvrent le sol et rendent la marche pénible. Des vapeurs sulfureuses nous arrivent déjà par bouffées du cratère ouvert dans la direction nord-nord-ouest que nous remontons; à notre gauche, est un précipice profond provenant d'un éboulement considérable qui s'est fait dans un amas confus de blocs de pierres et de rapilles, mêlés à un limon que les Malais appellent *buah* (pâte), analogue à la *moja* qui ensevelit, en 1798, la ville de Rio-Bamba près Quito. Cet amas provient sans doute d'une de ces éruptions boueuses, caractéristiques de certains volcans et notamment de ceux de Java, au sein desquels il se développe simultanément, à ce qu'il paraît, une grande quantité de vapeurs aqueuses et acides, dont l'effet sur les roches en contact est de les ramollir et de les transformer en un limon terreux, très friable, d'un brun jaunâtre, pénétré de particules de soufre, de sorte que, quand la masse solide est ainsi décomposée, la vapeur d'eau la soulève, s'y condense, la délaie et l'entraîne, comme un torrent de boue liquide qui détruit tout sur son passage [1].

[1] Le volcan de Galung-gung, situé entre les deux lignes de bouches volcaniques qui longent l'île de Java, a offert, le 8 octobre 1822, un terrible exemple de l'effet de ces éruptions boueuses. Nous en devons la description à M. Payen :

« A une heure après midi, des mugissements horribles se firent entendre ; la montagne se couvrit immédiatement d'une fumée épaisse, et des eaux chaudes, sulfureuses et limoneuses se précipitèrent de tous côtés sur ses flancs, en dévastant et emportant tout ce qu'elles rencontraient sur leur passage. On vit avec étonnement, à Badang, la rivière de Tjiwulan charrier vers la mer un nombre immense de cadavres d'hommes, de bestiaux, de rhinocéros, de tigres, de cerfs, et même jusqu'à des maisons en-

Parvenus à une petite vallée portant encore les traces des courants d'eau vomis par le volcan et qu'il faut traverser pour atteindre le bord du cratère, dont la hauteur au-dessus du niveau de la mer est de 3183 mètres, nous faisons halte pour attendre notre guide ; car il a jugé prudent d'offrir un sacrifice à l'esprit du volcan. Un paquet d'herbes sèches auquel il vient de mettre le feu brûle sur une pierre ; agenouillé et la face penchée

tières. Cette éruption d'eau chaude limoneuse continua pendant deux heures, qui suffirent pour consommer la ruine et la dévastation de toute une province. A trois heures elle avait cessé, mais il tomba alors une pluie épaisse de cendres et de rapilles qui achevèrent de brûler les arbres et les champs épargnés jusqu'alors. A cinq heures, la tranquillité était parfaitement rétablie, et la montagne se découvrit. Mais ce peu de temps avait suffi pour couvrir de limon tous les villages, toutes les habitations jusqu'à plusieurs lieues de distance.

« Le 12 d'octobre, à sept heures du soir, ces horribles phénomènes se renouvelèrent. Un tremblement de terre général fut suivi d'une éruption dont on entendit le bruit pendant toute la nuit. De nouveaux torrents d'une eau boueuse et chargée de limon, se précipitant vers la vallée, entraînèrent avec eux des rochers et des forêts entières, de manière que des collines furent élevées là où, peu de moments auparavant, il n'y avait qu'une plaine. Il fut bientôt impossible de reconnaître cette vallée auparavant si fertile et si peuplée. Tous les habitants, sans pouvoir seulement songer à la fuite, furent enterrés sous ces limons, et l'on pense que pendant cette nuit plus de deux mille personnes ont perdu la vie, dans le seul district de Singaparna, au nord de cette terrible montagne. Le volcan avait considérablement changé de forme pendant ce laps de temps ; il avait diminué de hauteur et était tronqué ; depuis cette éruption, il resta en mouvement ; il fumait encore le 12 novembre, et lançait en l'air des nuées de vapeurs. »

vers la terre, il implore la clémence du génie de la montagne de feu ; la conjuration terminée, il demande à l'un de nous une pièce d'argent, qu'il jette mystérieusement dans une crevasse du sol pour le rachat de nos vies, qui ne nous appartenaient plus, dit-il, du moment où nous avions mis le pied sur les domaines de l'esprit de la montagne : avancez sans crainte, ajouta-t-il, en se relevant, maintenant l'esprit est apaisé. Toutefois, comme l'un de nos compagnons faisait retentir le sol sous les ébranlements de son bâton, notre guide nous avertit qu'il n'était pas prudent d'irriter le génie du feu ; les coups de mon marteau m'attirèrent la même observation, mais je fis l'esprit fort et continuai à détacher des échantillons des diverses roches éparses au bord du cratère, absolument comme si le génie ne dût pas m'entendre, cela me valut plusieurs regards fort sinistres de notre guide qui se refusa péremptoirement à porter les échantillons de pierre que je venais de détacher.

Je reconnus, en m'avançant jusqu'au bord extrême du cratère, qu'il était impossible d'essayer de descendre dans le précipice affreux ouvert à nos pieds ; le dégagement des vapeurs d'eau et d'acide sulfhydrique avait d'ailleurs acquis une recrudescence extraordinaire et le vent les poussait vers nous. Il me fut donc impossible d'aller plus avant ; je me bornai à examiner, non sans risque d'être asphyxié, le bouillonnement du soufre fondu et les masses de boue noire se boursouflant au fond du cratère pour laisser exhaler des vapeurs d'eau et sans doute d'acide carbonique [1]. Une série de couches de basalte prismatique redressées verticalement et rappelant par leurs formes un vaste jeu de tuyaux d'orgue, constitue les flancs du cratère.

Nous nous dirigeâmes, en quittant le cratère du Gédeh, sur Gandang-pourroutt (l'étable du ventre), où nous fîmes une courte halte dans les carrés de fraises du jardin du gouvernement, avant de gravir le Panghérango. Il faut deux heures de marche pour atteindre le sommet de ce volcan éteint, situé à 3,232 mètres de hauteur absolue et considéré comme le point culminant de l'île de Java. L'effet de la raréfaction de l'air sur nos poumons, nous obligea à de fréquentes pauses; mais toutes nos fatigues furent oubliées lorsque nous aperçûmes, à quelques pas au dessous de nous, un joli verger renfermé dans l'enceinte du cratère, et au centre une maisonnette en bois destinée aux curieux de la nature. Nous en prîmes possession à ce titre; puis, en attendant la rentrée du paysan préposé à sa garde, nous nous répandîmes dans le verger où je venais de reconnaître plusieurs de nos arbres fruitiers d'Europe, des

[1] La majeure partie des volcans de Java dégagent des quantités de gaz acide carbonique d'autant plus considérables que l'intensité des forces volcaniques diminue, fait qui a déjà été observé ailleurs. On cite près du mont Sindoro une solfatare éteinte, connue dans le pays sous le nom de Guevo–upas (vallée du poison), et qui est un objet de terreur pour les habitants de la contrée. Tout être vivant qui pénètre dans cette vallée tombe frappé de mort; le sol est couvert de carcasses de tigres, de chevreuils, de cerfs, d'oiseaux et même d'ossements d'êtres humains asphyxiés par l'acide carbonique répandu dans l'atmosphère.

pommiers , des pêchers , des pruniers, des poiriers;
j'allais de l'un à l'autre, comme pour témoigner à chacun la joie que me causait ce frais souvenir de mon
pays. Un vaste jardin potager où croît le chou rouge,
le chou blanc , l'artichaut le céleri , le chou-fleur, la
pomme de terre, le cresson, nous offrit de précieuses
ressources pour notre souper.

Le flanc du cratère présente vers l'ouest une entaille
profonde par laquelle s'écoulèrent autrefois les matières
vomies par le volcan ; un frais et limpide ruisseau s'en
échappe aujourd'hui et donne naissance à la rivière de
Tjilewong, qui roule dans les plaines de Batavia ses
eaux tièdes et boueuses ; aux mille détours qu'il fait
avant de franchir l'enceinte du cratère, on dirait qu'il
semble obéir à regret à la pente qui l'entraîne vers la
plaine et retarder le moment où ses eaux jaunies seront
emprisonnées entre les digues d'un canal.

Un froid piquant commença à se faire sentir avant
le coucher du soleil, et nous força à chercher un abri
dans la maisonnette où un grand feu nous attendait.
Nous mangeâmes en grelottant le frugal souper préparé
de nos mains, espérant trouver sur la mousse de nos
lits la chaleur et le repos dont nous avions besoin ; mais
le froid nous ramena bientôt au coin du feu où, blottis
dans nos manteaux , nous passâmes une de ces interminables nuits de bivouac.

Les premiers rayons du soleil nous trouvèrent, au
sommet du Pangherango, en extase devant le tableau
le plus grandiose qu'il soit donné à la nature de dérouler
aux yeux de l'homme ; mon regard, franchissant d'un

seul bond vingt-cinq lieues de terres , plongeait , au sud, dans l'océan indien et, au nord , dans la mer de Java ; tout le pays environnant se présentait comme une vaste carte en relief. Ici, les cônes alignés du Tilo , du Malawar, du Wyahan, du Papandayany et du Chikura appartenant à la chaîne volcanique méridionale de Java semblent venir se ranger dans la direction de la chaîne septentrionale qui commence au pic de Karang et que tracent les sommets du Salak et du Gédeh. Là , le mont Tankuban-prohu marque l'un des anneaux de cette dernière chaîne ; les fertiles campagnes de Buiten-zorg et des Préangs étalent à nos pieds leurs riches cultures. Nous jouissions depuis une heure de cette vue magnifique, lorsque nous fûmes rejoints par un paysan venu à travers la montagne pour nous apporter une lettre du général Cleerens, intendant résident des Pré-angs qui , informé de notre prochaine arrivée dans la province , nous offrait l'hospitalité , à notre passage à Tjianior ; ce messager remporta avec nos remerciments notre acceptation, tracée au crayon sur la carte de visite de l'un de nous.

Nous reprîmes notre voiture à Tjipanaz, pour continuer notre route, vers le plateau élevé des Préangs. La route ne tarde pas à devenir très montueuse , ses pentes dépassent dans quelques endroits 12 p. 0/0 et il n'en faut pas tant pour arrêter tout court les petits chevaux de poste de Java. On y a pourvu en établissant au pied des plus fortes montées des relais de buffles ; nous gravissons ainsi, à l'aide de trois couples de buffles blancs, les pentes raides du Megamendoeng ; leur marche est lente mais continue ; quand les difficultés de la route augmentent et que le travail imposé excède leurs forces, ces pauvres animaux jettent dans les airs des cris déchirants et semblent demander grâce à leurs bourreaux ; mais la tâche est tracée, il faut atteindre le sommet du col, situé à 1,501 mètres de hauteur absolue. La route qui descend sur Tjianior présente des pentes non moins rapides, que nos chevaux parcourent au grand galop, au risque de nous jeter dans les précipices.

L'accueil du général Cleerens fut plein de cordialité. Ancien officier de l'empire, il a conservé cette tenue sévère, ces façons ouvertes, cet air vif et martial qui ont fait des militaires de cette grande époque un type à part. La présence de quelques Français avait réveillé toutes ses sympathies pour notre patrie ; il multipliait ses ordres autour de nous pour assurer notre bien-être et, quand nous fûmes réunis au salon, il évoqua ses plus chers souvenirs, en nous citant les noms de ses anciens compagnons d'armes dans les campagnes d'Espagne et de Portugal, où il a long-temps servi ; nous fûmes assez heureux pour lui donner des nouvelles de quelques-uns. Les souvenirs de ces temps héroïques avaient électrisé le vieux guerrier. Il nous raconta avec chaleur quelques épisodes de la guerre de Sumatra, où il avait éprouvé, nous dit-il, de vives contrariétés de la part du commandant en chef, dont il n'avait pas voulu seconder les mesures de rigueur dirigées contre les malheureux habitants.

La conversation s'engagea ensuite sur ses administrés, qu'il nous représenta comme les gens les plus heureux du monde du régime hollandais. Vous les verrez, nous dit-il ; ils sont gais, ils sont gras ; on voit que la nourriture ne leur manque pas. Ces quelques mots venaient de circonscrire cette image du bonheur dans la faculté de manger à sa faim. Cependant, répondis-je, on les plaint généralement de l'excès de travail qui leur est imposé pour la culture du caféier, et du salaire insignifiant qu'on leur accorde. Ce sont des erreurs ou des calomnies, s'écria le général Cleerens ; on alloue aux paysans 3 florins 75/100es par picle de café (soit 6 fr. 63 c. par 62 kilog. 1/2) et c'est assez, c'est peut-être trop pour l'emploi qu'ils en peuvent faire. Car je ne souffre pas qu'on fume l'opium dans les Préangs, et j'ai expulsé tous ces marchands chinois qui n'auraient pas manqué d'exploiter mes paysans et de corrompre leurs mœurs par l'appât de toutes ces inventions que le luxe enfante aujourd'hui ; mes paysans fabriquent eux-mêmes les étoffes dont ils font usage ; ils sont simples dans leurs goûts et n'ont que faire du dehors. Et je compris qu'on était ainsi parvenu à proportionner les besoins de ces pauvres paysans, voués à perpétuité à la production du café, à l'exiguité de leurs salaires.

14 avril.

Nous prîmes, après déjeûner, congé de notre hôte, qui voulut bien nous donner quelques lettres de recommandation et une note sur notre itinéraire à travers la grande province des Préang-régent-scappen qu'il gouverne.

La première poste de Tjeandpon franchie, non sans avoir plusieurs fois recouru à la population, dont nous réclamions l'assistance par le mot magique *tou-long, tou-long* dont nous avions déjà éprouvé la toute puissance, nous traversons la rivière de Tjisokkaï sur un pont de bois et, plus loin, celle de Tjitaroum, dont le lit est profondément encaissé dans un conglomérat basaltique ; chacun de ces passages exige des renforts de buffles dont les conducteurs reçoivent 12 duts pour bonne main, car il s'agit d'une prestation en nature que le gouvernement exige du propriétaire de ces animaux en faveur des voyageurs en poste.

A un mille et demi du relais de Radjamandala, nous nous arrêtons devant une indigoterie appartenant à l'Etat et dirigée par M. Camoenie, qui nous fait assister à tous les détails de cette fabrication et examiner les plantations [1]. A un mille plus loin, nous visitons une petite manufacture de thé, placée sous la direction d'un ouvrier chinois fort entendu, nommé Livankoc ; nous acceptons un échantillon de son thé, le seul qui mérite réellement ce nom à Java.

Nous pénétrons bientôt après dans une gorge resserrée entre des rochers abruptes d'un calcaire jaune, compacte, formant un massif assez considérable connu sous le nom de messigit. Ce calcaire est un des lambeaux de la formation crétacée inférieure dont j'ai déjà parlé ailleurs ; j'y recueille quelques coquilles fossiles d'un

[1] Voir, à la fin de ce volume, les détails relatifs à la culture et à la fabrication de l'indigo.

grand intérêt pour la détermination de l'âge de ce terrain. Au delà de cette gorge, le pays est découvert ;
des coteaux arrondis s'étagent dans le lointain, offrant
de vastes pâturages naturels, couverts de hautes herbes,
asile habituel des tigres qui infectent cette partie inhabitée de la contrée que nous traversons. Ce n'est guère
qu'à six milles de là que les cultures reparaissent, que
le pays reprend son aspect enchanteur. De belles plantations de caféiers se montrent partout où la culture du
riz, disposé en gradins sur le flanc des côteaux, lui a
laissé une place.

Il était encore jour, quand nous arrivâmes au bourg
de Bandong, demeure de M. Nagel, assistant-résident
du district de ce nom.

Notre voiture s'arrêta devant un hôtel d'une fort
belle apparence tenu par un ancien militaire hollandais;
sa femme, grosse blonde, à l'air avenant, nous installa dans des chambres où régnait la plus exquise propreté ; pendant qu'on nous préparait à souper, nous
allâmes consulter M. Nagel pour qui nous avions une
lettre d'introduction du général Cleerens, sur la meilleure direction à donner à nos courses dans son district.
Il voulut bien se charger de l'emploi de notre journée
du lendemain et nous proposa de rendre visite au *Radin
Adipatti wira natta koesoema*, régent de Bandong,
c'est-à-dire, prince suzerain des villages du district.
C'est un de ces nombreux seigneurs javanais que les
Hollandais on conservés ou rétablis sur les principaux
points de l'île, pour exploiter plus à leur aise les populations. Ces hauts fonctionnaires indigènes, qui par

leur naissance ou leur rang, exercent de temps immémorial une grande influence sur leurs paysans, ont mis pour un peu d'or, cette influence à la disposition du conquérant dont ils se sont faits les instruments passifs. Chargés aujourd'hui de transmettre et de faire exécuter. les ordres de l'autorité coloniale, ils répartissent ces prestations en nature qui ont transformé Java en une vaste ferme au profit de la Hollande; combinaison habile, à l'aide de laquelle la main qui pressure se cache et se dérobe ainsi aux conséquences d'un contact immédiat.

Le régent de Bandong touche annuellement, à titre de remise, sur les cafés versés dans les magasins du gouvernement colonial, près de 200,000 florins, soit 354,000 francs, avec lesquels il mène un train de prince. Il a une suite nombreuse de serviteurs, un palais somptueux, des équipages magnifiques ; il n'est bruit, dans le pays, que du nombreux corps de ballet qu'il entretient et du choix des bédayas qui le composent. Cet énorme revenu ne suffit pourtant pas à tromper les ennuis de son oisiveté, et chaque jour voit accroître ses dettes, à la satisfaction, dit-on, du gouvernement colonial qui n'aime pas que les régents thésaurisent.

15 avril.

M. Nagel a bien voulu prendre toutes les dispositions nécessaires pour la course que nous devons faire aux belles caféières de Lembang. Nous donnons, en passant, quelques instants à la cascade de Tjourock-tjikapoundang qui s'élance de 71 pieds de hauteur dans un cirque basaltique, où sa colonne d'eau de 6 pieds de diamètre se brise en écume. Les tigres, amateurs effrénés du pittoresque, se montrent fréquemment dans cet endroit que, pour ce motif, les Javanais évitent soigneusement, à la tombée de la nuit. Nous descendons de voiture à cinq cents pas de là, pour monter à cheval et traverser à gué la rivière dont nous avons tout à l'heure admiré la chute. Une troupe nombreuse de paysans, à la tête desquels est le chef indigène du district d'Oudjoung-broung, beau-fils du régent de Bandong, nous sert d'escorte.

Malgré l'argile grasse et glissante qui couvre le sol, nous gravissons rapidement les collines aux formes arrondies qui s'étagent jusqu'aux premières plantations de caféiers du plateau de Lembang, situé à 1278 mètres de hauteur absolue. Je n'avais rien vu de comparable à ces bois de caféiers, ou plutôt à ces jardins ; car la tenue de ces plantations laisse loin derrière elle le parterre le mieux soigné ; il y a même une recherche, un luxe de soins, de netteté qui semble dire que le travail ne coûte rien à celui qui l'exige. Nous traversons ces massifs impénétrables à l'œil et que des clairières divisent de distance en distance pour les besoins de l'exploitation, et nous gagnons le campong (village) de Lembang, colonie de travailleurs transportés de la plaine au centre du plateau pour se consacrer à la culture de ses immenses caféières.

Un grand déjeûner nous fut offert par le beau-fils du régent, au milieu de la place de ce village, sous un pavillon qui sert de prétoire. Le chef du campong avait été invité à prendre place à table. Pendant le repas, le beau-fils du régent ne fut servi qu'à genou et avec toutes les marques de la plus respectueuse soumission.

Je témoignai le désir de visiter, avant de partir, l'intérieur de quelques cases de paysans ; le beau-fils du régent voulut nous en faire lui-même les honneurs. La pauvreté régnait sans partage, dans ces maisonnettes en nattes, couvertes de feuilles de palmiers, mais non cette pauvreté abattue, indolente, voisine de la misère, cette pauvreté du nègre esclave qui engendre le désordre et la saleté ; il n'y avait, en fait de meubles ou d'ustensiles, rien en deçà, rien au-delà du strict nécessaire.

On dînait dans la dernière case où nous pénétrâmes ; un pilau de riz assaisonné de piment rouge et un tas de feuilles de tchoucomaine [1] cuites à l'eau fumaient dans deux larges feuilles de bananier, étalées sur un tamis en rotin jouant le rôle de plateau ; toute une famille accroupie autour de ce festin, puisait avec les doigts dans ces deux plats ; un pot bouillait encore sur le fourneau en terre établi dans l'un des coins de la chambre ; était-ce le second service ? Au fond de cette salle, s'ouvrait une alcôve formée de paillassons de rotin, alcôve mystérieuse où la natte du lit nuptial se cachait derrière une guenille de toile bleue ; quelques pots de terre, quelques vases en coco et un rouet complétaient l'ameublement, mais tout était parfaitement propre. Personne ne se

---

[1] C'est le nom d'un arbuste dont la feuille fournit un légume qu'on mange comme des épinards.

dérangea, à notre arrivée, une voix nous rendit avec douceur notre *tabé*.

La porte de chaque case est précédée d'une varande, espèce d'appentis ouvert à tous les courants et très-propre à donner de la fraîcheur, en garantissant les cloisons de la réverbération du soleil; c'est là que la femme javanaise passe la journée à filer, quand elle n'est pas obligée de suivre son mari aux champs pour partager son travail.

Pour compléter cette intéressante course, il fut décidé que nous effectuerions notre retour par le district de Tjiclokottot, dont le sol est aussi couvert de caféières. J'eus quelque peine à me rendre maître de l'ardeur du beau cheval arabe que je montais, au départ de Lembang, et j'arrivai fort avant mes compagnons de voyage à la cascade de Djamboudissa où l'on s'était donné rendez-vous. Lorsqu'ils me rejoignirent, j'avais eu le temps d'admirer cette magnifique nappe d'eau de 10 pieds de diamètre, se brisant de 263 pieds de hauteur sur une roche basaltique, noire, formant l'escarpement, et de recueillir de nombreux échantillons de basaltes compactes et cellulaires. Un thé nous avait été préparé sous un joli pavillon placé en vue de cette cascade; nous y fîmes une halte de quelques instants, avant de nous engager à travers les caféiers qui couvrent la pente de la colline de Djamboudissa.

Au-dessous des caféiers, nous traversons des champs où le tabac, le haricot, la pomme de terre, le maïs offrent les plus belles apparences de récolte. Nous avons, à nos pieds, l'immense plaine de Bandong couverte de champs de riz disposés comme les cases d'un damier, et notre vue s'arrête, à l'horizon, aux contours capricieux du mont Manglayan.

De retour à Bandong, et en attendant l'heure de nous rendre chez le régent, qui nous avait invités à venir passer la soirée chez lui, je visitai les nombreuses collections de l'assistant résident ; elles réunissent tout ce que le pays peut offrir de curieux en objets d'histoire naturelle. M. Nagel a inventé, pour prendre les tigres, une trappe infiniment préférable aux fosses en usage et dont ces animaux se méfient toujours. Elle se compose d'une cage fort solidement construite à claire-voie, séparée en deux compartiments ; le plus petit renferme une chèvre vivante qui sert d'appât, l'autre compartiment a, vers l'extrémité opposée à l'appât, une porte à coulisse, tombant comme celle d'une souricière lorsqu'on agite une espèce de cloison en natte, très mobile, placée au fond de cette cage ; le tigre, après avoir rôdé autour de la cage pour s'y introduire, entre par la seule ouverture existante et rencontre la cloison mobile qu'il cherche à écarter avec sa patte ; c'est alors que la porte à coulisse s'abaisse derrière lui : les tigres se sont tellement multipliés dans les environs de Bandong, qu'il en a été pris huit en moins de deux mois, au moyen de cette sorte de trappe. Il y avait, me dit M. Nagel, urgence à aviser au moyen d'en diminuer le nombre, car ils faisaient d'effrayants ravages parmi les bestiaux, et plus de deux cents habitants du district étaient dévorés dans le cours de l'année. Les tigres pris récemment avaient été étranglés dans la cage même ;

aussi étaient-ils dans les meilleures conditions possibles pour être empaillés. Je mesurai l'un de ces animaux dont la taille m'avait frappé ; il avait 2 mètres 50 centimètres de longueur, de l'extrêmité du museau à la naissance de la queue, et 1 mètre de tour de tête.

M. Nagel nourrit chez lui quelques animaux qui fixèrent mon attention ; j'y vis un chien sauvage, espèce de chacal de forte taille, dont la férocité est extrême : on assure qu'il ne craint pas de s'attaquer au buffle et que s'il parvient à se glisser sous son ventre, il le déchire par ses morsures répétées et lui donne ainsi la mort.

Je remarquai aussi deux orang-outangs apportés de Bornéo. L'intelligence de ces singes est, on le sait, fort remarquable. M. Nagel prit une pierre comme s'il voulait décaler le barreau qui ferme la porte de leur cage et la laissa tomber, par une maladresse simulée, du côté des prisonniers ; l'un des orangs s'empressa de la ramasser et de la lui présenter ; lorsque le coin qui presse le barreau fut enlevé, l'orang attentif à tous ses mouvements se plaça sur le dos et fit avec les pieds et les mains un double effort de bas en haut, auquel céda le barreau en glissant dans la rainure ; puis il courut droit à la cuisine pour demander du riz ; son maître le ramena ensuite à sa cage, en le tenant par la main comme on conduirait un enfant.

En traversant la place de Bandong, je remarquai une grande cage autour de laquelle les paysans s'étaient rassemblés ; elle renfermait un jeune rhinocéros vivant, qu'on allait envoyer en cadeau au sultan de Bali ; il

avait l'air peu farouche et mangea devant moi les
feuilles de la branche d'arbre avec laquelle on avait
essayé d'exciter sa colère.

Vers huit heures du soir , une calèche à quatre chevaux vint nous prendre à l'hôtel , pour nous conduire
au palais du régent de Bandong; ce prince s'avança jusqu'au péristile pour nous recevoir. Il était revêtu d'un
riche caftan de soie et portait au côté un kress , dont
la poignée d'or était enrichie d'un diamant que **M.**
Nagel me dit valoir 80,000 francs. A peine avions nous
pris place dans un vaste salon, que du fond des appartements intérieurs , huit bédayas s'avancèrent lentement , en préludant par des gestes mystérieux à des
danses dont l'origine remonte sans doute au culte de
Brahma ; puis , soulevant au-dessus de leurs têtes les
deux bouts de l'écharpe de mousseline lamée d'or qui
ceignait leurs tailles , elles se balancèrent, flexibles
comme des couleuvres , au son cadencé du gambang
marié au chelempung. La lenteur de leurs mouvements nous permit de détailler leur brillante toilette :
des cimiers d'or ornaient leurs têtes ; leurs tailles ,
plus souples que minces , étaient renfermées dans des
corsets de velours vert , brodés d'or ; une jupe de soie
rouge , garnie de riches franges d'or et relevée de côté
par une agrafe , laissait apercevoir toute la jambe, que
des lames d'or entouraient jusqu'au mollet : **M. Nagel**
nous apprit que chacun de ces costumes était estimé
4,000 francs.

Nous eûmes bientôt assez des pauses monotones de
ces danseuses; d'ailleurs , on nous avait proposé de

fumer, et notre attention venait de se fixer sur le charmant porte-cigare du régent. Oh! si j'étais fumeur, j'en voudrais à tout prix un semblable ! La forme, sinon la matière, en fesait tout le mérite ; ce n'est, en effet, ni par les métaux précieux, ni par les pierreries qu'il brillait d'un si bel éclat ; la simple nature, mais une nature de choix, ravissante de grâces, en avait fait tous les frais, et je ne saurais le comparer qu'au délicieux porte-mèche qui l'accompagnait. Pauvre race occidentale ; race sans esprit d'invention, c'est en vain que tu tends les ressorts de ton imagination pour varier les formes et la matière de tes porte-cigares et de tes porte-mèches ; tu en as fait en or, en argent, en cristal ; tu leur as donné l'apparence d'un vert buisson et la grâce d'un frais bouquet de fleurs ; hé bien ! le Radin-adipatti de Bandong a trouvé, sans tant se creuser la cervelle, la vraie, la meilleure forme, celle dont l'image se mêlant aux fumées du cigare doit disposer aux plus délicieux rêves.... Et je ne fume pas, moi qui ne pouvais me lasser d'admirer le porte-cigare et le porte-mèche du régent, alors qu'accroupies comme la Vénus, ces deux jeunes filles nous offraient leurs services.

Après le thé et le café, les danses recommencèrent. Six nouvelles bédayas portant le costume albanais vinrent exécuter un ballet, dont les scènes vives et passionnées ne manquèrent pas de grace.

Il était 10 heures, nous prîmes congé du régent.

Départ de Bandong pour la province de Chéribon. Du plateau élevé de Bandong, on descend de 234 mètres, par une pente douce, sur le bourg de Soemedang, situé à 47 kilomètres de là. Les accidents de terrain varient à chaque pas l'aspect de ce pays enchanteur, où les cultures de toute sorte, se mêlant çà et là aux bouquets de bois vierges, semblent lutter avec eux de puissance de végétation.

La lettre d'introduction du général Cleerens nous valut le meilleur accueil de l'assistant résident du district, M. Schirck, dont la conversation sur le pays et ses cultures nous offrit beaucoup d'intérêt. Il nous proposa de nous conduire chez le régent de Soemédang, qu'il venait d'informer de notre arrivée. Nous acceptâmes sa proposition, mais pour notre retour, notre intention étant d'aller plus loin dans la journée; toutefois, nous fûmes retenus à Soemédang quelques heures de plus que nous ne comptions, faute de chevaux, attendu qu'il n'existe qu'un seul relais dans chaque poste et que, pendant notre causerie, un riche chinois, fermier de la vente de l'opium, l'avait pris.

L'hôtel de Soemédang, comme tous ceux de la route, est tenu par une famille hollandaise pleine de prévenances pour les voyageurs. Il se trouvait abondamment pourvu d'excellent vin du Rhin qui nous fit prendre patience. Nous eûmes aussi le temps de visiter à loisir le bourg et ses boutiques.

Au fond de l'une d'elles, on était occupé à torréfier

sur une plaque de tôle, de petites galettes minces de terre argileuse, rougeâtre, qu'on tournait en forme de cornet.

On sait que dans cet état cette substance, connue sous le nom d'*ampo*, sert à la nourriture du peuple. J'examinai avec attention cette argile, dans laquelle je crus apercevoir quelques filaments organiques qui pourraient bien être des animalcules microscopiques analogues aux bacillaria, gaillonella, etc., découverts à l'état fossile dans le tripoli de Bilin (Bohème) par le professeur Ehrenberg de Berlin ; leur présence expliquerait les facultés légèrement nutritives de cette argile et l'odeur de brûlé qu'elle contracte par la torréfaction [1].

Le pays que l'on traverse, en quittant Soemédang, est couvert de belles rizières et de prairies naturelles qui s'étendent à perte de vue ; c'est là, nous dit notre guide, que les tigres se cachent pour guetter leur proie.

Nous arrivons à Karang-Sambong, après avoir franchi la petite rivière de Tjipanagaru à gué, celle de Tjimanuk sur un bac à traille et la rivière d'Indramaijo sur un bac libre. Cette dernière est navigable pour de fortes chaloupes, à l'aide desquelles sont transportés le riz et les denrées coloniales, que l'on embarque à bord des bâtiments ancrés à son embouchure.

---

[1] Les infusoires renfermés dans le tripoli de Bohème, ainsi que dans celui de Planitz en Saxe, sont des espéces d'eau douce ; toutefois, elles pourraient parfaitement vivre dans certaines terres argileuses, poreuses et saturées d'eau telles qu'on en trouve à Java : j'ai vu sur les bords du lac Paniéfoul (Sénégambie) des argiles pénétrées de mollusques à coquille , qui y vivent.

Le manque de chevaux, à la poste de Karang-Sam-bong, nous obligea à borner là notre journée. Nous dûmes donc nous arrêter dans une misérable auberge tenue par un Français. Nous avions heureusement un excellent emploi à faire de notre après-midi, à la sucrerie de Kadi-pattan; son propriétaire, M. Leyssius, nous reçut avec empressement. Il nous fit visiter dans ses moindres détails cette belle usine, dont le produit annuel est de 12,000 piculs (744,000 kilo.) de sucre blanc. Je recueillis des notes précieuses sur le mode d'exploitation suivi par M. Leyssius, ainsi que sur les conditions du contrat qui le lie au gouvernement colonial. [1]

On nous pressa de partager le repas de famille qu'on venait de servir, et l'air engageant de nos hôtes non moins que la peur du souper qui nous attendait à l'auberge de Karang-Sambong nous déterminèrent à accepter. Une causerie fort intéressante vint animer ce repas, causerie à laquelle le vin du Rhin ajouta au dessert le charme d'un aimable abandon. On épuisa le chapitre des aventures extraordinaires, des faits miraculeux qu'offre en foule l'île de Java. On nous conta entr'autres choses l'histoire surprenante d'une colonie de singes sacrés existant à Radja-Gallo et que les habitants de ce village nourrissent religieusement. Malgré le ton sérieux qu'avait pris le narrateur, j'avoue que je réservai ma foi jusqu'à plus ample informé, tant cette histoire

[1] Voir, à la fin du volume, le mémoire consacré aux cultures de Java.

me parut étonnante et bizarre. Puis, on nous cita le nom d'un officier français de l'ex-garde royale , venu dans le pays après 1830 avec un de ses amis, pour y former un établissement agricole. Ils avaient pris l'un et l'autre une véritable passion pour la chasse au tigre; un jour qu'ils étaient ensemble, M. *** vit les hautes herbes s'agiter comme à l'approche d'un de ces animaux et fit feu dans cette direction ; c'était son meilleur ami qu'il venait de frapper mortellement. Dans son désespoir il voulut se faire sauter la cervelle ; on parvint, non sans peine, à le calmer ; il consentit à vivre pour venger sur les tigres la fatale erreur qui l'a privé de son ami et trouver dans un de ces combats la mort qu'il appelait de tous ses vœux. Vain espoir , deux cents tigres sont depuis lors tombés sous ses balles ; partout où l'un de ces terribles animaux fait des ravages , on vient réclamer le secours du tueur de tigres; c'est ainsi que le désignent les Javanais , qui le regardent d'ailleurs comme un être surnaturel.

M. Leyssius nous raconta ensuite ses prouesses personnelles contre les tigres. C'est toujours, comme bien l'on pense , la même histoire ; on a aperçu l'animal à deux cents pas , au moment où il sautait au-dessus des hautes herbes pour reconnaître la position de sa proie ; on remarque par le mouvement de ces herbes la direction qu'il suit en rampant et on le tire à quinze pas de distance, au moment où il se redresse pour bondir sur son ennemi ; atteint du premier coup, il est mis hors de combat par le second tiré à bout portant ; les Javanais assez courageux pour accompagner l'intrépide chasseur, achèvent le tigre avec leurs piques ; l'animal a cependant la force, avant de mourir, de lancer au hasard sa patte meurtrière, et ce seul coup a privé d'un membre l'imprudent Javanais. Maintenant faites varier la défense du tigre et le nombre de membres qu'il abat, avant d'expirer, et vous aurez toutes les chasses possibles au tigre : je me borne ici à indiquer la formule générale, le cadre de toute histoire de l'espèce, de peur de produire sur mes lecteurs l'effet de ces contes à dormir debout.

17 avril.

Nous avions retrouvé, sur le vaste plateau des Préangs, situé à 710 mètres au-dessus du niveau de la mer, la délicieuse fraîcheur de nos climats tempérés ; mais, à Karang-Sambong, commencent les plaines basses de Chéribon et la chaleur suffocante des tropiques. Hier, nous avions visité les champs de cannes de M. Leyssius, nous retrouvons, aujourd'hui, en traversant la contrée qui nous sépare du Chéribon, toutes les cultures du bas pays ; l'indigofère a pris la place du riz, dans les sawas (rizières), situés aux alentours de la grande fabrique, où nous nous arrêtons quelques instants. C'est là qu'on achève la cuite des produits de quarante-une petites usines qui se bornent à préparer l'indigo à l'état de pâte liquide.

Notre premier soin, en arrivant à Chéribon, fut d'aller rendre visite au résident de la province, M. Ament, qui nous reçut avec cordialité. En attendant l'heure de son dîner, que nous avions accepté, il voulut nous faire visiter la ville.

Sa situation, à l'embouchure de la rivière de Tji-ribon, sur une plage basse s'ouvrant dans une vaste rade où les bâtiments trouvent, à une lieue au large, un bon mouillage, est favorable au commerce; son climat est très sain. Toutefois, ce double avantage n'a pu prévenir sa rapide décadence, du jour où Chéribon a cessé d'être le centre de la puissance des sultans.

Les Chinois et les Arabes ont dans leurs mains tout le petit commerce. Les maisons du quartier qu'ils habitent sont construites en pierres, mais généralement de médiocre apparence; les quelques belles maisons disséminées dans ce quartier appartiennent aux négociants européens qui servent de correspondants au commerce de Batavia. Le reste de la population, et c'est la grande majorité, se compose de Malais.

Pendant le dîner et dans la soirée, M. Ament, l'un des hommes les plus distingués de la colonie, nous donna une foule de renseignements pleins d'intérêt sur l'île de Java et son administration, qu'il connaît dans ses moindres détails. [1]

C'est aux environs de Chéribon qu'est situé le tombeau du célèbre cheyk Moulana, qui le premier prêcha la religion de Mahomet, dans l'île de Java. Un vieillard dans l'imbécillité est tout ce qui reste de cette famille puissante qui régna avec éclat, pendant plusieurs siècles, sur une partie du territoire de l'île. Il reçoit du gouvernement hollandais une pension annuelle de 18,000

---

[1] Voir, à la fin de ce volume, le mémoire relatif au système de colonisation et aux cultures de Java.

florins, pour veiller sur le tombeau du délégué du prophète. Nous dûmes renoncer à visiter ce saint lieu, parce que la présence des chrétiens y est considérée, nous assura-t-on, comme une espèce de profanation qui irrite le peuple ; or, les Hollandais ont porté aussi loin que leur intérêt le leur conseillait, le respect des croyances religieuses du pays conquis.

18 avril.

Il est 6 heures du matin, M. Ament vient nous prendre avec sa calèche pour aller visiter les ruines du palais de Saungirachi, ancienne résidence des sultans de Chéribon. Une escorte nombreuse formée des chefs des villages voisins tous à cheval, entoure la voiture ; l'un d'eux porte le parasol d'honneur, marque distinctive de la souveraineté du résident. Un peloton de lanciers, espèce de garde-du-corps, nous précède au galop.

Le palais de Saungirachi est une vaste construction d'un style fort original ; l'architecte chinois y a accumulé tout ce que son imagination a pu inventer dans le genre bizarre et fantastique ; ce sont des pavillons, des grottes, des couloirs, des voûtes, des issues secrètes faisant communiquer de petits appartements dont les murs extérieurs sont en rocaille. Des ornements dans le genre chinois sont répandus à profusion, sinon avec goût ; ici, les parois de cette salle sont garnis de carreaux de porcelaine ; là, est un pavillon à jour, dont le plafond est couvert de peintures, le treillis de bambou qui le décorait autrefois a disparu sous l'injure du temps. Un vaste marécage entoure cette demeure princière, c'était naguère une magnifique pièce d'eau, où le nélumbium chéri des Chinois, étalait ses larges feuilles, épanouissait ses fleurs ; d'abondantes eaux amenées à grands frais par un aqueduc dont on aperçoit au loin les ruines, entretenait partout la plus agréable fraîcheur. Une grotte garnie de sophas fixa surtout notre attention. C'est là, nous dit le vieillard qui nous servait de guide, que le dernier sultan se retirait avec ses femmes, pendant la chaleur du jour ; une nappe d'eau descendait de la partie supérieure de cette grotte, qu'elle fermait d'un rideau impénétrable à la chaleur comme à l'œil indiscret des serviteurs du palais.

A douze milles de là, sur la route de la province de Tagal, est située une grande sucrerie que M. Ament voulut nous faire visiter. Le Chinois qui en est le principal propriétaire, nous fit voir en détail tout ce qui concerne la culture de la canne et la fabrication du sucre, qui s'élève annuellement à deux millions de kilogrammes ; la préparation du rhum et de l'arak nous présenta aussi de l'intérêt. Pendant le déjeuner notre hôte nous raconta ainsi son histoire :

Le manque de travail et la misère m'ont forcé à quitter, il y a 28 ans, le Foo-Kien, ma patrie. Ma fortune faite, j'ai songé à exécuter le projet, que j'avais caressé toute ma vie, d'aller mourir au pays de mes pères. Il y a trois ans que j'ai essayé de le réaliser ; je suis donc retourné au Foo-Kien, mais, craignant l'application des peines sévères qui interdisent l'émigration, j'ai cru qu'il était prudent de laisser provisoirement à Java la plus grande partie de ma fortune, et bien m'en a pris.

A peine débarqué à Amoy, je me hâtai d'entrer en pourparler avec les mandarins, pour régler les conditions de mon retour, mais ils ont mis leur complaisance à un tel prix, ils sont si souvent revenus à la charge pour m'extorquer le peu que j'avais rapporté en Chine, que j'ai dû reprendre, pour me soustraire à leurs exactions, mon costume d'homme du peuple, et revenir ici, où je mourrai.

Cette histoire soulève un des coins du voile épais qui dérobe à notre vue l'état réel de la société chinoise; on y voit jusqu'à quel point la corruption des mandarins réussit à s'abriter sous la terreur qu'inspirent les lois qu'ils sont chargés d'appliquer.

Nous nous dirigeons, en quittant Chéribon, sur le district de Madjalengka, en nous rapprochant du volcan de Tchermaï qui s'élève, au milieu d'une immense plaine basse, à 3053 mètres au dessus du niveau de la mer et dont les feux semblent éteints depuis l'éruption de 1805. Sa base est circonscrite par une ligne de calcaire jaune, de la formation crétacée, dont les couches relevées verticalement paraissent avoir été rejetées dans toutes les directions pour faire place à cette montagne sortie d'un seul jet des entrailles de la terre.

Nous avions hâte d'arriver à Radjagallo, où nous devions voir de nos propres yeux la tribu de singes sacrés, dont l'histoire nous avait paru si merveilleuse. M. Boutmy, contrôleur des cultures, nous attendait pour nous conduire à la petite forêt, distante d'environ un mille du village de Radjagallo et qui sert d'asile à ces singes. Cette forêt n'a guère, nous dit-il, qu'une lieue et demie de tour ; elle était autrefois habitée par deux tribus de singes obéissant chacune à un chef. La guerre éclata entr'elles, on ne sait à quelle occasion ; elles en vinrent aux mains et, dans le combat qui fut des plus acharnés, l'un des deux chefs fut blessé mortellement. Alors sa tribu se débanda et alla cacher, dans la profondeur d'un bois éloigné, la honte de sa défaite, tandis que le vainqueur prenait possession de toute la forêt. Vous distinguerez tout à l'heure, ajouta-t-il, le chef de la tribu à sa taille et à sa force ; il règne en despote sur son petit peuple qui ne peut manger que quand il n'a plus faim et faire l'amour qu'à la dérobée et loin des regards jaloux du maître.

Cette conversation , que j'avais écoutée avec les préventions d'un homme qui craint une mystification , nous avait conduits jusqu'à l'entrée de la forêt. Cependant, quand je vis une troupe de paysans apporter dans des corbeilles les vivres que l'on devait distribuer aux singes , je sentis ma confiance renaître par degré. Nous arrivâmes bientôt à une clairière pratiquée dans l'épaisseur du bois , espèce de salle de verdure consacrée aux convocations de la tribu des singes. A peine y avions-nous pris place que les paysans se mirent à frapper à coups redoublés sur le tronc d'un arbre creux ; les échos de la forêt répondirent seuls à ce signal. On commençait déjà à douter que les singes se rendissent au rendez-vous ; le mandour du village jugea donc qu'il fallait mettre en œuvre les grands moyens : une pierre brute , sorte de Men-hir haut de quatre pieds , s'élève au milieu de la salle de verdure ; elle est consacrée à la mémoire d'un prince javanais qui , sur le point d'être atteint , à ce que rapporte la légende, par Rakchasa, le génie du mal, disparut sous terre dans cet endroit ; le génie irrité y enfonca cette pierre pour l'empêcher à jamais de reparaître au jour. Le mandour s'avança d'un pas solennel jusqu'à la place maudite , y alluma un paquet d'herbes sèches et , le front dans la poussière , évoqua l'âme du prince javanais au salut de laquelle les singes sont chargés de veiller.

A peine terminait-il sa conjuration , que le frémissement lointain des feuilles nous annonça l'arrivée de la tribu des singes sacrés. A la tête de la première escouade, parut un gros babouin gris d'environ deux pieds de haut. Il traversa d'un air fort résolu la clairière et vint droit à moi, pour prendre dans ma main une boulette de riz cuit et une banane que je lui présentai. Le reste de la bande s'assit en face de nous et se mit à manger fort tranquillement les vivres que nous avions déposés dans des corbeilles.

En l'absence du grand chef, le singe dont j'ai parlé semblait s'être arrogé le droit d'opprimer les faibles, il n'en laissait approcher des corbeilles que lorsque ses pattes, sa bouche et ses bajoues ne pouvaient plus rien contenir. Sur ces entrefaites , le chef de la tribu survint accompagné d'une troupe nombreuse ; mais il se tint à la lisière du bois , se bornant à examiner avec étonnement ce qui se passait. Les Javanais ne nous cachèrent pas qu'il trouvait indue l'heure de notre visite et qu'il fallait que nous fussions des êtres tout-à-fait privilégiés pour avoir obtenu sa comparution au moment

où le soleil allait se coucher. Nous perdîmes à être arrivés trop tard les scènes érotiques qui terminent ordinairement ce repas.

Ces singes, on l'a déjà compris, sont en grande vénération auprès des habitants du village de Radjagallo,
qui leur portent chaque jour, dans ce bois, une offrande
de riz et de fruits. On serait donc fort mal venu à les
maltraiter ; au surplus, à défaut des paysans javanais,
les singes se chargeraient sans doute eux-mêmes du
soin de leur vengeance. On raconte à ce sujet qu'un
résident hollandais, venu pour les visiter, réussit à
s'emparer de l'un d'eux. Comme il se disposait à l'emporter, il fut assailli par la troupe entière qui le mordit
à belles dents et mit en pièces ses habits ; une prompte
fuite put seule le soustraire à leur rage.

A deux lieues de là, nous descendions de voiture
devant le palais du régent de Madjalengka, où nous
devions passer la nuit.

Radin Adipatti aria karta di Ningrat, tel est son nom,
s'avança jusques sous le péristyle pour nous recevoir.
Il nous donna à tous, comme à d'anciens amis, d'affectueuses poignées de mains, en nous entraînant dans
son salon. Ses manières affables, son air noble et dis-
tingué, sa physionomie ouverte nous avaient, dès les
premiers moments, prévenus en sa faveur ; sa gracieuse
et confortable hospitalité, ainsi que sa conversation,
achevèrent de confirmer la bonne opinion que nous
avions conçue de ce haut dignitaire indigène, à qui le
gouvernement hollandais fait un traitement annuel de
10,000 florins, non compris 15 à 1800 florins à titre

de remise sur les produits du café et de l'indigo de sa régence.

Une troupe de Rangouns vint bientôt exécuter devant le palais, la danse connue dans le pays sous le nom de tandak, danse lascive qu'il est impossible de décrire. Le bouffon du régent y avait pris un rôle et ses poses grotesques excitèrent plusieurs fois notre hilarité : quant à la foule accourue pour prendre sa part des divertissements, elle semblait attendre le signal du maître pour se livrer à sa joie bruyante qui n'était guère que l'écho des éclats de rire du régent. Ce bouffon paraît d'ailleurs jouir de toute la faveur du peuple, dont il prend, dit-on, les intérêts auprès du chef suprême, en traduisant sous forme de plaisanterie, les doléances des habitants du district ; comme notre arlequin, il dit la vérité en riant ; aussi, les chefs subalternes le détestent-ils.

L'annonce du souper mit fin aux danses ; nous prîmes place autour d'une table parfaitement servie, dont le régent fit les honneurs avec beaucoup d'aisance. Il avait d'excellent vin et mettait la meilleure grâce du monde à le faire boire, mais, rigide observateur de la loi de Mahomet, il ne but que du thé, pendant le repas, et c'est avec cette infusion qu'il nous fit raison des santés que nous lui portâmes.

A peine étions-nous hors de table, que la troupe des bédayas sortit brillante et parée de l'intérieur des appartements. Les écharpes de gaze lamée d'or de ces danseuses et leurs bras entrelacés formaient une double chaîne, rasant lentement la terre dans ses gracieuses ondulations ; la molle langueur des mouvements de ces femmes, leur mise théâtrale, leurs poses indécises, leurs figures rayonnantes des feux de la volupté auraient admirablement servi d'introduction aux scènes mystérieuses du culte d'Isis. C'est assurément sous le ciel de Java, sous ce ciel où l'amour tient une si grande place dans les occupations de la vie, que devait naître cette danse mystique, ardent poème dont les chants consacrés aux préludes de la volupté l'éternisent en en suspendant l'instant suprême.... Quels accents d'amour exhalaient cette torsion magnétique des bras, cette tête roulant sur ses épaules, comme abandonnée à son propre poids, cette délirante expression de l'œil, ce balancement imperceptible de ce corps si souple, ce frémissement pressé, tumultueux, convulsif de ce doigt où semble s'être réfugiée toute l'activité de la vie !...

Cependant dix heures allaient sonner; c'est une heure quelque peu indue pour des voyageurs sur pied depuis le point du jour ; nous prîmes donc congé de Touan [1] Adipatti, qui nous donna le *Salamat-soré.*

19 avril.

M. Boutmy nous avait précédés à Madjalengka, pour hâter les préparatifs de notre course aux belles caféières d'Argalengka : nous partîmes donc avec le régent qui voulut se joindre à lui pour nous faire les honneurs du pays.

J'étais placé à sa droite dans sa calèche, qu'escortaient un groupe de cavaliers armés de lances et les chefs des villages voisins. Deux de ses gens, porteurs

[1] Mot malais qui signifie *monsieur.*

l'un du parasol d'honneur blanc orné d'une bordure d'or, l'autre d'un crachoir en argent, que l'usage du bétel rend indispensable, se tenaient derrière la voiture. Touan Adipatti ne portait plus le costume javanais que nous lui avions vu la veille ; comme nous devions monter à cheval, il avait emprunté à nos modes européennes le pantalon collant de drap élastique et subi le joug du sous-pied ; un brodequin de prunelle chaussait fort coquettement son petit pied ; mais il avait conservé la veste arabe aux manches longuement échancrées et garnies de boutons ; un sarong de soie en batik recouvrait en partie son pantalon, il était coiffé d'un grand mouchoir roulé en turban, et à son côté brillait un magnifique kress orné de diamants. En route, nous causâmes des principales productions du pays, puis de l'Europe et de la France, que je l'engageai, en plaisantant, à venir visiter ; les détails dans lesquels j'étais entré sur sa puissance, sa richesse, sa nombreuse population lui arrachèrent à plusieurs reprises cette exclamation, *bessar nagri !* grande nation !

Le pays que nous traversons est d'une prodigieuse fertilité. Les champs de riz couvrent les pentes des montagnes aussi bien que le sol des plaines basses. Les trois variétés de riz connues sous les noms de riz de terres noyées, riz de côteaux, riz de montagne y sont cultivées dans la situation qui convient à chacune [1]

---

[1] J'ai remis des échantillons de ces trois espèces de riz aux ministères de la guerre et de la marine, pour être essayés à la Guyane et dans l'Algérie.

Des lignes de kachang (espèce de haricot) bordent çà et là la route.

Chaque village nous salue de sa bruyante musique où le son criard du hautbois se mêle au vacarme produit par un jeu de gongs disposés en harmonica. Le peuple se prosterne et tous les hommes valides accourent à notre voiture, pour pousser à la roue dans les montées ; je crois, toutefois, reconnaître dans cet empressement plus de dévouement au chef indigène que de servilité. Touan Adipatti me fait remarquer, en passant, une forte entaille pratiquée dans le flanc d'une colline que traverse la route. Voici comment on s'y était pris, tout à la fois pour déblayer la pente et exhausser par un remblai le sol de la petite vallée que longe le pied de la colline. On avait amené momentanément sur ce point un fort ruisseau, et tandis que des hommes armés de pioches fouillaient le sol, l'eau en emportait la terre ainsi ameublie, jusqu'au pied de la colline, où un barrage en bambou l'arrêtait ; le niveau de la vallée s'était ainsi trouvé exhaussé de tout ce qu'avait perdu le talus de la colline. J'eus occasion de remarquer sur la route plusieurs endroits où cet ingénieux procédé avait été appliqué.

En descendant de voiture, à la porte de l'habitation de M. Boutmy, nous trouvâmes les chevaux déjà sellés pour notre course aux caféières d'Argalengka, situées à 1217 mètres de hauteur absolue sur les contreforts de la montagne de Tchermaï. Nous fûmes bientôt au milieu d'un bois épais de caféiers presqu'aussi beaux que ceux de Bandong. Nous retrouvions aussi ce luxe de soins qui indique que le travail ne coûte rien à celui qui l'exige. D'élégants kiosques sont placés de distance en distance sur le chemin, pour la commodité des agents chargés de la surveillance de ces plantations. Nous fîmes une halte, au point le plus élevé, afin de contempler la magnifique plaine de Madjalengka. Au retour, j'avais mis pied à terre pour examiner la nature des matières volcaniques dont le sol se compose, et je recueillis de nombreux échantillons de trachyte, de quartz xyloïde, de basalte smalloïde, d'obsidienne et d'agathe géodiques. Pour rentrer à l'habitation de M. Boutmy, nous eûmes à traverser de vastes plantations d'aren, sorte de palmier dont le suc séveux fournit la matière connue sous le nom de sucre de jagre, le seul que consomment les habitants du pays.

On s'était occupé, pendant notre absence, de nos plaisirs, et nous fûmes fort agréablement surpris, à la vue des apprêts d'un tournoi donné par le régent, en l'honneur de ses hôtes, sur la place du village d'Argalengka. De riches bannières, des pavillons de toutes couleurs flottaient au-dessus des arceaux de bambous découpés en franges, qui ornaient le champ-clos.

A peine avions-nous pris place dans le kiosque du régent, qu'un groupe nombreux de cavaliers choisis parmi la noblesse du pays et les chefs des villages du district, s'ébranla pour exécuter selon l'usage le défilé au pas, puis au trot et, enfin, au grand galop. Chaque cavalier inclinait sa lance avec respect devant le régent et allait reprendre sa position à l'extrémité opposée au kiosque où nous étions placés. Tous ces

chevaux, et il y avait là de magnifiques arabes pur
sang, appartiennent au régent, qui en a environ deux
cents cinquante dans ses écuries. Le cavalier le plus remarquable, celui qui paraissait manier le mieux son
coursier est le chef du village d'Argalengka. Une veste
étroite en drap bleu, un pantalon et le saroug batik attaché autour des reins en forme de jupon composent son
costume , des masses de cheveux noirs s'échappent de
son képi et flottent sur ses épaules comme une immense
crinière ; le kress fixé à sa ceinture est rejeté sur son
dos ; les orteils de ses pieds nus sont engagés dans les
branches de ses étriers ; des bandes d'argent garnissent
la bride de son cheval, qu'un riche caparaçon de velours rouge, orné de larges bandes d'argent recouvre,
comme d'une armure étincelante.

Au défilé succèdent les jeux, simulacres du combat.
Deux cavaliers, armés de lances où flottent de petits
pavillons triangulaires, s'élancent au galop à la pour-
suite l'un de l'autre et se rejoignent aux deux tiers de
leur course ; le cavalier chargé présente alors par le travers sa lance renversée, comme pour protéger sa fuite,
et son adversaire essaie, par des chocs et des saccades
de l'abattre ou de la faire voler en éclats. Plusieurs
cavaliers sont ainsi successivement désarmés. Vainqueur
et vaincu, les deux champions arrivent ensemble devant
la barrière qui borne le champ clos et arrêtent brusquement leurs chevaux lancés à fond de train.

Introduit par les Arabes, lors de la conversion des
habitants de Java au mahométisme, ce tournoi avait
transporté nos imaginations au temps où fleurissait

ja chevalerie ; nous assistions à l'une de ces grandes fêtes guerrières décrites par les historiens du moyen-âge, sous les murs de l'Alhambra. Le costume des combattants, le harnachement des chevaux, les règles du combat, le concours de la population, la pompe de la fête, tout chez ce peuple javanais, si éminemment conservateur de ses coutumes, s'est transmis d'âge en âge sans la moindre altération ; et vainement chercherait-on, aujourd'hui, ailleurs, la trace vivante de ces jeux guerriers ; il n'est pas jusqu'aux bouffons du prince dont les scènes grotesques ne vinrent imprimer à la tradition le cachet de l'exactitude ; couverts d'armures en papier argenté et montés sur de pauvres rossinantes transparentes comme des lanternes, ils nous donnèrent le spectacle d'une charge des plus comiques, dans laquelle l'un des deux champions, atteint d'un coup de lance, se laissa choir de cheval aux applaudissements tumultueux de la foule.

A ce divertissement succède le combat singulier au bâton. Les combattants se pressent en foule dans les deux camps opposés. L'expression d'une joie sauvage anime leurs visages bronzés ; il semble que ces jeux ne soient qu'un prétexte accepté de part et d'autre pour vider quelques vieilles querelles. La tête et le corps de chacun sont protégés par une espèce d'armure matelassée, mais il y a le défaut de la cuirasse, et c'est là que tous les coups s'adressent de préférence. Il s'agit, d'ailleurs, dans cet assaut de frapper sans être atteint ; aussi les champions, au lieu de chercher à parer, font-ils des voltes rapides, de subites retraites de corps avec une merveilleuse souplesse ; il en est d'autres qui , excités par la lutte et hors d'eux-mêmes, se chargent avec furie et font pleuvoir l'un sur l'autre une grêle de coups sans chercher à en éviter aucun. Le combat dégénère alors en un duel à outrance, duel où le kress se met de la partie, quand les juges du camp n'ont pas eu le soin de fouiller les combattants et de retirer toutes les armes discourtoises ; au surplus, aussitôt que deux champions se sont pris corps à corps les règles de ce combat commandent de les séparer. Nous vîmes emporter deux de ces malheureux meurtris de coups.

Ces jeux terminés, il fut question d'un combat de sangliers contre des chiens ; mais la nuit arrivait à grands pas, et l'on n'eut pas le temps d'organiser ce spectacle.

Au souper, M. Boutmy avait réuni à sa table les chefs indigènes des districts de Madjalengka et d'Argalengka. Ils parlèrent avec feu du combat du tigre et du buffle mis en présence dans une vaste cage, et exprimèrent le regret de n'avoir pas, dans le moment, de tigre à leur disposition pour nous donner ce spectacle. Il parait que dans les idées du peuple le buffle représente le paysan javanais, succombant sous le poids du travail au profit du colon hollandais personnifié sous la forme du tigre, image saisissante du caractère de la domination européenne à Java. Ainsi s'explique l'intérèt qu'excite le buffle et la faveur dont il est l'objet dans ce combat, où les chances seraient contre lui si les spectateurs n'employaient toute espèce de moyens pour faire pencher la balance de son côté. Le tigre mort est promené, dans les campagnes, comme un trophée de la victoire, impuissante protestation qui s'arrête à un emblême !

Il fut ensuite question du rampok, jeu guerrier qui consiste à renfermer un tigre dans une enceinte circulaire, formée par des hommes sur cinq rangs de profondeur, armés de piques et présentant à l'intérieur un mur hérissé de fer. Les rangs formés, on ouvre la cage, et le cérémonial veut que le chef javanais chargé de cette périlleuse opération se retire en exécutant une danse grave au son chelempreng. Quelquefois le tigre s'élance sur lui avant qu'il ne soit rentré dans les rangs; mais le plus ordinairement, consterné par ce concours de monde, il se blottit au fond de sa cage et l'on est obligé de l'en chasser avec du feu ou en lui lançant de petites flèches, dont la piqûre cuisante finit par le rendre furieux. Il sort alors en rugissant et fait plusieurs fois le tour du cercle de fer qui l'environne et se resserre insensiblement ; enfin il bondit sur les piques et y trouve la mort, non sans laisser la sanglante empreinte de ses griffes sur les hommes les plus rapprochés de lui.

M. Fertoul, premier aide-de-camp du gouverneur, nous avait déjà raconté, à Buitenzorg, les circonstances d'un rampok auquel il avait assisté. S'étant trouvé dans un village de l'intérieur, au moment où les paysans y apportaient dans une cage un tigre qu'on venait de prendre au piège, l'idée lui vint de se donner le plaisir du rampok. En conséquence tous les hommes du village furent requis bon gré malgré de s'armer pour faire la haie ; mais, peu habitués à ce genre d'exercice et en trop petit nombre, il ne formèrent qu'un cercle peu

imposant. En sortant de sa cage , le tigre fit un bond
vers la partie la moins bien garnie et qu'occupait
précisément M. Fertoul avec un autre officier de ses
amis ; ce dernier enfonça résolument sa lance dans le
flanc de l'animal, qui d'un coup de patte en fit voler
le bois en éclats et se dressa devant son adversaire dé-
sarmé , mais en ce moment la pique de M. Fertoul le
traversait de part en part ; il fut achevé par les assistans.

Le régent insiste pour nous reconduire jusqu'à Karang-Sambong , où nous prenons congé de lui, devant
retourner à Bandong. Nous passons , à la tombée de la
nuit, à Soemedang. A peine sommes-nous à une lieue
de ce bourg, qu'un orage terrible , un orage comme il
ne s'en produit, je crois, qu'à Java, éclate sur nos têtes;
à défaut du soleil , la foudre éclaire notre marche à travers les précipices de la route ; la pluie ruisselait brillante comme des rubans de feu, quand nous atteignîmes
l'hôtel de Bandong.

M. Nagel avait eu la complaisance de me donner
plusieurs paysans javanais , pour m'accompagner dans
l'exploration géologique que je me proposais d'exécuter
à travers les montagnes calcaires de Missigit. J'y fis
une récolte assez abondante de fossiles , mais mes guides ne purent se décider à me suivre sur les collines
couvertes de hautes herbes qui s'étendent au loin et
qu'habitent les tigres.

Ce dépôt marin présente dans ses couches diverses variétés de calcaire compacte lithographique et de calcaire argileux jaune et bleuâtre analogues au néocomien du Jura.

26 avril.

Nous sommes de retour, depuis avant-hier, à Walte-Wreden. L'ordre du départ est donné et le canot de la *Victorieuse* va me transporter à bord… Adieu Java, adieu riches campagnes, pauvres habitants, adieu!… Un jour luira où la main avare qui vous pressure, cessera de peser sur vos destinées; que restera t-il alors du passage des Hollandais sur la terre de Java? Rien, sinon le souvenir maudit de l'oppresseur. La conquête des Hindous apporta, il y a deux mille ans, les premiers éléments de civilisation aux peuplades éparses des îles de la Sonde, et laissa une société florissante, là où elle n'avait trouvé que des tribus de sauvages ; les Arabes remplacèrent, vers le quatorzième siècle, les Hindous dans l'œuvre de la civilisation de Java ; par eux le culte des idoles fut renversé pour faire place à l'idée sublime de l'unité de Dieu. L'islamisme a ainsi apporté sa pierre à l'édifice social de la race malaise; le christianisme seul n'aura rien fécondé à Java, et cependant à peu de distance de là, aux Philippines, s'adressant à à la même race, il fondait sur les bases immuables de la fraternité, la société tagale et confiait ses semences de liberté aux champs de l'avenir.

C'est que la colonisation par une nation est l'expression la plus manifeste de son génie. Peuple aux ins-

tincts élevés et généreux, peuple au cœur noble et che-
valeresque, l'Espagnol a voulu avant tout partager avec
les hommes dont la Providence avait mis le sort entre
ses mains, le bonheur de ses croyances religieuses; peuple de froids calculateurs, peuple de marchands voués
au culte des instincts matériels, le Hollandais n'a vu
dans les Javanais que le sort lui livrait, qu'un instrument de travail qu'il s'est appliqué à perfectionner pour
qu'il suât des produits.

C'est le Christ à la main que, pionnier de la civilisation par l'Evangile, le prêtre a pénétré dans les forêts
vierges des Philippines, c'est en se rendant l'inter-
prête de cette religion d'égalité fraternelle, qu'il a appelé à lui les cœurs, adouci les mœurs de ces peuplades
à demi sauvages.

C'est par la force des armes et une habileté machia-
vélique, que les Hollandais ont réussi à courber les
Javanais sous leur joug détesté. Ils ont, il est vrai,
transformé, au profit de la Hollande, Java en une vaste
ferme d'un immense revenu, tandis que l'Espagnol
se complaisant, un peu trop peut-être, dans son œuvre intellectuelle et morale, a laissé le peuple à ses
petites cultures, à ses faibles moyens de productions,
à ses habitudes d'oisiveté, ne lui demandant guère que
les frais de son administration; mais l'un a créé des
gens heureux dans la simplicité de leurs besoins, des
gens que le travail peut enrichir, l'autre n'a laissé subsister qu'une agglomération de misérables abrutis par
un travail forcé et sans rémunération.

Quand l'heure de l'émancipation aura sonné pour la

race malaise, et cette heure viendra n'en doutons pas, fille de l'Espagne, la civilisation tagale bénira sa mère, fille de la Hollande la barbarie javanaise n'aura que des malédictions pour la sienne.... A chacun selon ses œuvres !!!

27 avril.

Départ pour Singapore.

MÉMOIRE

SUR LES

CULTURES DE L'ILE DE JAVA.

Origine et constitution de la propriété territoriale. — Principe de l'impôt du travail. — Cultures du gouvernement. — Contrats de culture. — Cultures des particuliers. — Café. — Sucre de canne. — Rhum. — Arack. — Sucre de palmier. — Indigo. — Thé. — Riz et plantes vivrières. — Cannelle. — Cochenille. — Tabac. — Poivre. — Soie. — Girofle. — Muscade.

Lorsque, vers la fin du xvie siècle, les Hollandais s'établirent à Java, ils y trouvèrent la propriété territoriale assise sur des bases à peu près identiques à celles qu'avaient constituées en Europe le régime féodal au moyen âge ; ou, pour comparer des états de choses auxquels le voisinage et sans doute aussi une commune origine donnent plus de ressemblance encore, la situation relative du paysan et du propriétaire terrier, à Java.

était celle du ryot et du zemindar de Bengale. Ainsi, les sultans et rajahs avaient la propriété de toutes les terres sans exception ; les paysans n'étaient qu'usufruitiers de celles qu'ils avaient défrichées, qu'ils cultivaient pour leur propre compte et pour lesquelles ils acquittaient, à titre de redevance, le cinquième généralement de la récolte. Ce taux, toutefois, variait dans quelques parties de l'île avec le rendement des terres, mais la redevance, tant qu'elle était régulièrement payée, suspendait le droit du propriétaire de reprendre l'usage de sa terre. Enfin, et pour compléter l'analogie avec notre organisation féodale, le paysan établi sur un domaine devait à son seigneur des prestations en nature ou corvées dont le nombre consistait, d'après la coutume la plus répandue, en deux journées de service par semaine.

De temps à autre, et en récompense de services rendus, des terres d'apanage étaient données par les sultans ou rajahs, et ces cessions entraînaient avec elles tous les droits seigneuriaux sur les populations des villages compris dans l'étendue du domaine constitué. Voici la traduction d'un acte de cession faite par le sultan Hamany-kou-bouana à l'un de ses guerriers : « Qu'il soit reconnu par les officiers supérieurs de mon palais, par les Bapatis (régents), par mes Mautris (nobles de classe inférieure), que j'ai délivré ces lettres patentes à mon serviteur, afin de lui accorder le privilége de prélever sur les terres de..... etc., pour sa subsistance, le montant de 1,100 tjatjas, ou travail de 1,100 paysans. » C'est ainsi que dans tous les pays et par tous les temps les seigneuries féodales ont été instituées.

Et c'est encore aujourd'hui ce qui se passe sur les terres des princes de Djajokasta , Sourakarta , Madion , etc., où les serviteurs de toutes classe , depuis le grand officier du palais jusqu'au cuisinier de l'empereur ou des sultans, reçoivent , pour leur tenir lieu de solde , des concessions de terres qu'ils louent ensuite aux Européens avec le travail des paysans vivant sur le domaine concédé.

Usufruitier de la terre qu'il cultivait , mais non serf , comme il en existe encore dans quelques parties de l'Europe , le paysan javanais n'était pas attaché à la glèbe ; il ne faisait pas partie intégrante de la cession d'un domaine , et conservait, dès lors , la faculté de transporter ailleurs son industrie, si son nouveau seigneur ne lui convenait pas.

En se substituant aux maîtres du pays , le gouvernement hollandais a recueilli l'héritage de leur autorité comme de tous leurs droits, et il n'a eu garde de renoncer à une organisation consacrée par la coutume du pays, et si favorable d'ailleurs à la colonisation , puisqu'elle laissait dans ses mains la disposition à peu près illimitée du droit de propriété ; nous disons à peu près illimitée, parce qu'il faut se souvenir qu'elle était quelque peu modifiée par le droit d'usufruit qu'acquérait le cultivateur sur les terres défrichées et cultivées par lui.

L'ancienne compagnie hollandaise, qui a longtemps représenté le Gouvernement lui-même dans l'exercice de sa souveraineté, trouva aisément des acquéreurs pour les terres qui avoisinaient le centre principal de sa puissance, et dont la réunion forme aujourd'hui les provinces de Batavia et de Buitenzorg ; elle les divisa en corps de domaines plus ou moins étendus, et, en les vendant avec tous les droits attachés à la terre, elle constitua de véritables fiefs.

Plus tard, le gouvernement hollandais, en étendant ses conquêtes, paraît avoir compris les inconvénients de ce système de ventes : les moindres étaient de diminuer ses ressources annuelles en le privant en partie de l'impôt territorial du cinquième de la récolte des terres ainsi concédées, et de constituer la propriété sur des bases très-défectueuses [1]. Le Gouvernement s'est donc maintenu, à fort peu d'exceptions près, dans les autres provinces de l'île, propriétaire unique de toutes les terres, aux clauses et conditions établies par les lois et coutumes de chaque pays. Telle est la source à laquelle il a puisé le droit d'établir des cultures forcées, base des immenses produits de la colonie de Java, comme nous le verrons tout à l'heure.

Retirer du pays le plus gros produit possible, sans

---

[1] Le gouvernement n'a conservé aujourd'hui d'autre droit sur ces terres que l'imposition annuelle qui est calculée sur le tiers pour cent de la valeur des fonds. Les propriétaires des terres ont droit aux soixante-six journées de corvée que doivent par année les paysans établis sur leurs terres. Les cinq districts qui composent la sous-résidence de Buitenzorg sont dans le même cas, excepté celui dit *de la Régence*, où le gouvernement s'est réservé le droit exclusif de cultiver du café sur les terres des propriétaires et jusqu'à concurrence du cinquième de leur étendue, ce à quoi il consacre les corvées qu'il s'est également réservées Les propriétaires réunis ont offert 750,000 florins pour le rachat de cette servitude.

trop s'embarrasser du sort des populations conquises, pousser le principe de l'exploitation de l'homme jusqu'à ses limites extrêmes, et ne s'arrêter que devant la crainte de compromettre les intérêts matériels après lesquels on court : telle est la pensée profondément empreinte dans les actes du gouvernement hollandais à Java. La réalisation de cette pensée est complète aujourd'hui; mais, quelque habiles que soient les Hollandais dans l'art de pressurer une population, des essais infructueux et de longs tàtonnements ont précédé l'adoption du régime actuel dont ils doivent à bon droit se trouver satisfaits, sinon au point de vue humanitaire, du moins comme commerçants.

On essaya d'abord d'arriver au but proposé en frappant la récolte de l'impôt exorbitant du tiers de son produit. Cette mesure décourageante pour le cultivateur, qu'elle frustrait d'une part trop considérable dans le fruit de son travail, eut pour effet d'arrêter la production et de tarir ainsi dans sa source un revenu qui suffisait d'ailleurs à peine aux frais de l'occupation du pays.

D'un autre côté, dans ce système, le gouvernement n'avait profité des journées de service personnel dues par chaque paysan que pour l'ouverture et l'entretien des routes, des canaux, etc... Or ces grands travaux publics tiraient à leur fin. Il s'agissait donc de trouver un emploi avantageux, lucratif, à ces prestations en nature, dont on venait d'obtenir de si beaux résultats pour les travaux publics. C'est alors qu'on imagina les cultures forcées. En disposant ainsi des journées de corvées pour les appliquer, sans rémission aucune, à toute espèce de travail organisé exprès pour leur trouver de l'emploi, les Hollandais poussaient à l'extrême le droit qu'ils tenaient des rajahs auxquels ils succédaient dans la possession des terres, et la maxime du droit romain *summum jus, summa injuria*, est parfaitement applicable aux mesures prises par eux sous ce rapport. A l'époque, en effet, où les paysans javanais vivaient sous l'autorité de leurs rajahs seuls et uniques propriétaires du sol, ils devaient, à la vérité, cultiver les terres de leurs seigneurs, qui, pendant ce temps, n'étaient tenus qu'à les nourrir eux et leurs familles, tant que duraient les travaux. Mais ces travaux se bornaient aux besoins fort limités des rajahs, et la douceur avec laquelle ces seigneurs les exigeaient rendait facile l'accomplissement des devoirs du paysan.

Cette organisation, toute défectueuse qu'elle est, en ce qu'elle ne laisse pas de place à l'esprit de propriété, dont les conséquences renferment les principales conditions du développement de la richesse publique, on la conçoit cependant, parce qu'elle n'a rien d'excessif, d'intolérable pour l'homme qui la subit ; mais se fonder sur cet état de choses pour imposer à toute une population un travail forcé, continu, sans limites autres que les forces de l'homme et l'existence de cette population, travail qui, sur beaucoup de points, ne doit profiter qu'à celui qui l'exige, n'est-ce pas, en réalité, changer les conditions du contrat qui liait le paysan à son seigneur? N'est-ce pas substituer à la douceur de l'autorité du père de famille le régime impitoyable de la manufacture, et abuser enfin subrepticement d'un droit qui ne pouvait exister qu'autant qu'il restait renfermé dans les étroites limites que lui posaient les mœurs simples et les habitudes du pays avant l'occupation ?

Certes, il faut s'armer de ce positivisme qui légitime toutes les mesures, quand un bénéfice est au bout, pour ne pas reconnaître que les Hollandais faussaient déjà la loi javanaise, alors que s'appuyant, non sur l'esprit, mais sur la lettre de cette loi, ils déplaçaient violemment des populations entières pour les accumuler sur les points où il y avait de grands travaux publics à exécuter. A plus forte raison allaient-ils au delà de leurs droits, lorsqu'ils ont exigé les mêmes déplacements d'une manière permanente pour les cultures imposées à la population. C'est ainsi qu'ils avaient fait faire et qu'ils entretenaient ces nombreux canaux qui assainissent les plaines de Batavia, les diverses constructions publiques, les grandes routes qui sillonnent l'île de Java et qu'on parcourt si facilement aujourd'hui. L'ouverture du Megamendoeng, col par lequel on franchit en voiture, à 1,500 mètres de hauteur, les contreforts du pic du Gedeh, n'a coûté qu'un ordre verbal du gouverneur général Daendel. Ayant reconnu la nécessité d'une route à travers l'île, il donna six mois à l'ingénieur pour ouvrir ce passage. Le passage fut ouvert en six mois : 50,000 Javanais avaient péri à l'œuvre, mais l'œuvre était utile à la colonisation. Le voyageur qui, dans sa vive admiration pour ces travaux gigantesques, ne trouve à leur comparer que la route du Mont-Cenis, à travers les Hautes-Alpes, a besoin d'ignorer de quel prix ils ont été payés !

Après de pareils succès, rien ne dut paraître impossible à obtenir d'une population aussi résignée. Les grands travaux publics terminés, les cultures forcées s'offrirent naturellement, ainsi que nous venons de le dire, comme moyen d'employer des bras dont on disposait si aisément.

On nous comprendrait mal , si l'on pensait que nous regardons les cultures forcées comme une chose tout-à-fait injuste en soi. L'homme est condamné au travai par la loi naturelle ; c'est sur le travail qu'est basé le développement de la société humaine ; que, s'il se rencontre une tribu de sauvages, c'est lui apporter la civilisation et ses bienfaits, que de la contraindre à porter, par le travail, sa production au delà de ses besoins présents. Ainsi se préparent, par le bien-être qui va en résulter, pour chacun des membres de cette tribu, les voies de son développement social ; mais c'est à la condition expresse qu'elle recueillera le bénéfice de son travail, sans quoi il n'en saurait résulter pour elle que l'abrutissement du bœuf qui traîne la charrue. Tel est l'état moral du paysan javanais sous l'administration hollandaise dans quelques provinces. Nous citerons la province de Préangs, vaste territoire occupant le centre de l'île, où le travail n'est pour ainsi dire pas rémunéré.

Ce fut vers 1825 que commencèrent les premiers essais de ce système de culture forcée qui devait recevoir plus tard, sous l'administration habile de M. Van-Ambosch, une si grande extension. Un des premiers soins de l'administration fut de substituer au travail à la journée, si difficile à obtenir, mais le seul qui fût légal, le travail à la tàche, si simple à exiger. Les résidents se livrèrent, dans chaque province, à des calculs sur les facultés de travail des populations, ainsi que sur la nature des cultures à entreprendre. On posa pour base générale de l'étendue des tâches à imposer à la population, le quart environ de l'emploi de son temps. Mais l'arbitraire des calculs fut tel dans quelques districts, notamment dans ceux où l'on cultive le café, qu'on a déjà atteint la limite extrême de la production par rapport aux bras dont on dispose, et que le paysan peut à peine suffire à l'entretien des plantations en même temps qu'à la culture de ses vivres. Dans certaines localités, on compte que, sur 30 jours, le Javanais en consacre 10 aux cultures forcées, 10 aux corvées du gouvernement, et qu'il ne lui reste que 10 jours pour travailler aux cultures qui doivent le nourrir lui et sa famille.

Le gouvernement se réserve, en outre, pour les sortes de cultures forcées qui demandent des terres basses à l'arrosage, le cinquième de l'étendue des terres consacrées à la culture du riz, seule nourriture du paysan javanais, qui, pour essayer d'échapper à la famine, et il n'y a pas toujours réussi, dut chercher, dans la culture pénible et peu productive du riz en terres hautes, une compensation à cette expropriation.

Pour l'exécution de sa tâche, le paysan javanais est à la réquisition des divers chefs indigènes de son district qui reçoivent eux-mêmes des ordres du résident, des sous-résidents ou contrôleurs hollandais, sur la nature des cultures à entreprendre et sur la répartition de ce travail, selon l'époque des labours et des récoltes.

Par cette habile combinaison, les Hollandais ont évité tout contact avec la population indigène, et se sont ainsi dérobés aux conséquences d'une oppression directe. Pour en assurer le succès, ils ont su intéresser tous les chefs indigènes, depuis le régent jusqu'au simple *mandour* ou chef d'atelier, en leur accordant des gratifications proportionnelles aux produits obtenus. Nous connaissons tel régent qui reçoit, à ce titre, la somme énorme de 200,000 roupies par année (400,000 francs). Placé ainsi derrière ces agents, le gouvernement hollandais se borne à les soutenir de sa haute autorité ; mais hâtons-nous d'ajouter que la soumission, la docilité du paysan ont jusqu'ici dispensé de tout déploiement de forces, et, tandis que d'anciennes habitudes de respect et de dévouement pour leurs chefs, arrêtant l'essor d'une haine si légitime, ne laissent de place chez ces malheureux qu'à un sentiment de résignation, ces mêmes chefs, lâchement vendus aux Hollandais, emploient toute leur influence pour assurer le succès des mesures les plus oppressives.

La seule résistance qu'oppose le paysan javanais, quand cette situation lui devient intolérable, c'est la force d'inertie. Il puise dans ses dispositions naturelles à la paresse une invincible aversion pour un travail sans salaire. Alors s'ouvre pour lui une série de peines, qui commence par la bastonnade et qui finit par son incorporation dans un atelier de discipline; punition qui consiste à le transporter lui et sa famille dans quelque partie lointaine et inhabitée des possessions hollandaises, où il sera contraint de travailler sous la surveillance d'espèces de gardes-chiourmes. La crainte de cette peine terrible pour le malheureux Javanais, si attaché à son village, soutient longtemps le courage des plus paresseux.

Quelques personnes, frappées de la condition misérable du peuple javanais, se sont écriées dans leur indignation que c'était sous d'autres formes l'esclavage de nos colonies à nègres : ici, il y a évidemment exagération. Si ces personnes ne s'arrêtent qu'au fait de l'exploitation de l'homme et à l'importance des profits qu'on retire violemment de son travail sans salaire, leur comparaison ne manque pas d'exactitude ; mais, ce qui établit une distance immense entre l'esclave nègre et le paysan javanais, c'est que ce dernier jouit, à l'exception du fruit de ses sueurs, de tous les autres biens qui donnent du prix à la vie : il connaît les douceurs de la famille et du foyer domestique ; il n'est la propriété de personne ; personne ne peut le vendre ou le céder. Si l'excès de sa misère dépasse son attachement aux lieux qui l'ont vu naître et où reposent les cendres de ses pères, il part avec sa famille et va chercher ailleurs un meilleur sort. On n'a donc méconnu, à l'égard du Javanais, qu'un seul droit, celui du travail et de la propriété. A l'égard du nègre, au contraire, il n'est pas de droit qui n'ait été violé : propriété de soi, famille, patrie. il n'a rien à lui ; aussi, la société javanaise, quoique éternellement condamnée à la misère par le système actuel, peut-elle encore subsister, tandis qu'il n'y a aucune condition d'existence pour cette réunion de nègres qui forme aujourd'hui le mobilier de l'atelier d'un planteur.

Les généralités qui précèdent nous ont paru propres à faire bien comprendre les bases du système de colonisation du gouvernement hollandais. Nous devons maintenant considérer séparément chaque nature de produits, et faire connaître, en même temps que son importance actuelle, les divers modes suivis en ce qui concerne les cultures, tant pour le compte du gouvernement que pour celui des particuliers.

Rendu à cette partie de l'étude que nous avons entreprise, notre rôle de critique va cesser : nous avons dû faire ressortir consciencieusement l'injustice des conditions imposées au travail ; mais la tâche qui nous reste à remplir n'a plus rien de pénible.

Nous avons, en effet, à exposer avec quel talent et quelle largeur de vues les Hollandais se sont engagés dans ce vaste système de cultures qui a transformé Java en une immense ferme modèle, où tous les produits coloniaux ont été rassemblés et accumulés. Nous aurons à admirer l'ordre parfait qu'ils ont su introduire dans toutes les parties d'une administration si compliquée, leur persévérance, leur esprit de suite dans des entreprises qui demandaient pour réussir beaucoup d'efforts et non moins de temps ; la précision avec laquelle ils ont prévu et calculé l'effet d'une foule de mesures hasardeuses aux yeux du vulgaire, et où cependant il n'était laissé aucune part au hasard ; la sûreté avec laquelle ils ont su placer leurs avances de fonds et passer des contrats qui, en enrichissant les entrepreneurs dotaient le pays d'une nouvelle culture ; l'excellence du choix de leurs agents, tous gens intègres, tous aptes, tous travailleurs.[1] Assurément, l'administration de Java doit servir de modèle à celle de toutes les colonies, et nous le proclamons d'autant plus haut que la perfection qu'elle a atteinte est tout à fait indépendante de l'injuste fixation du taux des salaires des laboureurs. Que la part de ces derniers dans les bénéfices des cultures s'accroisse, et l'administration n'aura pas pour cela à se modifier ; satisfaction aura été donnée seulement à un principe d'éternelle justice.

[1] Le transport des denrées coloniales recoltées pour le compte du gouvernement est réservé à la marine nationale et s'effectue de Java aux ports de la Hollande par les soins de la handelmaatscappij, société de commerce à laquelle un traité passé sans publicité assure ce monopole pendant dix ans. Elle est en outre chargée de la vente de ces denrées en Europe. On calcule que les frais de ces diverses opérations se résument en une augmentation de 20 p. 0/0 sur les prix de vente aux lieux de production.

La handel maatscappij exécute aussi, pour le compte du gouvernement, les transports de tous les objets d'approvisionnement nécessaires à l'administration de la colonie ; elle fait à la métropole des avances de fonds à valoir sur le prix des denrées à vendre. Son fonds social primitif est de 24 millions de florins (50,880,000 francs), mais il a été considérablement augmenté au moyen d'emprunts. Enfin, la handel maatscappij est commanditaire dans plusieurs manufactures dont elle place les produits à Java ; elle fait aussi des avances à quelques fabricants sur les articles qui lui sont confiés pour être vendus dans les Indes néerlandaises.

Défalcation faite de toute dépense coloniale, et du bénéfice de la handel maatscappij, la Hollande retire net de 32 à 33 millions par année des Indes néerlandaises et elle y trouve en outre, l'occasion d'entretenir une marine nationale considérable.

Nous commençons l'examen des produits de la colonie par le plus important, *le café*.

Café.

On cultive le café dans toutes les parties du territoire de Java , ainsi qu'à Padang , côte O. de Sumatra, à Bali et dans quelques îles voisines. En tête des provinces qui en produisent le plus , on doit placer celle des Préangs , qui , à elle seule , verse annuellement à l'Etat plus de 160,000 piculs [1] de café (10 millions de kilog.), puis viennent les productions de Kadoc , de Passoeroewan , de Bessekie , de Kédirie , de Madion , de Samarang et de Chéribon ; les autres provinces complètent , entre elles toutes , le million de piculs (62,500,000 kil.) qui forme la production annuelle du Gouvernement. Celle des particuliers s'élève à peine au sixième , c'est-à-dire 150,000 piculs par année (9 millions 375,000 kil.)

On peut évaluer à 340 millions de pieds de caféiers les plantations du Gouvernement dans l'île de Java. Un cinquième est planté en bois, le reste est répandu parm d'autres cultures qui donnent un abri au caféier.

Ce caféier a été apporté directement d'Arabie à Java en 1723. Quoiqu'il vienne bien dans toutes les parties de l'île, il prospère surtout sur les côteaux élevés et les

[1] Les mesures hollandaises indiquées dans ce travail sont : le picul, valant 62 kil. 1/2 ; le bauw de terre , valant 71 ares ; le florin de cuivre, valant 1 fr. 77 cent.. le florin d'argent , valant 2 fr. 12 cent.

pentes montagneuses dans les hauteurs de 600 à 1,500 mètres. Une terre grasse, substantielle, mêlée de sable lui convient : il végète et dépérit dans les terres très argileuses. Le café de la plaine a la fève grosse, spongieuse et peu riche en parties aromatiques ; il se distingue aisément du café de terre haute, dont la fève, plus petite, plus dure, est plus odorante. On garantit des rayons du soleil les jeunes plants de café par l'ombre de plusieurs arbres, parmi lesquels prédomine le dadap (*erythrina corallodendrum*) ; mais, quand le caféier est grand, il peut se passer d'un abri. Semé en couches épaisses, il est transplanté, aussitôt qu'il sort de terre, et placé à une distance variable, mais qui n'est jamais moindre de 10 pieds ; quelquefois on fait germer la graine dans un petit panier que l'on transplante ensuite: ce qui assure le succès de l'opération. On coupe la cime du caféier à 15 pieds environ pour arrêter sa crue : mais on n'élague pas ses branches, et on ne les oblige pas à s'étendre horizontalement, comme nous l'avons observé en Amérique.

Le caféier commence à produire vers la troisième année de sa plantation, mais il n'est en plein rapport que pendant la quatrième dans les terres de la plaine, et pendant la cinquième ou sixième dans les terres hautes. Il dure 15 ans dans le premier cas et 30 à 40 ans dans le second. On cueille les fruits les uns après les autres, au fur et à mesure qu'ils sont mûrs. Les femmes et les enfants participent à ce travail qui a lieu dans les premiers mois de l'année, dans la plaine, et d'avril en octobre dans la montagne. Un caféier produit d'une à deux livres de café. On emploie aujourd'hui trois moyens pour faire sécher le fruit. Placé sur des claies sous lesquelles on fait un peu de feu pendant la nuit, on le remue pour empêcher la fermentation, ou bien on l'étend sur des aires au soleil ; enfin, et cette méthode s'est nouvellement introduite, au moment où il vient d'être cueilli, et avant tout mouvement de fermentation, on le décaque au moyen d'un cylindre denté qui déchire sa pulpe. C'est par ce procédé, que nous ne décrirons pas, parce qu'il est très répandu partout aujourd'hui, qu'on obtient le café vert.

Ce genre de culture n'a lieu, dans aucun cas, à la journée. On a évalué, comme nous l'avons dit plus haut, le travail par tâche annuelle, et l'on a fixé à chaque campong ou village une certaine étendue de terre ou un certain nombre de caféiers à planter, à entretenir et à récolter. Là où les caféiers forment des bois considérables dans des positions éloignées de toute population, on a réussi quelquefois à établir des villages, dont les habitants cultivent ces caféiers : mais, le plus souvent, les paysans sont forcés de se rendre à 15 et 20 milles de distance et plus, sur les plantations de café pour y exécuter leur tâche, qui les tient ainsi éloignés de leurs foyers une longue série de jours : cette obligation leur paraît fort dure et le Gouvernement a tenté plusieurs fois de l'alléger.

La province des Préangs est, comme nous l'avons dit, celle qui produit le plus abondamment de café. Son territoire montueux et élevé convient parfaitement aux caféiers qu'étouffent les lieux bas et non aérés : aussi , à l'exception d'un peu d'indigo et de thé, est-ce la seule culture faite pour le compte du Gouvernement. Elle y couvre environ 4,500 milles carrés anglais, c'est-à-dire, à peu près le tiers des terres en culture dans la province.

Les plus belles plantations de café des Préangs sont situées dans la sous-résidence de Bandong, qui possède 30,500,000 pieds de café, presque tous en rapport, et dont 15,500,000, réunis en bois plantés régulièrement, occupent 16,525 bauws de superficie, soit, à raison de 71 ares par bauw, 11,733 hectares, tandis que les autres 15,000,000 de pieds sont disséminés parmi d'autres cultures. La moyenne de la récolte annuelle est de 110,000 piculs (6,875,000 kilogrammes). Les travailleurs sont fournis par une population de 200,263 âmes ou 39,480 familles. L'aspect de ces plantations n'a pas seulement en sa faveur ce sentiment de satisfaction et d'aise qui s'attache aux richesses agricoles que la main de l'homme a créées, et qui sont belles de leur utilité. Rien de beau, rien de pittoresque comme ces gracieux côteaux de Lembang, dans les districts d'Oudjoungbroung, et de Djamboudissa, dans le district de Tjiclokottot, couverts de plantations qu'on appelle à bon droit *jardins de café*. Ce sont, en effet, des jardins d'une admirable tenue, où, plantés à 10 ou 12 pieds de distance les uns des autres, les caféiers marient ensemble leurs branches chargées de fruits et de fleurs, et disposées horizontalement le long du tronc, depuis la cime de l'arbuste jusqu'à son pied. De larges clairières percent dans tous les sens ces massifs au feuillage d'un vert sombre glacé, et servent à la fois à l'exploitation et à la surveillance, qui est fort active. On chercherait vainement, sur le terrain noir et fertile qui forme le sol de ces vastes plantations, un seul coin négligé que l'herbe ait envahi. Tout est net comme les allées d'un jardin bien entretenu : on voit que la main-d'œuvre ne coûte rien.

Le côteau de Lembang est situé à 1,280 mètres au-dessus du niveau de la mer : il est divisé en 15 jardins de café, comptant ensemble 1,380,000 arbustes qui occupent une superficie de 1,876 bauws. On y récolte annuellement de 10 à 15,000 piculs (de 625,000 à 937,500 kilog.) Cette plantation date de 1826. Chaque année l'a vue s'augmenter depuis.

La plantation de Djamboudissa occupe le pourtour d'une magnifique chute d'eau formée par un barrage basaltique, d'où s'élance, à 263 pieds de hauteur, une masse d'eau de 3 mètres de diamètre. Il existe dix-huit jardins plantés dans la période de temps comprise entre 1824 et 1843, occupant 1,416 bauws de superficie, et comptant ensemble 1,200,000 caféiers. La récolte annuelle est, comme à Lembang, de 10 à 15,000 piculs (de 625,000 à 937,500 kil.)

On a atteint, à peu de chose près aujourd'hui, le maximum des produits possibles en café dans la sous-résidence de Bandong, eu égard à la population, et, si l'on plante encore chaque année environ 500,000 à 1,000,000 de caféiers, c'est qu'il en meurt à peu près autant, de manière qu'il n'y a que remplacement ou entretien.

Dans ces terres si fécondes, le plant de café commence à porter à 2 ans; il est en plein rapport à 5 ou 6 ans, et dure de 30 à 40 ans. On l'étète pour l'empêcher de s'élever, et cette opération est assez bien faite pour que les caféiers conservent une hauteur uniforme qui ne dépasse pas 15 à 18 pieds. La récolte se fait de la fin d'avril au mois d'octobre. On voit combien elle est tardive, puisque, dans les parties basses de Java, c'est en avril qu'elle se termine. Cela tient aux différences de température.

Dans l'aide-résidence de Soemedang, les plantations de café sont plus récentes, mais en voie d'extension. En 1844, on y a planté 3,500,000 caféiers, qui ont élevé le nombre total à 10,000,000. La récolte, toutefois, n'est encore en moyenne que de 15,000 piculs (937,500 kilogrammes) en raison du nombre des jeunes plants.

La province de Chéribon est au nombre de celles que nous avons citées pour leurs produits en café. Sa production annuelle s'élève à 55 ou 60,000 piculs (3,437,500 à 3,750,000 kilogrammes). Ses plus belles plantations sont dans le district de Madja-Lengka. Le nombre des caféiers s'élève à 10,158,700 dont 6 millions 969,000 seulement sont en plein rapport, et ont produit en 1844, 24,231 piculs de café (1,614,437 kilog. 5 hect.) La population chargée de ce travail est de 88,133 habitants, qui cultivent en outre 859 bauws (509 hectares 89 ares) d'indigofères, ainsi que leurs champs de riz et de légumes. Nous avons visité en détail les caféières d'Argalengka, situées sur les pentes de l'immense volcan du Tchermaï ; le point culminant de la plantation est à 1,217 mètres au-dessus du niveau de la mer. Quelque belles qu'elles soient, elles le cèdent à celles de Bandong sous tous les rapports. Le caféier ne pousse pas avec autant de force : sa feuille, au lieu d'être d'un vert sombre, indice d'une végétation vigoureuse, devient quelquefois jaunâtre. La terre est peut-être un peu trop argileuse, trop forte, tandis qu'à Bandong c'est une terre légère, quoique substantielle. Les plantations d'Argalengka comptent 3 millions 383,000 caféiers, dont 2,293,880 sont en plein rapport et donnent annuellement de 11 à 12,000 piculs (de 687,500 à 750,000 kilogrammes). La population qui fournit les travailleurs, forme 3,722 familles, faisant ensemble environ 19,000 âmes. Elle suffit, en outre, aux cultures de ses vivres.

On pense généralement que le Gouvernement aura de la peine à donner à la culture du café beaucoup plus d'extension qu'elle n'en a présentement, limité qu'il est, d'une part, par la population, et, d'une autre, par la nature des terres propres à ce genre de culture et qui s'épuisent à la longue. Toutefois, il lui reste encore un moyen de donner de l'impulsion à la production du café, c'est d'accorder une meilleure part au travail du paysan, et, sans doute, il trouverait, dans l'augmentation des produits, une compensation de l'accroissement des dépenses. Aujourd'hui, malgré l'avis de beaucoup d'administrateurs distingués de la colonie, il continue à payer le moins qu'il peut. Ainsi, sur les anciennes terres des régences, où le paysan était taillable et corvéable à merci, droit dont le Gouvernement a hérité, il persiste à ne payer que 3 florins 75/100 cuivre par picul de café au cultivateur (6 fr. 63 c., par 62 k. 50); tel est le taux en usage dans la province des Préangs-Regents-capen. Dans la régence de Buitenzorg le taux s'élève à 4 florins (7 fr. 8 c.) ; enfin, dans les autres provinces, il est fixé à 10 et 11 florins (17 fr. 70 c. et 19 fr. 40 c.). Dans ce dernier cas, le café qu'on livre dans les magasins doit avoir été décaqué par la nouvelle méthode.

Le taux de 10 à 11 florins cuivre par picul assure une part convenable au paysan javanais, et c'est de toutes les cultures forcées celle qui lui est la plus avantageuse, aujourd'hui que les plantations sont faites, et qu'il ne s'agit plus que de les entretenir et de les renouveler partiellement. A ce taux, le Gouvernement considère qu'il paie le picul de café à raison de 21 fl. 60 c. (38 fr. 23 cent.). En effet, si, sur cette somme, il retient le montant de l'impôt auquel serait soumise cette culture, si le paysan la faisait pour son compte, c'est-à-dire 8 fl. 60 c. (15 fr. 22 cent.), plus les frais de transport aux grands dépôts, lesquels s'élèvent à 3 florins par picul (5 fr. 31 cent.), il ne reste effectivement que 10 florins (17 fr. 70 cent.). Mais, comme le café est placé dans le commerce à 24 et 25 florins (42 fr. 48 c. et 44 fr. 25 cent.), le bénéfice est déjà considérable. Il l'est bien autrement sur le café des Préangs et de la régence de Buitenzorg. Il est vrai de dire, pour tenir compte de tout, que, dans les Préangs-Regents-capen, le paysan n'est assujetti à aucune contribution sur ses récoltes de riz : ce qui, par rapport au café qu'il produit, peut être évalué à une augmentation de 2 florins par picul (3 fr. 54 cent.). Ainsi, il doit être considéré comme touchant 5 fl. 75 par picul (10 fr. 17 cent.). A ce taux, nous le répétons, ses sueurs ne sont pas payées, Aussi arrive-t-il que le paysan préfère enterrer sa récolte au pied du caféier et renoncer à tout paiement plutôt que de prendre la peine d'en transporter le produit aux magasins du Gouvernement. Des exemples de ce fait nous ont été cités dans les provinces de Buitenzorg et des Préangs-Regents-capen.

On calcule que le café de ces deux provinces revient de 7 à 8 florins au Gouvernement (12 fr. 39 cent. à 14 fr. 16 cent.), parce qu'il convient d'ajouter à la dépense de 3 fl. 75 c. (6 fr. 63 cent.) les frais de transport, d'emballage et de bénéficiement, plus la gratification de 1 fl. 60 c. (2 fr. 83 cent.) qui se répartit entre les divers chefs locaux, hollandais ou indigènes. C'est ainsi que le régent de Bandong ajoute annuellement aux 100,000 florins du revenu de ses propres terres, 175,000 florins de gratification sur le café.

Dans la province de Bantam, le gouvernement paie, comme dans le reste de l'île, 10 florins (17 fr. 70 cent.) par picul de café au cultivateur, et il se charge des frais des moulins à décaquer, ce qui fait revenir le café vert à 14 florins (24 fr. 78 cent.) le picul.

Dans la province de Chéribon , le Gouvernement n'accorde que 48 duts [1] de gratification par picul de café, lesquels se répartissent, par parts égales, entre le

---

[1] 1 florin cuivre vaut 100 duts.

résident, le régent, le contrôleur des cultures et les petits chefs indigènes.

Les plantations de caféiers appartenant à des particuliers existent surtout dans les provinces de Batavia et de Buitenzorg et dans les terres des princes de Djoejocarta, Sura-karta, Madion, etc., etc.

Nous avons eu occasion de visiter un domaine, situé à Meester-Cornelis, et provenant des ventes de l'ancienne compagnie, que le chinois Tikai a acheté au prix de 100,000 florins, et dont il a formé une vaste caféière. Le caféier est planté au milieu de bananiers et de lataniers qui l'abritent, et il est entremêlé de muscadiers.

Le café revient généralement à 7 florins le picul (12 fr. 39 cent.) aux particuliers qui le font cultiver pour leur compte par les ouvriers javanais, dont la journée se paie communément de 18 à 20 duts, mais qui, dans les temps de presse, savent fort bien se faire payer jusqu'à 40 duts.

Sucre. — Rhum. — Arack.

L'introduction à Java de la culture en grand de la canne à sucre ne remonte pas au delà de 1831, et déjà la production du Gouvernement s'élève annuellement à 900,000 piculs (56,250,000 kilogr.), et celle des particuliers à 225,000 piculs (14,062,500 kilogr.). Tel est le résultat des mesures d'encouragement habilement combinées, exécutées avec hardiesse et suivies avec la persévérance qu'inspirent l'exactitude des calculs et l'esprit des affaires. Il y avait beaucoup à gagner. Le Gouvernement a su vouloir partager les bénéfices avec les particuliers qui s'associaient à ses vues, et il les a enrichis en s'enrichissant lui-même. Les fonds manquaient pour créer de vastes usines, les seules qui puissent produire à bon marché. Il a fait largement les avances nécessaires, et, lorsque l'excellence des procédés Derosne et Caille lui a été démontrée, il n'a pas hésité à prêter des millions pour les introduire dans la colonie ; assuré qu'il était, d'ailleurs, par la nature des opérations et par le caractère honorable des emprunteurs, de rentrer dans ses avances en un temps déterminé. Les engagements auxquels ont donné et donnent encore lieu ces sortes d'avances, sont connus dans le pays sous le nom de *contrats*.

On obtient un contrat de sucre, un contrat de thé, un contrat de tabac, etc., et, dans ces actes, le Gouvernement fournit, avec la terre et le travail que réclame le genre de culture spécifié (toutes choses à sa disposition, comme on sait, dans son système des cultures forcées), les avances de fonds nécessaires pour monter entièrement l'établissement et le mettre en mouvement. Le contractant, de son côté, se charge de la fabrication des produits qu'il livrera ensuite au Gouvernement à un prix convenu, sur lequel seront prélevés les frais dont le Gouvernement a fait l'avance et ordinairement un dixième du montant du capital avancé. Toutefois, les conditions des contrats varient quelque peu. Nous aurons occasion de les indiquer.

Ce n'est pas non plus à ce mode que se sont bornés les encouragements du Gouvernement ; il a aussi, usant de son droit de culture forcée sur le cinquième des terres défrichées, fait des concessions de terres à des conditions très avantageuses pour les particuliers qui s'engageaient à créer des sucreries.

Nous allons maintenant entrer dans quelques dé_tails sur l'industrie sucrière dans diverses provinces de l'île de Java.

Il existe déjà à Java sept usines à sucre, fonctionnant par la méthode de Derosne et Caille ; l'installation de chacune a coûté environ 300,000 florins (525,000 fr.), dont le Gouvernement n'a pas hésité à faire l'avance. 285 hectares plantés en cannes à sucre dépendent de ces établissements. M. H*** en possède deux dans la province de Tagal. Les renseignements qui suivent s'y rapportent. Situées à l'abri des inondations, les terres dépendantes de ces usines sont à l'arrosage, et cette condition est indispensable. On y cultive alternativement la canne et le riz. Dans les meilleures terres, on obtient une coupe de cannes vierges et une coupe de rejetons ou repousses ; dans les terres médiocres, une coupe de cannes vierges seulement ; mais, dans ce cas, on replante, l'année suivante, dans l'intervalle des lignes. Il faut de onze à douze mois pour la maturité de la canne vierge, et seulement dix mois pour celle des repousses.

Les terres sont préalablement retournées à la charrue à buffle, à 6 pouces de profondeur ; puis on achève à la pioche la préparation de la terre et la plantation des plançons.

Les paysans javanais sont exclusivement chargés de

tous les travaux de cette culture forcée : leur tâche comprend ordinairement pour un campong, ou village de 100 familles, 25 à 30 bauws en cannes (17 hect. 75 ares à 21 hect. 30 ares).

Le cultivateur, par suite de conventions particulières, doit transporter sa récolte de cannes jusqu'à l'usine. Là il reçoit immédiatement , sur l'estimation approximative qui est faite de son rendement, et sauf règlement de compte ultérieur, 5 florins cuivre 2/3 (10 fr. 10 cent.) par picul de sucre , tant pour la culture que pour le transport.

La première année, M. H*** a fabriqué dans l'une de ses usines 16,000 piculs (1 million de kilogrammes), et dans l'autre 11,000 piculs (687,500 kilog.) de sucre de deux qualités supérieures à la belle quatrième , et qui lui ont été payées, aux termes de son contrat, l'une 10 florins cuivre (17 fr. 70 cent.), l'autre 12 florins (21 fr. 20 c.) le picul. Or, ce sucre ne lui revenait, tous frais faits , qu'à 8 florins 1/2 (15 francs). Et comme la production de ces deux qualités de sucre était dans la proportion de 1 à 3 pour la seconde payée 10 florins, par rapport à la première payée 12 florins , il a réalisé un bénéfice de 81,000 florins ; sur quoi, défalcation faite du remboursement du dixième des avances reçues du Gouvernement , il lui est resté de bénéfice annuel 50,000 florins, soit 88,500 francs ; de plus ses usines lui appartiendront dans dix ans.

Le Gouvernement a passé , dans la province de Chéribon, plusieurs contrats de sucre auxquels se réfèrent les renseignements ci-après recueillis par nous sur les lieux.

Les terres destinés à la culture de la canne sont d'anciens champs de riz à l'arrosage : elles ne doivent pas être exposées aux inondations, parce que le séjour prolongé de l'eau dans les champs pourrit la canne.

On donne à la terre une première préparation à la charrue ; puis on plante la canne à la pioche : on donne au plançon dans le fossé une position inclinée de 45° à l'horizon.

Cette opération se fait de juin en octobre. On affecte quatre familles à la culture d'un bauw (71 ares) de cannes. Ainsi, à un campong ou village de cent familles, on donne à cultiver en cannes, 25 bauws (17 hect, 75 ares). Or, il résulte d'une longue expérience qu'un homme travaillant à la journée suffit dans le courant de l'année à tous les soins qu'exige la culture d'un bauw de cannes ; ainsi, y affecter quatre familles, c'est imposer à chacune une journée de travail tous les quatre jours. On calcule, dans nos colonies, qu'un bon nègre de pelle suffit à la culture d'un hectare de cannes, par conséquent d'un bauw et demi : ainsi la tâche du paysan javanais n'est guère que le sixième de celle du nègre.

Le bauw de cannes produit, en moyenne, 30 piculs de sucre, ce qui, en mesure française, revient à dire que l'hectare de cannes produit 2,810 kilogrammes. Cette moyenne est au-dessous de celle de nos colonies, dont voici le chiffre.

3,250 à Cayenne.
3,400 à la Martinique
3,500 à la Guadeloupe [1].

[1] Voir l'excellent rapport de M. Lavollée sur le prix de revient du sucre aux Antilles.

Nous avons, en effet, remarqué que la culture de la canne laissait généralement à désirer à Java. On n'observe qu'une distance de 3 pieds 1/2 entre les lignes de cannes et de 18 pouces entre les plançons : c'est évidemment trop peu. On n'épaille pas la canne à l'approche de la maturité; aussi n'acquiert-elle pas les mêmes dimensions que dans nos colonies. Les défectuosités dans les anciens procédés de fabrication encore en vigueur contribuent aussi à cette différence dans le rendement.

Le travail du cultivateur est payé à raison de 3 florins 1/2 (6 fr. 19 c.) par picul de sucre que rendent les cannes.

A cet effet, à l'approche de la récolte, le contrôleur des cultures procède à une estimation provisoire et paie lui-même immédiatement le paysan; puis il dresse un procès-verbal contradictoire avec le contractant, lequel se trouve, dès-lors, tenu de fabriquer au moins la quantité estimée; s'il y a excédent de produit, il en est tenu compte ultérieurement au cultivateur. En supposant un rendement de 30 piculs (1,875 kilogrammes) par bauw, les quatre familles qui l'ont cultivé reçoivent pour leur année 105 florins de cuivre, d'où il faut déduire les 2/3 pour les contributions de la terre, c'est-à-dire 42 florins; le reste, c'est-à-dire 63 florins cuivre, ou 110 fr. 50 c., se partage entre quatre familles et représente le prix du travail d'un homme pendant un an.

Les frais du contractant pour la coupe et le transport des cannes des champs à son usine, s'élèvent à peu près à 1 florin 1/2 cuivre par picul de sucre. La fabrication y ajoute une dépense de 2 florins à 2 florins 1/2 ; ainsi le picul de sucre revient de 7 à 7 florins 1/2, c'est-à-dire de 9 fr. 10 c. à 9 fr. 60 c. les 50 kil. On sait que, dans nos colonies, le prix de revient de 50 kilog. de sucre n'est pas moindre de 12 fr.

Le sucre est livré au Gouvernement aux prix ci-après le picul :

1re qualité, n° 18, 12 florins cuivre,	ou 21 fr.	24 cent.
2e n° 16, 10 1/2	ou 18	58
3e n° 12, 8 1/2	ou 15	04
4e n° 10, 7	ou 12	39

Et il se fabrique généralement 6/10es du n° 18, 2/10es du n° 16 et 2/10es des nos 10 et 12.

Ce classement des sucres est déterminé par la Handel Maatschappey, au vu des échantillons-types envoyés de Hollande.

Le contractant ne livre de sucre au Gouvernement que jusqu'à concurrence de la somme nécessaire pour le couvrir, 1° de l'avance faite au cultivateur ; 2° de l'avance que le contractant a reçue lui-même pour les frais de la fabrication ; 3° du dixième du capital avancé pour monter l'usine. Le sucre excédant appartient au contractant qui en dispose comme bon lui semble. Toutefois, dans les derniers contrats, le Gouvernement a inséré la condition que tout le sucre fabriqué lui sera livré.

Dans la province de Bantam, le Gouvernement se charge de faire cultiver la canne qu'il paie au travailleur à raison de 5 florins (8 fr. 85 c.) par picul de sucre, sur estimation faite au vu de la récolte sur pied. Généralement, les terres rendent de 30 à 35 piculs par bauw (de 1,875 kilog. à 2,187 kil. 50.) Le contractant demeure chargé de la coupe et du transport des cannes à son usine ainsi que de la fabrication, et cela lui coûte environ 4 à 5 florins : il reçoit du Gouvernement de 6 à 9 florins par picul de sucre selon la qualité.

On nous a assuré qu'avec tous les frais qui se rattachent aux sucres qu'on lui livre, le Gouvernement perd annuellement sur cette denrée 2 millions de florins ; mais cette perte n'est pas réelle au fond, car c'est le seul moyen qu'il ait de transporter en Europe une grande partie de ses revenus de Java qu'il ne peut réaliser en traites, à moins de subir des escomptes plus considérables que sa perte sur les sucres.

Nous donnerons, pour compléter ces renseignements, des détails sur deux exploitations sucrières, l'une par contrat du Gouvernement, l'autre par location de terres.

Située à 9 ou 10 milles de Chéribon, la sucrerie de Sendang, a été créée par suite d'un contrat du Gouvernement pour une durée de 20 ans. Le premier contractant a cédé, avec le consentement du Gouvernement, son arrangement à un particulier au prix de 750,000 florins, bien que les bâtiments et usines n'aient coûté que 225,000 florins, le surplus représentant la valeur qu'a acquise en réalité le contrat par le fait seul de son existence ; 800 bauws de terre (568 hectares), plantés en cannes dépendent de cette usine ; 3,200 familles sont employées à les cultiver. Le terrain est divisé en carrés longs de 4 bauws (2 hect. 84 cent.) de superficie. La canne est plantée à la pioche, après que la terre a reçu un labour à la charrue. On fait deux coupes de cannes par plantage ; la deuxième, qui se compose de rejetons ou repousses , donne plus de sucre et coûte moins de travail, parce que l'on se borne à déchausser les cannes au pied pour en renouveler la terre. Le bauw de cannes rend de 28 à 30 piculs de sucre et quelquefois 40. Les produits de l'usine sont de 23 à 24,000 piculs, ce qui donne en effet une moyenne d'au moins 30 piculs par bauw.

Le cultivateur reçoit 3 florins 1/2 (6 fr. 19 c.) par picul de sucre, sur l'estimation de la récolte sur pied, et sauf décompte ultérieur.

Le transport et la coupe de la canne coûtent au contractant 1 florin 1/4 par picul de sucre. La fabrication confiée à un habile ouvrier chinois , lui est payée à raison de 1 florin 1/3 par picul ; enfin, les divers ouvriers chinois ou javanais de l'établissement reçoivent 6 florins cuivre par mois, et du riz pour la valeur d'un florin et demi , ce qui revient, en monnaie de France, à 12 fr. 30 c. par mois. Le prix de revient du sucre ne dépasse pas 7 florins le picul ; ce prix, toutefois, ne comprend pas l'intérêt du capital engagé , qui est, comme nous l'avons dit plus haut , de 750,000 florins , soit 50,000 florins, ou 2 florins environ par picul de sucre.

On ne fabrique que deux qualités de sucre, toutes deux au-dessus de la belle quatrième et qui sont classées dans les numéros 14 à 16 et 10 à 12 par le maatschappey. Le Gouvernement paie ce sucre, l'un dans l'autre, 10 florins (17 fr. 70 c.) le picul. Mais le fabricant n'est tenu de livrer que jusqu'à concurrence de la valeur des cannes que le Gouvernement fournit, ce qu'on peut évaluer au tiers du produit de l'usine ; le surplus est vendu au commerce à Batavia, à raison de 18 florins cuivre le picul, soit 24 fr. 50 c. les 50 kil.; c'est, comme on voit, 80 pour cent de plus qu'au Gouvernement.

Une roue à eau de 11 mètres de diamètre, et produisant une force de 16 chevaux, met en mouvement deux moulins de trois cylindres chacun, qui pressent les cannes, mais imparfaitement, à ce qu'il paraît, puisque la proportion du vesou à la bagasse n'est généralement que comme 42 est à 58, tandis qu'à la Guyane elle est comme 55 est à 45.

Le vesou marque en moyenne 8° 1/2 ; 1,700 kilog. de jus donnent à la cuite 100 à 125 kilog. de sucre terré, plus 8 0/0 de sucre de second jet. On ne cuit que deux fois. Le résidu de la seconde cuite est abandonné comme mélasse.

La méthode de cuite diffère avec celle suivie dans nos colonies, en ce point, qu'arrivé à un certain degré de cuite, le sirop est versé dans des rafraîchissoirs au fond desquels il laisse déposer les impuretés qui le salissent. On décante la liqueur au moyen de robinets placés à diverses hauteurs, et l'on achève la cuite du sirop ainsi clarifié. Le résidu du rafraîchissoir est ensuite passé à l'étamine et recuit. On obtient ainsi des sucres plus clairs.

Les équipages pour la cuite du vesou se composent de 5 chaudières en tôle, il existe dans l'établissement 4 batteries qui peuvent cuire chacune 10,000 piculs par année (625,000 kil.). La surface évaporatoire des chaudières est calculée de façon à augmenter à mesure que la cuite s'avance, et cette disposition doit prévenir l'effet d'une trop forte chaleur. On a aussi introduit l'usage d'une marmite à soupape, qui, en venant se loger exactement dans l'intérieur de la chaudière où se termine la cuite, se remplit par le fond et soustrait instantanément, lorsqu'on l'enlève, le sucre à l'action du feu. Cet appareil est connu à la Guyane, je l'ai vu dans plusieurs sucreries.

La bagasse, quelque riche qu'elle soit en sucre, en raison des défectuosités de la pression qu'elle subit, suffit à peine, dans les temps secs, à la cuite des sirops. Il y a des années où il a suffi d'y ajouter pour 42 florins de bois à brûler; il en est d'autres où la dépense s'est élevée à 1,000 florins (1,770 francs); mais il faut considérer qu'en interrompant la cuite du sirop pour le clarifier, il y a déperdition considérable de chaleur.

Lorsque le sirop a acquis le degré de consistance convenable, on le verse dans des formes en terre de la contenance de 72 livres de sucre; on procède ensuite au terrage par le procédé ordinaire, puis on écrase sous une meule le sucre obtenu et on le fait sécher sur des aires, dont un toît de paille roulant sur un charriot à six roues recouvre la surface, s'il vient à pleuvoir. Ce genre de séchoir paraît être une heureuse invention dans un pays exposé aux pluies d'averse.

Dans la province de Chéribon, le Gouvernement accorde, par picul de sucre, 50 duts de gratification à répartir, par parts égales, entre les divers administrateurs locaux chargés de surveiller la culture de la canne, à savoir le résident, le régent, le contrôleur des cultures, le chef indigène du district et enfin les petits chefs surveillants copartageants.

On fabrique, en outre, dans l'établissement cité plus haut, du rhum et de l'arack au moyen des mélasses.

La liqueur à distiller est composée d'eau et de 14 p. 0/0 de mélasse. Au bout de 8 jours, la fermentation alcoolique y est développée complétement. On procède alors à la distillation dans un appareil assez compliqué et très inférieur à nos nouveaux alambics à distillation continue. De 800 gallons de liqueur à distiller, on obtient 114 gallons de rhum à 24°, soit, en mesures françaises, de 3,600 litres on retire 513 litres de rhum à 24° : c'est dans la proportion de 7 à 1.

Si l'on veut obtenir de l'arack, on ajoute à la composition ci-dessus de la liqueur à distiller, du riz dans la proportion d'un picul pour 300 gallons d'arack (soit 62 1/2 kilog. de riz pour 1,350 litres d'arack) qu'on veut obtenir. On cuit d'abord le riz, puis on le fait entrer en fermentation en y ajoutant des oignons et de la cannelle. Cette dernière substance est introduite dans la proportion de 1 livre 1/4 pour 1,600 gallons d'arack ; elle est destinée sans doute à donner du goût.

La sucrerie de Kadipattan (province de Chéribon) nous offrira un exemple d'une exploitation pour le compte de particuliers. La concession du Gouvernement comprend 500 bauws (355 hectares de terre à l'arrosage au prix annuel de location d'un picul de sucre (62 1/2 kilog.) par bauw (74 ares). On ne cultive en ce moment que 400 bauws (384 hectares). La terre reçoit une première préparation avec la charrue à buffles. On plante ensuite la canne à la bêche par lignes distantes de 4 pieds. Le plançon est placé horizontalement dans le fossé, dans cet ordre ⌐—⌐—⌐—. On fait 4 coupes dans le même plantage. La canne vierge est coupée à 13 mois; les rejetons à 10 et 11 mois. Les terres de la concession n'ont pas cessé de produire depuis 7 ans, et l'on ne s'aperçoit nullement d'une diminution dans leur fécondité.

La culture des terres emploie annuellement 800 ouvriers, dont la journée est payée 18 duts. Les *mandours* ou chefs d'atelier, chargés de la direction des travaux, gagnent 20 à 24 duts. Les ouvriers qui sont payés au mois de 30 jours de travail (et ce sont les meilleurs) gagnent 5 florins 60 duts tout compris, soit 10 francs par mois. Un certain nombre de familles javanaises sont venues s'établir sur les terres de la fabrique pour fuir les cultures forcées auxquelles elles cessent d'être assujetties, puisqu'elles n'habitent plus une terre du Gouvernement. Élles paraissent beaucoup plus heureuses de leur sort. Chacune d'elles a une case et un jardin qui fournit les légumes nécessaires à la consommation du ménage.

On a quelquefois fait travailler à la tâche, laquelle est ordinairement terminée à trois heures de l'après-midi.

On calcule que le bauw de cannes rend de 28 à 30 piculs de sucre.

La fabrication du sucre est confiée à un habile ouvrier chinois qu'on paie à raison de 35 duts par picul de sucre. Des femmes sont employées dans la fabrique et gagnent 10 duts par jour. Les équipages sont d'ancienne forme. Les cinq chaudières qui les composent sont en tôle, et coûtent, les grandes, 1,000 florins et les petites, 600 florins. On les tire d'Angleterre.

La bagasse ne suffit pas à la cuite du sucre, parce qu'on fait, comme je l'ai expliqué, cette cuite en deux fois pour clarifier le sirop.

Le sucre revient à 7 florins le picul (12 fr. 39 cent.), il est vendu 15 florins (26 fr. 55 cent.) à Batavia, par les soins d'un agent du propriétaire qui est chargé de recevoir et de vendre, et qui prend une commission de 5 p. 0/0. On fabrique annuellement 10,000 piculs de sucre ; mais on fait des préparatifs pour pousser la fabrication jusqu'à 13 ou 14,000 piculs.

Cette sucrerie est estimée 130,000 florins (230,100 francs.)

On y entretient, en ce moment, un atelier de forges pour les constructions d'agrandissement nouvellement entreprises, et il ne paraîtra peut-être pas sans intérêt de dire ici que le maître ouvrier, qui est un Javanais, gagne 53 florins par mois, que le second ouvrier gagne 8 florins 1/2 et les autres 5 florins 1/2 tout compris. Nous avons vu dans l'établissement une fort jolie calèche sortant de leurs mains et qui revenait à peine à 250 florins (442 fr. 50 cent.). Il y avait aussi un atelier de menuiserie monté par des ouvriers chinois, le maître ouvrier était payé 30 florins par mois. Les maçons employés dans l'établissement étaient aussi Chinois et fort habiles.

Sucre de palmier, dit sucre de jagre.

Nous croyons devoir placer à la suite de l'article relatif au sucre, ce que nous avons à dire d'un sucre particulier, servant à peu près exclusivement à la consommation des indigènes de l'Inde et de la Malaisie, et notamment de ceux de l'île de Java. La fabrication s'en est considérablement accrue dans l'Inde et des envois importants de ce sucre ont été faits à Marseille, où on lui a reconnu, dit-on, au raffinage, toutes les qualités propres au sucre de première qualité, c'est-à-dire la faculté de cristalliser et de se blanchir.

Ce sucre, connu à Pondichéry sous le nom de sucre de jagre, est le produit du jus séreux de plusieurs espèces de palmiers, Il est d'ailleurs à remarquer que tous les palmiers sans exception contiennent les éléments de ce produit avec plus ou moins d'abondance, mais nous n'avons ici à nous occuper que des palmiers préférés pour cet usage à Java. Ils sont, autant que nous avons pu le reconnaître, au nombre de trois, savoir : le nipah (*cocos nipah*), le gomuti (*borassus gomutus*) et l'aren (*sagurus Rumphii*).

Le *nipah* est un petit palmier qui n'excède pas la hauteur d'un homme, et qui aime les lieux marécageux rapprochés de la mer, les bords des rivières et les criques. Dans cette dernière situation, son tronc, ainsi que la moitié de ses pousses et de ses feuilles, sont recouverts à la haute marée.

Soit qu'on les plante , soit qu'on éclaircisse une forêt , les palmiers doivent être plantés à 12 pieds environ les uns des autres.

Quand on veut extraire la sève pour la convertir en sucre, on coupe au tiers de sa longueur l'extrémité du bourgeon destiné à porter le fruit. On y attache un pot de terre pendant la nuit ; puis le jus qui s'est écoulé est réuni dans des vases en bambou, le lendemain matin , avant le lever du soleil. Un bourgeon coule pendant trois mois , et produit par jour environ 1 litre 1/2 de liquide. On ne met qu'un bourgeon en perce à la fois sur un arbre, Quand le premier a donné, on en ouvre un second qui jute encore pendant trois mois; alors on abandonne l'arbre pendant un an pour qu'il reprenne de la vigueur.

Le nipah supporte cette opération durant un grand nombre d'années sans dépérir bien sensiblement ; le fruit paraît vers la troisième année de la plantation de l'arbre, et continue d'année en année.

Pour faire du sucre , on rapproche le jus recueilli chaque matin dans une chaudière , et quand il a acquis le degré de consistance voulu, on le verse dans un rafraîchissoir , puis on le met dans des espèces de petits paniers à compartiments pour le livrer à la consommation. Il est brun, graisseux et peu cristallin. Son arrière-goût salé le fait rechercher des Javanais , goût qu'il doit sans doute aux particules salines empruntées au terrain dans lequel croît le nipah.

On peut calculer qu'un hectare de terre contenant 1,300 palmiers produit par année 900 hectolitres de jus ou 450 de sirop, qui se vend à raison de 3 cent. le litre, soit 1,350 fr. De cette somme, il faut retrancher, pour frais divers de main-d'œuvre et de manipulation, 770 fr.; il reste de bénéfice 580 fr.

On fait aussi du vin avec le jus de ce palmier, en y laissant développer la fermentation alcoolique ; enfin, il se convertit en vinaigre par la fermentation acide.

Le *gomuti* est le plus gros de tous les palmiers, il croît sur les côtes basses qu'affectionne aussi le cocotier, ainsi que sur les pentes des montagnes et dans les vallées marécageuses. Il fournit une liqueur saccharine d'un usage fort répandu. Son fruit ressemble à une nèfle ; il est triangulaire et attaché à un pédoncule spathique long de 3 à 4 pieds. Lorsque le fruit commence à paraître, on perce une des spathes pendant trois jours avec un bâton pointu ; la sève se porte alors avec abondance vers la partie enflammée ; on y fait une incision. et l'on adapte au spathe un vase qui reçoit la liqueur saccharine. Le palmier doit avoir de 9 à 10 ans pour supporter cette opération. On cuit sur-le-champ les jus recueillis dans la matinée, et l'on obtient un sucre brun, graisseux, analogue à celui du nipah que nous avons déjà décrit ; c'est avec le jus fermenté de ce palmier que les Chinois préparent le *toddy*. On se sert aussi du vin de ce palmier dans la préparation de l'arack si renommé de Batavia, arack qu'on obtient par la distillation d'une liqueur ainsi composée :

Mélasse............................	62 parties.
Vin de palmier....................	13
Riz...............................	25
	100

A l'insertion des branches au tronc du gomuti, il existe une substance filamenteuse, préférable à celle du coco pour fabriquer des cordages. Enfin ce palmier fournit une moelle à sagou; mais elle a un goût qui ne convient pas aux Européens.

L'*aren* est un grand arbre qui croît sur les pentes des côteaux, son fruit vient en grappes très-fournies. Voici l'opération que nous avons vu pratiquer pour en extraire la sève. Aussitôt que la fleur commence à marquer, on ouvre son enveloppe qu'on bat avec un morceau de bois pour y faire une blessure. On la secoue ensuite violemment pendant un quart d'heure pour y déterminer une inflammation. Chaque jour, pendant un mois, on recommence cette opération; après quoi, on coupe la fleur, dont il ne reste plus que le pédoncule. Alors, on y applique pendant 48 heures un emplâtre composé d'oignons blancs, de la racine de l'arbre gingiang et de la feuille du tjariang. Enfin, on rafraîchit la section du pédoncule, et l'on y applique un long bambou troué destiné à recevoir la liqueur.

Celle-ci est réunie dans une bassine en fer; on la fait bouillir vivement pendant 2 heures; on y ajoute une certaine quantité de fèves de remirié, et on laisse reposer le sirop qui, au bout d'un quart d'heure, est devenu consistant. Alors, on le bat comme du beurre et on le met dans des formes. Ce sucre est préféré par les Javanais au sucre de canne.

On plante et l'on donne des soins de culture au palmier *aren*. Un hectare de terre en contient 900 pieds, qui, après dix ans, rapportent, l'un dans l'autre, 2 flo-

rins par année, soit en sucre, soit en vin ; ce dernier, lorsqu'il vient d'être recueilli , a le goût de notre vin doux, toutefois , avec quelque chose de douçeâtre peu agréable.

La culture et la fabrication en grand de l'indigo , à Java , ne remontent pas au-delà de 1831 , et l'on est déjà arrivé à une production annuelle de 1,800,000 livres pour le compte du Gouvernement et de 50,000 livres pour celui des particuliers.

L'indigo est, comme le café , l'une des denrées coloniales dont la culture et la fabrication sont directement confiées aux propres agents du Gouvernement , et où l'on n'a pas introduit l'action de l'industrie privée. Les provinces qui produisent le plus d'indigo , sont celles de Bagelen , Chéribon, Banjoemaas , Pecalongan, Pré-angs-Regents-capen , etc.

L'indigofère vient partout , mais les terres basses à l'arrosage lui conviennent mieux. En terre haute il fournit deux à trois coupes , la première six mois après la plantation , et les autres deux à trois mois après chaque coupe. En terre basse , on fait jusqu'à quatre coupes ; la première a lieu au bout de cinq mois , et les autres de trois en trois mois.

On connaît à Java deux espèces d'indigofère. L'une vient de graine et s'appelle dans le pays *taroum-billy*: elle est cultivée dans les plaines de Batavia et de Bantam. L'autre espèce , qui est d'une culture bien plus générale, ne vient que de bouture. Cette plante ayant complètement perdu, par le long usage de la reproduction par bouture , la faculté de donner de la graine , s'appelle dans le pays *taroum-combang*, indigo de fleur.

Après avoir préparé la terre par un ou deux labours à la charrue, et tracé des plates-bandes larges de 35 centimètres, à la distance de 50 centimètres les unes des autres, on place de chaque côté de ces plates-bandes, et à un pied de distance les unes des autres, deux boutures à peine séparées l'une de l'autre, de manière à présenter cette disposition \\// \\ // \\ //. Les boutures ont 18 à 20 centimètres de longueur et sont choisies dans les branches les plus belles. On ne plante en terre haute que dans la saison des pluies.

La culture du bauw (71 ares) d'indigo réclame tout le travail d'un ouvrier pendant l'année. En conséquence, on y affecte quatre familles, pour employer, d'après ce calcul, le quart de leur temps; mais on en emploie en réalité bien davantage. La moyenne du rendement d'un bauw est de 40 à 50 livres d'indigo par année, et le salaire du cultivateur est réglé à raison d'un florin et demi (2 fr. 65 cent.) pour une livre d'indigo obtenue. Cette somme trop modique, eu égard aux soins pénibles qu'exige la culture de cette plante, suffit à peine à l'acquittement des contributions foncières et décourage les paysans, qui ne travaillent qu'à contre-cœur. Leur sort s'est pourtant beaucoup amélioré le jour où le gouvernement a renoncé à déplacer les cultivateurs qu'il forçait à se rendre à 30 et 40 milles de leurs villages pour prendre leur part du travail des champs d'indigo entourant ses fabriques. Reculant devant la misère de la population, misère devenue intolérable, il s'est décidé à diviser la culture de l'indigo en multipliant les fabriques secondaires ; mais, pour ne pas multiplier en même temps les qualités d'indigo , il fait transporter les pâtes avant leur cuite , dans des usines centrales où elles sont exactement mêlées et cuites ensemble.

La feuille de l'indigofére a atteint le point de maturité voulu, quand , pliée en deux , elle se casse net au pli. On coupe alors toutes les branches qui portent feuilles, on les réunit en bottes, qui sont transportées à la fabrique où elles sont immédiatement placées sous l'eau dans la cuve à fermenter. La fermentation s'établit de suite et est complète au bout de cinq à sept heures, selon la température. On écoule alors l'eau dans une cuve inférieure , où elle est battue vivement pendant trois à quatre heures, soit au moyen d'une roue à palettes qui y tourne et s'y agite, soit au moyen de pelles mues par des hommes. L'eau qui sort jaune de la cuve à fermentation ne tarde pas à bleuir par l'effet de l'oxydation. On remarque surtout cet effet sur les écumes qui tournent au bleu sous l'œil même de l'observateur : c'est alors que la matière colorante, dont il n'existait encore qu'une partie des éléments dans la plante, se forme réellement par sa combinaison avec l'oxigène de l'air. Pour en déterminer ou du moins pour en hâter la précipitation, on répand dans la cuve deux ou trois seaux d'une dissolution aqueuse de chaux. Il paraît que si l'on était parfaitement maître de diriger la fermentation à son gré et d'en apprécier le point, on pourrait se dispenser de l'emploi de la chaux qu'il faut, au surplus, ménager le plus possible, et dont l'excès constitue les indigos de basse qualité.

Lorsque la matière colorante est entièrement précipitée, on décante ; l'indigo en pâte liquide est rassemblé avec des racloirs ; on le soumet à une heure et demie de cuisson dans une chaudière, jusqu'à ce que la pâte commence à prendre de la consistance : il est indispensable d'agiter la matière pendant cette opération pour qu'aucune partie ne se prenne au fond et ne roussisse par l'effet de la chaleur. La pâte d'indigo est alors jetée sur une toile fine et tendue où elle achève de s'égoutter ; puis on la soumet à la presse dans des formes carrées. Le pain qu'on obtient ainsi est ensuite abandonné pendant trois mois sur une claie où il sèche complétement.

En général, on ne fait que des indigos de première qualité à Java.

L'une des fabriques d'indigo que nous avons eu occasion de visiter est située dans les terres les plus hautes de la province des Préangs-Regents-capen. On y fait annuellement 5,000 liv. d'indigo. Il y a toujours 180 bauws de terre en culture, la moitié de plans nouveaux, et l'autre moitié de plans de l'année précédente, qui n'exigent qu'un travail de sarclage, mais qui ne donnent qu'un demi-produit. On ne fait que deux coupes dans l'année. Cette culture oblige les travailleurs de 25 campongs ou villages, plus ou moins éloignés, à venir, à tour de rôle et au nombre de 800, prendre part aux divers détails de la culture. Le directeur de la fabrique reçoit du Gouvernement une somme de 150 florins par mois. Quant à la fabrication, elle coûte, par livre d'indigo, 5 duts. que l'on prélève sur le prix de 1 florin 50 duts payés pour la culture. C'est sur cette somme qu'on donne 4 duts par livre d'indigo au maître ouvrier, et qu'on couvre avec le surplus les menus frais de la fabrication. Les ouvriers employés dans la fabrique sont sensés faire leur tâche à la culture.

Les caisses pour l'emballage, les frais de transport et autres à la charge du Gouvernement, portent à 2 florins (3 franc 54 centimes) le prix de revient de la livre d'indigo rendu à Batavia.

Dans l'aide-résidence de Soemedang, il existe 44 fabriques secondaires ou centrales d'indigo produisant annuellement 86,000 livres au moyen de la culture d'environ 2,500 bauws (1,775 hectares). Là on renouvelle chaque année les plantations, et l'on coupe trois fois. La population tout entière, au nombre de 50,000 âmes de tout âge et de tout sexe, prend part à la production de cette denrée.

Nous avons visité dans la province de Chéribon une fabrique centrale située au village javan-chinois de Gamblang. Elle reçoit les pâtes molles de vingt petites fabriques secondaires, et elle en achève la préparation en les mêlant intimement, pour ne faire qu'une seule et même qualité. Le Gouvernement fait les frais de cet établissement, où les maîtres ouvriers gagnent 15 florins, et les ouvriers 5 florins par mois. 839 bauws de terre basse à l'arrosage sont employés à la culture de l'indigo ; mais ces terres sont réparties autour des campongs, à proximité desquels ont été établies les fabriques secondaires, pour éviter le déplacement des populations. On fait quatre coupes par an, la première au bout de cinq mois. Il y a 4,000 ouvriers employés à cette culture.

Le paysan javanais remplace chaque année la culture de l'indigo par celle du riz, et comme il n'y a guère que le cinquième des terres plantées en indigo, il s'ensuit qu'on ne fait qu'une récolte d'indigo tous les cinq ans sur les mêmes terres.

Le prix de revient de la livre d'indigo dans la province de Chéribon est d'un florin 90/100 (3 francs 36 centimes).

Dans la province de Bantam, le Gouvernement se borne à faire planter l'indigofère, et pour cela, il paye les travailleurs à raison d'un florin par livre d'indigo obtenue ; puis il fait faire à ses frais, et par des ouvriers qu'il paye à raison de 10 duts par jour, tous les travaux qu'exigent la culture et la récolte. L'indigo lui revient à 2 florins la livre (3 fr. 54 cent.).

Le Gouvernement accorde généralement, par livre d'indigo, aux chefs locaux, 25 duts de gratification, qui se partagent par parts égales entre le résident, le régent, le contrôleur des cultures, le chef du district, et, ensemble pour une part, les chefs subalternes.

Thé.

C'est vers 1827, il y a par conséquent dix-huit ans, qu'ont été faits dans la province des Préangs-Regents-Capen, les premiers essais de la culture du thé à Java ; mais il n'y a pas plus de huit à dix ans que le

Gouvernement a pris la détermination de donner de l'impulsion à cette culture. Avec les moyens puissants dont il dispose, et malgré les résultats désavantageux qui semblent menacer encore cette entreprise, il est parvenu, dans ce court laps de temps, à élever la production annuelle au chiffre de 700,000 livres, avec l'espoir fondé d'atteindre deux millions d'ici à trois ans.

Les provinces où le thé a le mieux réussi et qui en produisent le plus sont celles des Préangs-Regents-capen, Bagelen, Benjomaas, Chéribon et Tagal. On continue à en étendre la culture, et la province de Buitenzorg vient de débuter par une production annuelle de 10,000 livres.

L'arbrisseau du thé est planté en haie à la distance de 4 à 5 pieds. On calcule qu'un ouvrier peut planter un bauw (71 ares) en thé, dans l'espace de 2 mois. Le plantage d'un pareil espace de terrain coûte au Gouvernement 25 florins cuivre ; puis, et jusqu'à ce que la plantation soit en rapport, ce sont des ouvriers, payés à raison de 7 florins par mois, qui sont chargés des soins à lui donner. Ces soins consistent à sarcler les herbes et à renouveler les terres au pied des plants. On commence à cueillir les feuilles dès la deuxième année ; mais ce n'est qu'au bout de trois ans que l'arbrisseau est en plein rapport. Il faut chaque année donner un labour avec la charrue à buffles à travers les lignes de plantage, et piocher le pied des plants.

Dans une expérience faite avec soin, on a constaté que 275,000 arbrisseaux à thé en rapport avaient produit 35,000 livres de thé; ce qui fournit la moyenne d'une livre de thé par huit pieds d'arbrisseaux.

La cueille des feuilles nécessaires pour faire un picul de thé (62 grammes 1/2) coûte 8 florins cuivre (13 fr. 39 cent.). Ce sont des femmes et des enfants qui font ce travail. Il faut, terme moyen, 4 livres de feuilles vertes de thé pour obtenir une livre de thé prêt à être livré au commerce. Le thé vient partout à Java; mais, dans les plaines où la chaleur est excessive, la feuille pousse avec une très grande rapidité, et elle n'est pas plus tôt au jour qu'elle devient dure et coriace. Aussi il n'y a guère que le thé de montagne qui mérite ce nom à Java. Le reste rappelle l'odeur plus ou moins balsamique du foin : personne dans l'île de Java ne consomme du thé de Java; et, si la fabrication ne s'améliore pas, il est peu douteux qu'on n'ait jamais qu'un produit tout à fait inférieur.

Après avoir fait faire, par les soins de ses agents, de vastes plantations de thé, le Gouvernement les a remises à des contractants qui se sont chargés de leur entretien et de la fabrication du thé, qu'ils livrent au prix fixé dans leur contrat.

Voici les conditions d'un contrat qui peut servir de type.

M. L*** a reçu du Gouvernement une avance de 74,000 florins (132,750 francs) pour monter une fabrique de thé, à laquelle est annexée une étendue de 300 bauws (213 hectares) de terre, dont 60 étaient déjà plantés, il doit. pendant la durée de vingt ans de son contrat, livrer au Gouvernement la totalité du thé qu'il récoltera et fabriquera, au prix de 65 à 75 duts la livre, selon la qualité ; et, sur la somme à lui payer, il sera retenu le dixième du montant des avances que lui a faites le Gouvernement tant en argent qu'en frais de plantation, défalcation faite du revenu de ces mêmes plantations avant l'existence du contrat, alors que le Gouvernement exploitait pour son propre compte.

Cette plantation produisait, en 1844, 15,000 livres de thé.

Les conditions qui lient les contractants au Gouvernement, varient avec les provinces et la durée des contrats. Les uns expédient, après une dessication plus ou moins complète de la feuille, leurs produits à la grande manufacture établie dans les environs de Batavia et dont nous parlerons tout à l'heure ; les autres donnent sur place la dernière préparation.

L'exploitation de thé, distante de quelques milles du château de Buitenzorg, réunit à la culture la fabrication complète du produit.

La plantation s'élève en terrasse et couronne un mamelon aplati qui domine le volcan du Salak.

On fait, dans la fabrique, jusqu'aux caisses destinées à l'expédition du thé en Europe, et les formes et façons chinoises sont imitées avec la plus grande exactitude. Une caisse de la contenance d'un demi-picul (31 1/4 kilog.), plombée à l'intérieur et ornée de tous les dessins d'usage, revient à 5 florins. Ce thé coûte au Gouvernement 90 duts, et c'est à peine le prix qu'on en retire en Europe.

Dans la province de Bantam , ce sont les particuliers qui se sont chargés de la culture du thé au moyen d'ouvriers dits *bouillands* , qu'on paie de 15 à 20 duts par jour.

L'une des exploitations de thé que nous avons eu l'occasion de visiter dans les Préangs est confiée à un Chinois, qui livre son thé au Gouvernement, au prix de 75 duts la livre. Les ouvriers qu'il emploie reçoivent de 5 à 8 florins cuivre par mois.

La grande manufacture de thé située près de Batavia reçoit, comme nous l'avons dit plus haut , des plantations établies dans les montagnes de l'intérieur, les thés qu'elle manipule et que le Gouvernement paie aux cultivateurs contractants de 30 à 40 duts la livre , quelle qu'en soit la qualité. Ces thés sont expédiés à la manufacture dans un état de dessiccation complète par l'action du soleil et du feu, et déjà divisés par le triage en quatre qualités distinctes. On les repasse de nouveau au feu , d'abord dans des paniers séchoirs, puis dans des chaudières en tôle où le thé est continuellement agité par l'ouvrier qui se sert de sa main comme d'un thermomètre pour veiller à ce que la chaleur n'excède pas le degré voulu : puis, au moyen de tamis, on commence le triage des qualités , travail minutieux que des femmes achèvent à la main. On fait ainsi dix qualités de thé, auxquelles on donne les divers noms en usage dans le commerce.

Le thé vert ne diffère , comme on sait , du thé noir qu'en ce que sa feuille est séchée directement sur le feu sans avoir, comme le thé noir, subi la légère fermentation que ne peut prévenir complétement l'exposition immédiate de la feuille au soleil. On prépare plusieurs qualités de thé vert.

Le thé *pekoé* est fait avec la feuille non développée qui termine les petites branches de l'arbuste. Le duvet dont cette feuille est encore couverte, donne naissance à cette pointe blanche si remarquable dans le *pekoé*.

La manufacture de Batavia travaille pendant environ dix mois chaque année et emploie 90 hommes et 100 à 120 femmes ou enfants. Les ouvriers gagnent 10 florins par mois et 12 florins avec leurs femmes. Les ouvrières employées dans les moments de presse sont payées à raison de 40 à 50 duts par jour, et les enfants 15 à 20.

La fabrication des caisses destinées à l'expédition des thés en Europe est un heureux exemple des avantages de la division du travail. Seize ouvriers prennent part à la fabrication d'une caisse qu'ils produisent en deux heures, et qui revient, tout compris, à 5 florins 1/2 (9 fr. 73 cent.) Cette caisse contient un demi-picul (31 kilog. 1/2) et est la servile imitation des caisses à thé de la Chine. Il n'est pas jusqu'au plomb destiné à leur garniture intérieure qui ne soit coulé en lames par la méthode chinoise, au lieu d'y substituer le laminage qui serait bien plus avantageux.

La première qualité de thé poudre à canon s'est vendue en Europe, dans ces derniers temps, 3 florins argent la livre (6 fr. 36 c.), et la dernière un quart de florin (53 centimes). Le terme moyen de la vente n'a pas été au-delà de 90 centièmes de florin d'argent (1 fr.

91 c.) A ces prix, le Gouvernement n'est pas encore arrivé, dit-on, à faire ses frais, et beaucoup de personnes pensent que le thé n'est pas une denrée qui convienne à Java. Nous partageons cet avis.

Riz et plantes vivrières.

Le riz est le produit le plus important de Java ; car c'est l'aliment principal, le pain du paysan javanais : c'est même plus que le pain, puisque ses autres produits agricoles sont bien loin d'avoir l'importance des menues denrées de l'Europe. On se borne à cultiver en petites quantités quelques espèces de légumes, tels que le kachang-kedel (*phaseolus maximus*), le kachang-ijo (*phaseolus radiatus*) : le premier rend dix pour un, et le second sept seulement ; la racine de l'*obi* (igname), la patate douce, le kantang, racine farineuse, le manioc, l'*arum esculentum*, les piments de plusieurs espèces qui servent de principal assaisonnement aux mets. Enfin, on multiplie les plantations de bananiers dont le fruit est pour le peuple d'un immense secours. Ajoutons toutefois que la culture de la pomme de terre, qui a réussi parfaitement en montagne, commence à se répandre et occupera sans doute un jour une place importante dans les ressources du pays contre les disettes qui le désolent trop fréquemment [1]. Le maïs est

---

[1] La pomme de terre n'est pas le seul légume d'Europe qui soit naturalisé à Java : le chou y réussit merveilleusement, et l'on est parvenu à l'obtenir pommé et dur, comme en France. On a

aussi un des produits accessoires du cultivateur javanais, et il constitue la récolte la plus importante après
le riz. Le Javanais mange également, en manière d'épinards, les feuilles d'un arbuste assez répandu dans
l'île, et qui est connu sous le nom de Tchoucamain : c'est
sans doute ce qui a fait dire que, dans les disettes, les
Javanais en étaient réduits à manger des feuilles d'arbres. Quoi qu'il en soit, si l'on ajoute à ces végétaux
quelque peu de poisson salé, l'on aura le menu du
repas du paysan javanais.

Nous revenons au riz : les diverses espèces qu'on
cultive à Java peuvent se ranger en trois catégories : le
riz des terres basses, c'est-à-dire des terres susceptibles d'être inondées artificiellement (ce sont les plus
avantageuses, parce que la récolte ne dépend pas des
saisons et des pluies.) Le riz de côteau qu'on arrose à
l'aide des pluies périodiques dont on dirige les eaux.
Enfin, le riz de montagne : ce dernier n'est jamais

aussi essayé avec quelque succès de faire croître à diverses hauteurs d'autres légumes et des arbres fruitiers qui ne peuvent ordinairement venir sous la zône torride.

Il existe en divers points, sur les flancs de la montagne du
Gédeh, des jardins potagers qui fournissent toute l'année des petits pois, des asperges, des artichauts, des fraises, etc. Ils sont
complantés de pêchers, de pruniers, d'abricotiers, de poiriers et
de pommiers, donnant, du reste, d'assez mauvais fruits. Nous
fûmes fort agréablement surpris, en arrivant au sommet du Panguerangho, situé à environ 10,000 pieds au-dessus du niveau
de la mer, de trouver l'intérieur du cratère de ce volcan éteint,
converti en un délicieux jardin potager qui nous offrit, pour notre
souper, des fraises et plusieurs légumes d'Europe fort savoureux.

noyé , et sa culture , moins avantageuse que celle des deux autres , a suivi l'extension donnée aux cultures forcées de l'indigo , de la canne à sucre et de la canelle , pour lesquelles le gouvernement hollandais s'est réservé le cinquième des terres à riz , au grand mécontentement des populations, que cette disposition rigoureuse expose , dans les mauvaises années , à des disettes.

Les terres basses et celles de côteaux ne donnent pas généralement deux récoltes par année , mais plutôt trois récoltes en deux ans. On ne fait dans la province de Chéribon qu'une récolte de riz chaque année, parce qu'on profite des champs pour semer comme deuxième récolte le coton *herbe* (*gossypicus herbaceum*), qui donne ses produits au bout de quatre mois, produits qu'on met en œuvre dans le pays et qu'on y consomme. Cette dernière récolte ne paie , d'ailleurs, aucune contribution , et il n'en serait pas ainsi du riz, dont la production sert de base à la fixation de l'impôt territorial et qui ne peut, dès-lors, en être affranchi,

On prépare les terres à riz avec la charrue à buffles, et l'on repique le riz à la main. Ce sont les femmes et les enfants qui sont généralement chargés de cette dernière opération. Aussitôt qu'un champ de riz est à maturité, comme il importe que l'épi ne sèche pas trop sur pied, parce que le grain s'en détacherait , l'usage s'est établi dans le pays d'admettre comme moissonneur tout individu qui se présente. Celui-ci a droit dès-lors au cinquième de ce qu'il recueille. La tige est coupée à huit pouces environ au-dessous de l'épi au moyen d'une serpette qui s'appuie sur un doigt de bois, l'on en forme de petites bottes parfaitement rangées. Rien n'est pittoresque comme ces moissonneuses, répandues au milieu d'un vaste champ, et dont le costume aux couleurs éclatantes et variées semble de loin former des lignes de fleurs.

Il arrive quelquefois que le riz ne mûrit pas également dans un champ. On est alors obligé de faire la moisson en deux ou trois fois. Ce fait dont nous avons été témoins, provient du mauvais choix de la semence où s'est trouvée mêlée une espèce de riz hâtif. Lorsqu'il existe des cultures forcées dans les terres à riz, on les alterne souvent, comme nous l'avons dit, avec le riz, au grand avantage des premières. Généralement, les terres basses et de côteaux, susceptibles d'être noyées, sont cultivées en riz de temps immémorial, sans qu'on se soit aperçu de la moindre diminution dans leur fertilité. Nous pensons que cela est dû à l'action de l'eau qui prévient le tassement des terres et qui en mêle continuellement les divers éléments. On pense généralement qu'un hectare de terre, de qualité moyenne, cultive en riz, rapporte 16 piculs, soit 2,000 livres. C'est, du moins, la proportion qu'on nous indiquait pour quelques terres dans la province de Kadu, et c'est celle qui résulte aussi d'une moyenne calculée sur 25,891 bauws de sawah [1] qui forment les terres à riz de toute nature de la population du district de Talaga, province de Chéribon. La récolte du

[1] Nom des champs de riz dans toute la Malaisie.

riz s'élève annuellement de 310 à 320,000 piculs pour 17,626 familles de cultivateurs. Il est vrai que la moitié des sawahs est en montagnes ou côteaux, et que les digues en terres occupent beaucoup de terrains. Dans les terres basses à l'arrosage et de première qualité, le bauw de terre rapporte quelquefois 25 piculs de riz. A Matarem, où l'on fait souvent deux récoltes par année, des expériences ont démontré que le rendement total ne dépassait pas 15 à 1,800 livres de riz par hectare.

Le riz, dans les terres cultivées à l'aide d'irrigations artificielles, rend généralement 25 pour 1 ; il rend souvent autant dans les terres de marais et de côteaux non à l'arrosage, quand on ne fait qu'une récolte par année. Que si on en fait deux, il ne rend plus dans ces dernières que 15 à 16 pour 1. Le riz de montagne donne 15. On cultive comme lui, et en son lieu et place, une espèce de froment appelé *gandun* en malais, et *trigo* en javanais. Ce nom semblerait indiquer qu'il a été importé par les Portugais.

Les terres, dans beaucoup de villages, se partagent chaque année entre toutes les familles ; puis chaque famille cultive séparément le lot qui lui est échu. Quand une famille effectue un défrichement, elle en profite seule, et cela n'entre pas dans le domaine de la communauté. De plus, on dispense pendant trois ans cette terre de toute contribution.

La production totale du riz dans l'île de Java est évaluée, d'après le montant des contributions auxquelles elle sert de base, à 25 millions de piculs, et la quantité de terres arrosables et propres à la culture du riz, est de 1,500,000 bauws, soit 1,065,000 hectares ; et, comme l'exportation annuelle du riz est de 1 million de piculs, il s'en consomme dans le pays 24 millions. Or, en supposant que, l'un dans l'autre, chaque habitant consomme 2 piculs 1/2 par année, cela donnerait une population de 9,500,000 âmes. On sait, d'un autre côté , qu'une famille , qui se compose de quatre à cinq individus, emploie dans sa consommation annuelle 12 piculs de riz, ce qui suppose l'existence de 2 millions de familles , soit de 9 à 10 millions d'âmes dans Java. Ce mode d'évaluation de la population de l'île est le seul qu'on puisse suivre ; car on sait que la voie des re-eensements est antipathique aux populations musulmanes.

Nous avons déjà dit que l'impôt territorial perçu pour le décompte du gouvernement, est généralement du cinquième de la valeur de la récolte de riz. Lorsqu'il s'agit de déterminer la quotité de l'impôt de toute autre culture, on la calcule, quelle que soit la valeur de cette culture, comme s'il s'agissait d'un champ de riz, et l'on estime le riz au plus bas prix où il puisse descendre ; ainsi dans la province de Chéribon , où l'on récolte, sur 150,000 bauws de terre, 2,500,000 piculs de riz , on n'estime le riz qu'à 2 florins le picul ; aussi la contribution foncière de la province ne varie-t-elle que de 1 million à 1,100,000 florins. En réalité , le prix moyen du riz est de 3 florins cuivre , soit 5 fr. 31 cent. Il est aujourd'hui de 8 florins (14 fr. 16 cent.).

En exigeant l'impôt en argent et non en nature , le

gouvernement trouve, indépendamment de l'avantage de se débarrasser de soins minutieux et de laisser le riz dans le pays, celui de retirer d'une main, et au moyen d'un compte, ce qu'il serait tenu de donner de l'autre à la population en paiement de son travail appliqué aux cultures forcées, de manière qu'il a beaucoup moins à débourser, et qu'en somme son opération se réduit à avoir obtenu pour peu de chose les travaux nécessaires à la production de ses denrées coloniales.

Dans la province des Préangs-Regents-capen, où, comme nous l'avons dit, le gouvernement ne paie au cultivateur que 3 florins 75/100 par picul de café, le riz n'est pas soumis à l'impôt territorial. Le paysan ne paie que la dîme au régent et au prêtre, et c'est plutôt un usage qu'une obligation.

Cannelle.

La culture du cannellier a été introduite dans dix provinces. La province de Krawang est celle où cette culture a reçu le plus de développement ; viennent ensuite les provinces de Bagelen, de Banjoemaas, de Bantaam, etc.

La récolte annuelle pour le compte du gouvernement dépasse 200,000 livres. J'ignore le chiffre exact de la production des particuliers, mais il est peu élevé.

Les frais de plantation ont coûté généralement 25 florins (44 fr. 25 cent.) par bauw de terre (71 ares) au gouvernement, qui a fait ensuite, pour la culture, des contrats avec les particuliers.

La journée du cultivateur est payée 10 duts.

Le prix de revient de la cannelle est de 2 florins la livre (3 fr. 54 cent.).

Cochenille.

La culture du nopal et la production de la cochenille commencent à se répandre dans l'île de Java , où le Gouvernement n'a rien négligé pour les encourager. La production pour le compte du gouvernement s'élève annuellement à environ 45,000 livres. Nous ignorons le chiffre de celle des particuliers , mais il doit être considérable, car l'exploitation importante de M. Vanden-Bosch , à Pondok-Gédeh, n'est certainement pas la seule de ce genre. Nous y reviendrons au surplus.

Le nopal , cultivé à Java, est originaire du Mexique. Il est planté 4 lignes par 4 lignes réunies ensemble, à la distance d'environ 5 mètres. Dans chaque groupe les lignes ont un mètre de distance entre elles , et chaque plan de nopal est à 2 mètres. On ne fait servir chaque rangée que l'une après l'autre. Pour cela , quand on a attaché les mères à l'une d'elles, on la couvre d'un toît en paille destiné à garantir l'insecte de l'action de la pluie qui le détruirait infailliblement dans un pays où elle tombe par torrent. Quand l'éducation de la cochenille , qui dure à Java de 65 à 70 jours, est terminée, on passe à la rangée suivante de nopal, l'on avance alors au-dessus le toît de paille et l'on procède à une nouvelle éducation, de sorte que chaque rangée de nopal jouit de sept mois de repos, pendant lesquels la plante reprend la vigueur qu'elle a perdue, quand l'insecte en tirait le suc. Toutefois il est nécessaire de renouveler le plant de nopal au bout de 8 ans : il est en plein rapport à 18 mois. On calcule que 15 à 16 plants de nopal nourrissent la quantité de cochenille nécessaire pour produire une livre de cochenille sèche.

On prépare la cochenille en faisant sécher l'insecte pendant six jours au four à une douce chaleur, ou pendant 14 jours au soleil ; puis on procède par un triage minutieux, exécuté par des femmes, à la séparation des diverses qualités. On en fait quatre à Java : la première est blanchâtre, grosse ; la deuxième blanchâtre, plus petite ; la troisième rouge très foncé, appelée sacatelle, provenant des insectes qui ont servi à la génération ; la quatrième, rouge, provient de ceux qui sont morts sur place et qui n'ont pas eu tout leur développement. Cette dernière qualité est payée un florin la livre par la compagnie de la Maatschappey.

Pour encourager l'exploitation de la cochenille, le gouvernement a commencé par faire planter et entretenir des nopaleries par des ouvriers qu'il payait de 15 à 20 duts par jour. Les plantations une fois terminées et en état de produire ont été remises à des particuliers avec les avances de fonds nécessaires pour former l'établissement. Les contrats renferment la condition de remboursement des avances dans un laps de temps de 10 ans, au moyen de la cochenille produite qui est reçue par le gouvernement au prix de 2 florins 25/100 la livre (3 fr. 98 cent.). La portion de la récolte annuelle qui excède le montant du dixième des avances à rembourser, appartient à l'entrepreneur qui en dispose librement, et d'une manière plus avantageuse qu'avec le gouvernement. Celui-ci n'exige pas d'intérêt pour ses avances , son bénéfice se trouvant dans le prix auquel il paie la cochenille à ses contractants.

Nous connaissons dans la province du Chéribon un contractant qui a reçu 45,000 florins d'avance, y compris la valeur des plantations (15,000 florins) : il est tenu de livrer, chaque année, le dixième des avances en cochenille, au prix de 2 florins 20/100 (3 fr. 89 cent.) la livre. La durée de son contrat est de dix ans. La cochenille ne reviendrait à ce contractant qu'à 1 florin (1 fr. 77 cent.) la livre ; mais nous doutons de l'exactitude de ce renseignement.

Dans la province de Bantam le Gouvernement a fait préparer la cochenille par les soins de ses propres agents au moyen d'ouvriers *bouillands* qu'on paye 10 duts par jour. La cochenille lui revient à 2 florins (3 fr. 54 cent.) la livre.

M. V.. cultive le nopal du Mexique dans sa magnifique habitation de Pondock-Gédeh , dont les terres proviennent d'achats faits à l'ancienne compagnie hollandaise. Son exploitation a 3 ans de date, et il récolte aujourd'hui 10,000 livres de cochenille. Il a fait venir l'insecte de Cadix, et ce transport a présenté un fait curieux. Toutes les mères, à l'exception d'une, moururent pendant la traversée. C'est le seul individu sauvé comme par miracle, dont les générations se sont perpétuées à Poudock-Gédeh ; et , comme on calcule qu'il entre 60 mille insectes dans une livre de cochenille, il se recueille chaque année dans cet établissement, qui produit 10,000 livres , 600 millions d'insectes provenant de la même mère.

La journée de l'ouvrier chez M. V... est de 15 à 16 duts , plus un catty de riz.

Tabac

La culture de cette plante est une des entreprises les plus récentes du gouvernement, qui a fait venir de Manille de la graine de tabac, ainsi que quelques cultivateurs entendus. Il existe aujourd'hui, répartis dans les diverses provinces de l'île, 30 contrats passés par le gouvernement ; chacun de ces contrats comprend , indépendamment de 50,000 florins d'avances pour l'établissement de la fabrique ct les frais courants , 200 bauws (142 hectares) plantés en tabac. La culture est imposée aux campongs voisins. Les travailleurs reçoivent pour salaire de 80 à 125 florins par bauw qui rend de 700 à 1,000 livres de tabac par année , ce qui porte le salaire du cultivateur à environ 22 centimes de franc par livre.

La préparation du tabac est fort simple ; elle consiste à sécher la feuille à couvert sous des hangars de 500 pieds de long , sur 100 pieds de largeur et 45 de hauteur. Il faut *six* hangars pour une exploitation de 200 bauws de terre en tabac.

Les ouvriers employés dans l'intérieur des fabriques de tabac sont au compte du contractant qui les paie de 15 à 20 duts par jour. Les fonds de roulement nécessaires pour faire face aux dépenses journalières sont également avancés par le gouvernement qui s'en rembourse dans les six mois qui suivent la récolte. Les 50,000 florins avancés se remboursent aussi annuellement par dixième, mais seulement à partir de la troisième année d'exploitation.

Tous les produits de l'exploitation appartiennent aux contractants. Le prix de revient de la livre de tabac est de 18 duts, soit 32 centimes ; il se vend dans le pays de 30 à 40 duts la livre, soit de 53 centimes à 66, et son prix en Hollande a varié, selon la qualité, entre 20 duts et 1 florin 60 duts, c'est-à-dire entre 35 centimes et 2 francs 83 centimes. Quelques particuliers ont fait des essais de cigares, mais la confection, sinon la qualité du tabac, laisse beaucoup à désirer. Il est toutefois probable qu'avec l'esprit entreprenant des Hollandais on ne tardera pas à fabriquer de bons cigares à Java, et, si la manufacture de Manille continue à se négliger, cette importante industrie pourra bien se déplacer.

Poivre.

La culture du poivre est peu répandue dans l'île même de Java, où il n'existe que deux provinces, celles de Kédirie et de Padjitan, qui en produisent, et en petite quantité, puisque la récolte annuelle s'élève à peine à 375,000 livres. On sait d'ailleurs que c'est de l'île de Sumatra que vient la majeure partie des poivres qu'exporte le commerce.

Le poivrier prospère dans les terres argilo-sablonneuses légères; on le plante de bouture , bien qu'il puisse venir de graine. Comme c'est une plante grimpante , on place à côté du poivrier un jeune arbre et mieux encore un pieu de bois de 7 à 8 pieds de haut, que le poivrier ne tarde pas à entourer de ses feuilles. Les plants sont généralement placés à 10 pieds les uns des autres ; plus près , ils se gêneraient. Une plantation commence à produire à 3 ans ; l'arbuste est en plein rapport à sa cinquième année , il décroît vers la quatorzième et dépérit entre la vingtième et la trentième année. Un pied de poivrier en rapport doit donner par an 3 livres de poivre.

On fait deux récoltes par année , l'une en avril et mai, l'autre en octobre et novembre. Le poivre ne doit être cueilli que quand la graine est presque rouge. On la sèche sur des claies, puis on l'égrappe en la frottant avec les deux mains ; enfin on achève de la sécher soit au soleil , soit sur des claies sous lesquelles on allume du feu.

Au prix où est descendu le poivre aujourd'hui , nous doutons qu'on s'attache à en étendre la culture à Java.

Soie.

Le gouvernement hollandais a déjà jeté les yeux sur la culture du mûrier et sur l'éducation du ver à soie. Les essais qu'il a fait faire en grand paraissent avoir donné des résultats satisfaisants. On obtient annuellement dans les établissements de Samarang et de Rembang environ 400 livres de soie. Toutefois, c'est encore une question pour beaucoup de gens de savoir si le voisinage très rapproché de la Ligne convient à l'éducation du ver à soie.

Arbres à épices.

Les essais qu'on a faits dans ce genre de culture n'ont pas été couronnés de succès, et l'on paraît avoir définitivement renoncé au giroflier, qui n'a pas donné de fleur à Java. On a été plus heureux à l'égard du muscadier, dont nous avons visité plusieurs plantations appartenant à des particuliers et qui paraissent prospérer. Il est nécessaire d'abriter les jeunes plants contre le soleil au moyen de paillassons, jusqu'à ce qu'ils aient atteint une certaine crue.

NOTES

SUR

LE COMMERCE DE BATAVIA ET LE BUDGET COLONIAL

DES INDES NÉERLANDAISES.

Les documents récemment imprimés par les soins du gouvernement sur le commerce de Java nous dispensent d'entrer dans tous les détails que renferment ces notes ; nous nous bornerons ici à ceux qui sont relatifs aux usages de la place de Batavia.

Toutes les marchandises importées se vendent généralement à Java aux termes de 4, 5 et 6 mois.

Le taux légal d'intérêt est de 9 pour cent par an, mais la banque escompte en ce moment à 6 pour cent seulement. [1]

---

[1] Cette banque, créée en 4826 au capital social de 2 millions de florins (4,240,000 francs), a émis des bank-notes pour une valeur de trois fois et demie plus élevée que ce capital, les bénéfices qu'elle a retirés dans les premières années de l'escompte des traites de commerce, a été tel que les actionnaires ont reçu un dividende de 33 pour 0/0, indépendamment d'un prélèvement de 3 p. 0/0 en faveur du fonds de réserve. Les actions de 500 florins sont rapidement montées à 4600. Puis des pertes dont il est inutile ici d'indiquer les causes, sont survenues, qui ont réduit de moitié le capital primitif, aussi les actions sont-elles tombées aujourd'hui à 66 p. 0/0 de leur valeur nominale. Lors de mon séjour à Batavia, la banque venait de suspendre ses paiements c'est-à-dire qu'elle n'était plus en mesure de rembourser les

Voici quel est le montant des frais divers, tels que commissions, ducroire :

Commission de vente sur marchandise...... 2 1/2 p. 0/0.
Ducroire sur les ventes à terme............ 2 1/2 p. 0/0.
Commission sur achat de produit.......... 2 1/2 p. 0/0.
   —   sur remboursement........... 2 1/2 p. 0/0.
   —   sur remise en traite avec endos. 2 1/2 p. 0/0.
   —   —   sans endos. 1 1/2 p. 0/0.
   —   sur appellement de navires..... 2 1/2 p. 0/0.
   —   sur encaissement de fonds..... 2 1/2 p. 0/0.

Les traites sur l'Europe étant depuis quelques années à un change très-onéreux aux preneurs, on doit, pour les retours, donner la préférence aux produits tels que le café, le riz, l'indigo, l'étain, le cuivre, le curcuma et la gomme copal, le camphre du Japon, etc.

L'indigo surtout offre une marchandise de retour en raison de sa qualité supérieure : la production en augmente chaque jour ; quant à l'étain, le gouvernement hollandais, qui s'en est réservé le monopole, en fait vendre de temps à autre à Batavia, afin de faciliter les paiements en Europe, et nous en avons vu vendre, en 1845, 615,000 kilogrammes par adjudication.

Les articles d'importation qui ne figurent pas ordinairement dans les prix courants imprimés à Batavia

bank-notes qui lui étaient présentées ; le gouverneur-général a dû prendre un arrêté par lequel il a déclaré que le gouvernement hollandais garantit les dettes de la banque et interdit pendant un an tout protêt, aussi les bank-notes perdent-elles 25 p. 0/0 et encore ne se maintiennent-elles à ce taux que parce que le gouvernement colonial les admet dans ses caisses pour leur valeur nominale.

sont vendus à tant pour cent sur facture d'Europe. La prime en varie naturellement selon les besoins des marchands du pays, qu'il est essentiel de ne pas effrayer en leur présentant des factures exagérées. Il ne faut que des factures réelles, à moins de prévenir le consignataire ; une facture exagérée a souvent fait manquer l'occasion de vendre.

Toutes les marchandises dont les droits sont acquittés *ad valorem* sur l'exhibition de la facture doivent être accompagnées d'une facture réduite de 30 à 35 pour cent sur le prix réel. Cette facture est celle qu'on présente à la douane, où elle est augmentée de 30 pour cent, aux termes du tarif. [1]

Toutes marchandises d'importation dont les droits sont payés sur fixation de la valeur par la douane, sont généralement estimées à 10 pour cent au-dessous du taux de la mercuriale du marché.

A l'arrivée et dans les vingt-quatre heures, les navires sont tenus à une déclaration d'entrée indiquant les marchandises existant à bord ; ils doivent aussi faire une déclaration de sortie trois jours avant leur départ ; le droit d'expédition dû par un navire à sa sortie est de 5 florins : moyennant ce paiement, on peut pendant six mois opérer dans tous les ports des Indes néerlandaises.

La douane de Batavia se montre assez large dans ses rapports avec le commerce ; ses visites sont générale-

[1] J'ai publié la traduction du tarif des douanes des Indes néerlandaises dans les *Annales maritimes et coloniales* pour 1847, je crois devoir renvoyer mes lecteurs à cette publication.

ment fort sommaires, à moins qu'elle n'ait des motifs de suspicion.

Voici le tableau des frais de magasinage et de débarquement des marchandises importées :

MAGASINAGE.

La barrique de vin.......... 30/100ᵉˢ de florin par mois.
La caisse de 50 bouteilles..... 5/100ᵉˢ idem.
La caisse de 12 bouteilles de vin 2/100ᵉˢ idem.
Le baril de farine.......... 8/100ᵉˢ idem.
La caisse de toileries........ 15/100ᵉˢ idem.

DÉBARQUEMENT.

Produits de manufactures, la caisse........ 1 florin.
Idem. id., déposée en entrepôt et transportée au magasin..................... 1 fl. 1/4
La barrique de vin..................... 1 fl. 1/4
La caisse de 50 bouteilles de vin........... 22/100ᵉˢ de florin.
La caisse de 12 bouteilles de vin........... 12/100ᵉˢ idem.
Le baril de farine...... .... 30/100ᵉˢ idem.
La caisse de vin de Champagne............ 20/100ᵉˢ idem.

Ntoe des frais d'embarquement, de magasinage et d'emballage des produits exportés.

POUR L'EMBARQUEMENT.

Indigo............... 1/2 florin par caisse.
Sucre............... 22/100ᵉˢ idem par 60 kilogrammes.
Café............... 15/100ᵉˢ idem.
Bois de safran........ 14/100ᵉˢ idem.
Gomme copal........ 25/100ᵉˢ idem.
Riz... .... 14/100ᵉˢ idem.
Cuir............... 3/100ᵉˢ idem par cuir.
Etain............... 14/100ᵉˢ idem par 60 kilogrammes.
Rotins. .... 30/100ᵉˢ idem.

POUR EMBALLAGE.

La caisse d'indigo.. 5 florins.
Gomme copal..... 1 florin 30/100ᵉˢ en sus du prix de la caisse.

POUR MAGASINAGE.

Café, riz et sucre, 3/100es de florin par 60 kilogrammes et par mois. Les sucres s'achetant toujours en paniers et le prix d'achat comprenant la valeur des paniers, il n'y a aucun frais d'emballage pour ce produit.
Quant au riz et au café, on les vend non emballés; on
les met donc dans des sacs qui sont de deux sortes, les
jails et les gonys; les premiers se paient de 80 à 85
centimes de florin, les seconds, de 40 à 42 centimes de
florin, plus les frais de coulis pour mettre en sacs et
fermer, ce qui est peu de chose.

TABLEAU DES PRIX DES DIVERS ARTICLES D'IMPORTATION
AU 25 AVRIL 1845, A BATAVIA.

ARTICLES.	ESPÈCES des unités.	PRIX.
		Florins.
Acier de Suède de 3/8 à 1/2 en caisse ou baril de 112 livres anglaises.	La caisse ou le baril.	12 3/4
Anisette d'Amsterdam	La douzaine	10 à 15
Anisette de Bordeaux (A)	Le panier.	3 1/2 à 4
Ancres et chaînes de navires	Le picle.	20/25 ch. 18/20
Beurre	Le baril.	10 à 12
Bière (A)	id.	100 l. 115
Bougies de composit. de l'Etoile (A)	La livre.	1 à 1 1/2
Cartes à jouer (52 cartes)	La grosse.	80 à 100
Céruse	Les 100 pds.	26 à 28
Clous de fer	Le picle.	17 à 24
Clous de cuivre	id.	90 à 100
Cognac en bouteille (A)	Les 12 bout.	15 à 18
Cognac en futaille (A)	La pipe.	400 à 450
Cordages d'Europe	Le picle.	30 à 45
Cuivre en feuilles	id.	120 à 122
Eau de Seltz (paniers de 25 cruch)	Le panier.	16 à 18
Eau de Cologne (A)	La boîte.	2 à 3
Eau de lavande (A)	La douzaine	8 à 10
Enclumes	Le picle.	28 à 32
Farines en barils de 200 livres	Le baril.	16 à 18

ARTICLES.	ESPÈCES des unités.	PRIX.
		Florins.
Fer plat anglais de 2 à 3 1/2 pouces de large....................	Le picle.	6 à 6 1/2
Fer plat suédois de 2 à 3 1/2 pouces de large....................	id.	11 5/8
Fer blanc en caisse de 225 feuilles	La caisse.	32 à 35
Fil d'or fin en paquet d'un marc sur soie verte................	Le marc.	70
Fromages de Hollande..........	La pièce.	4 1/2
Fruits à l'eau de vie (flacons bouchés à l'émeri)..............	La douzaine	25 à 30
Fruits au vinaigre..............	id.	12
Genièvre de la Hollande........	Le kelder.	7 1/4
Goudron de Suède.............	Le baril.	12 à 13
Goudron de charbon...........	id.	7
Huile de lin en kelder de 15 flacons	Le kelder	14 à 15
Huile d'olive (A)................	La douzaine	14 à 15
Jambon........................	La pièce.	6 1/2 à 7
Liqueurs assorties.............	La douzaine	12 à 14
Papier propratia................	La rame.	7
Papier à lettres.	id.	5
Peintures diverses en baril de 28 livres.......................	Le baril.	6 à 7
Plomb en saumon..............	Le picle.	18 à 19
Plomb laminé..................	id.	20 à 22
Poix de Suède.................	Le baril.	7 à 10
Porc salé en baril de 200 livres....	id.	35 à 40
Savon commun en caisses de 11 livres.......................	La caisse.	4 à 5
Sirops assortis (3/4 orgeat).......	La douzaine	20
Toile à voiles (qualités assorties)..	La pièce.	35 à 60
Toile à voiles (Ravinsdock).......	id.	18 à 20
Vin rouge de France en bouteilles par caisse d'une douzaine......	La douzaine	10
Vin rouge de France en caisses de 4 douzaines.	Les 4 douz.	30 à 34
Vin rouge en futailles..........	La barrique.	90 à 105
Vin blanc de Grave et Sauterne...	La douzaine	9 à 12
Vin de Hollande en caisses de 50 bouteilles	La caisse.	23 à 24
Vin muscat en caisses d'1 douzaine	La caisse.	14 à 16
Vin de Champagne par caisses d'une douzaine (A)	id.	25 à 30
Vin de Bourgogne mousseux par caisse d'une douzaine (A)......	id.	
Vin du Rhin....................	La douzaine	10 à 30

(A) Ces articles doivent être importés avec certificat d'origine de la Hollande, sans quoi, ils payent les doubles droits.

ARTICLES.	ESPÈCES des unités.	PRIX.
		Florins.
Vin de Madère en futailles.......	La pipe.	300 à 500
Vin de Ténériffe en futailles......	id.	100 à 300
Vinaigre en barriques...........	La barrique.	25 à 30
Zinc en lingots................	Le picle.	30

Toileries de la Hollande, Belgique et Suisse.

ARTICLES.	ESPÈCES des unités.	PRIX.
Madapolams en pièces de 32 aunes 5/4.....................	La pièce.	7 1/4 à 7 1/2
Idem (6/4).....................	id.	9 1/2 à 9 3/4
Idem (7/4).....................	id.	11 1/2
Calicots écrus, idem (5/4)........	id.	7 1/4
Idem (6/4).....................	id.	8 3/4
Rouge d'Andrinople, id. (5/4)....	id.	19 1/2
Idem (6/4).....................	id.	21 1/2
Imprimés sur rouge d'Andrinople, idem (5/4).......	id.	22 à 24
Mignonnettes, idem (5/4).......	id.	10 à 16
Imprimés de 2 à 3 couleurs (5/4)...	id.	14 à 17
Slindangs tissés par corge de vingt pièces (6/4).....................	La corge.	40 à 50
Sarongs (6/4).................	id.	28 à 36
Mouchoirs petits carreaux (5/4)...	La douzaine	5 à 6 1/2
Idem sur Andrinople rouge (5/4)..	id.	10 1/2 à 11
Fil rouge du n° 36 à 40.........	Le picle.	330 à 350
Polemietes en pièce de 55 aunes..	La pièce.	»
Idem pour Chine..............	id.	100
Idem pour Java..............	id	»
Drap ordinaire fin léger..........	L'aune.	4 à 8
Idem de voiture.........	id	4 1/2 à 6

TABLEAU DU PRIX DES DIVERS ARTICLES D'EXPORTATION
AU 25 AVRIL 1845.

ARTICLES.	ESPÈCES des unités.	PRIX.
		Florins.
Arac, première qualité, sans futaille	Le legger.	45
Idem, 2° qualité, id	id.	42
Benjoin.....................	Le picle.	»
Bois de sapan de Manille........	id.	6 1/2
Café de Java............	id.	24
Café de Padang..............	id.	15 1/2
Camphre du Japon en baril de 100 livres.....................	Le baril.	»

ARTICLES.	ESPÈCES des unités.	PRIX.
		Florins.
Cachou ou gambier............	Le picle.	10 1/2 à 11 1/2
Cannelle de Chine en caisse de demi-picle.................	La caisse.	»
Cassia de Padang en paquets.....	Le picle.	13 1/2 à 14
Clous de girofle...............	id.	62
Cuirs de vache de 7 à 8 livres....	La pièce.	2 1/2 à 3/4
Cuirs de buffle de 15 à 17 livres...	id.	210 à 220
Cornes de buffle..............	Le picle.	18
Curcuma jaune................	id.	6
Curcuma orange...............	id.	7 1/2 à 8
Ecaille de tortue.............	Le picle.	800 à 1,200
Gomme copal..................	id.	25 à 28
Indigo, première qualité........	La livre.	3 1/4 à 3 3/8
Idem, deuxième qualité.........	id.	2 1/2 à 3
Macis......................	Le picle.	»
Noix muscade................	id.	»
Nacre de perle...............	id.	»
Poivre.....................	id.	14 1/2 à 15
Poivre à queue ou cubèbe.......	id.	20 à 25
Poivre long.................	id.	11 1/2 à 12 1/2
Riz blanc (Indramaïjo),.........	Le coijan.	»
Riz ordinaire de Batavia........	id.	200 à 210
Rotins de Benjermassing........	Le picle.	7 1/2 à 8
Stick-lac...................	id.	»
Sucre Java blanc nᵒ 1..........	id.	15 1/2 à 16
Idem brun et blond nᵒ 2........	id.	12 à 14
Sucre gris de Batavia et environs..	id.	14 1/2 à 15
Tamarins...................	id.	6 à 7

Les cotes ci-dessus ne comprennent pas le droit de sortie et les frais de colis et d'embarquement.

COURS DI CHANGE.

Sur Hollande, 6 mois de vue, par fr. 100, à Batavia. 80

Sur Londres, 6 mois de vue, par livre sterling....... 15 3/8

TAUX DI FRET.

Par navires hollandais, par has, suivant tarif de la factorerie........................ fins 65 80

Par navires étrangers, par ton net weigth......... 1. 3 à 3/10

VALEUR DES MESURES LOCALES.

1 picle = 125 livres d'Amsterdam = 62 kilog. = 136 livres anglaises.
1 legger = 388 kans = 560 litres de France = 160 gallons.
1 aune = 27 pouces anglais.
Le last = 2 tonneaux de mer.

**VALEUR DES ESPÈCES MONÉTAIRES EN USAGE
DANS LES COLONIES.**

Piastres d'Espagne à colonne, Carolus IV. fl. 3 1/2 à 3 3/4 argent.
Piastres mexicaines. 3 30
Piécettes, ou 1/5 de piastre, les quatre. 2 65
Quadruples d'Espagne jaunes 52 1/2
Quadruples d'Espagne rouges 48 49
Quadruples mexicaines jaunes. 49 00
Quadruples mexicaines rouges. 46 47
Guillaume de Hollande. . . . . 12 1/4 à 12 1/2
Souverains anglais . . . . 14 1/2 à 15

COMPTE-RENDU

**DE L'ADMINISTRATION DES FINANCES DES INDES NÉERLANDAISES A LA
CHAMBRE DES ÉTATS GÉNÉRAUX SÉANT A LA HAYE
LE 6 DÉCEMBRE 1844.**

Il en résulte que les RECETTES pour toutes les Indes hollandaises sont de 81,784,671 florins.

Ces recettes sont partagées ainsi qu'il suit :

1° Fermes . . . . 44,774,018 florins.
2° Impôt territorial et divers droits fonciers.. 11,135,313
3° Contributions et recettes diverses. 6,779,428
4° Commerce et cultures 44,552,522 fl. (parmi lesquels sont comprises les marchandises consignées et non vendues en Europe et qui ont été calculées, suivant les derniers prix connus, valoir 32,924,770 florins, à déduire).

5° Diverses recettes extraordinaires........   574,564 fl.
6° Revenu de Sumatra..................   2,640,921

Recettes réelles de la caisse des Indes......   49,194,603 fl
Différence entre les paiements et les recettes, à
   couvrir par la vente des marchandises en Europe.   15,776,829
Recette en Hollande pour les produits qui y sont
consignés..   16,813,239

TOTAL DES RECETTES....   81,784,671 fl

Le budget des dépenses a été réglé comme il suit :

A. Total des paiements pour l'administration
   coloniale ....   75,494,285 florins.
B. Paiement pour compte d'autres.........   1,701,264
C. Diminution, au 31 décembre 1843, du capital administratif, lequel devait s'élever à
   12,500,000 florins dont 2/5 argent et 3/5
   cuivre   4,589,122

TOTAL DES DÉPENSES ...   81,784,671 florins.

Sur ces dépenses, il a été déboursé dans l'Inde :

A. Pour l'administ⁼ coloniale. 59,806,536 fl.
B. Paiements pour compte d'au-
   tres. . ,. 575,774
C. Diminution, au 31 décem-
   bre 1843, du capital adm.,etc. 4,589,122 fl.

Total des dépenses dans l'Inde .... 64,971,432 florins.
Les recettes dans l'Inde se montant à 49,194,603

Il en résulte un déficit pour l'administration
   des Indes, déficit s'élevant à. .... 15,776,829 florins.
et qui doit être couvert par le prix des productions. portées en Hollande

Les recettes en Hollande pour ces produc-
tions, devant être de . . . .   32,980,427 florins.
Et les dépenses s'élevant à   16,813,239

$$\overline{}$$

              Il reste encore . . . .   16,167,188 florins.
Après avoir payé avec ce restant le déficit de
l'administration des Indes, lequel se divise
ainsi :
Argent, fl. 7,032,639   7,032,632
Cuivre, fl. 8,774,190 ou en argent.   7,286,825

       15,806,829   14,319,464

Il résulte que l'excédant apparent dans les
comptes du service des Indes, est de. . . .   1,847,724 florins.

Mais, par suite de rectifications postérieures,
ce même excédant a été trouvé s'élever à   2,123,429 florins.

Les principales dépenses de l'administration coloniale sont les suivantes :

1. Conseil supérieur (*hoage* Regering). . . .   482,000 florins.
2. Département de la justice   506,252
3. Collèges supérieurs et secondaires (*hooge*
   en lagere collegien   282,020
4. Administration générale et police   3,460,610
5. Agriculture, culte, arts et sciences.   500,706
6. Département des constructions civiles. . .   463,785
7. Finances et cultures, c'est-à-dire :
   A. Dépenses générales.   3,439,813
   B. Frais de production et d'achat des produits   34,877,299
   C. Frais et avances de fonds (*provisie pen-
      ningen*), pour l'embarquement des pro-
      duits expédiés en Hollande   902,535
   D. Intérêts et amortissement des dettes,
      c'est-à-dire :

               A reporter . . . .   45,015,020 florins.

Report	45,015,020 flo
1° Intérêts et amortissement de l'arriéré des Indes hollandaises (capital restant au 31 déc. 1843, 2,656,317-51 fl.	400,000
2° Intérêts et amortissement de l'emprunt des Indes de 1836 , montant à 1,170,000 fl. (capital restant au 31 décembre 1843, 351,000 fl.)	137,685
3° Intérêts et amortissement de la dette de Solo (capital restant au 31 décembre 1843, 184,700 fl.)	81,082
4° Intérêts et amortissement des 4 p. 0/0, obligations des Indes , décrétées éteintes (*besluit*) au 27 juin 1843.	2,850
5° Intérêts de la dette des Indes orientales, conformément aux lois des 24 avril 1836, 11 mars 1837, 27 mars 1838 et 22 décembre 1838	9,800,000
6° Intérêts et amortissement des avances de la société de commerce de Hollande, s'élevant pour 1843 à 39 millions, selon le contrat de capitalisation, 23/25 juillet 1840 (capital restant au 31 décembre 1843; 30,648,588-69 fl.)	2,500,000
8. Département de la guerre.	8,643,834
9. Département de la marine.	1,642,154
10. Pensions et établissements de bienfaisance.	995,172
11. Dépenses diverses.	2,535,367
12. Dépenses imprévues	500,000
13. Dépenses extraordinaires et d'urgence.	500,000
14. Dépenses de Sumatra.	2,640,921
TOTAL des dépenses de l'administ⁰ⁿ coloniale.	75,494,285 florins.

Quant aux autres établissements maritimes hollandais , le tableau suivant présentera leur situation pour 1845.

	REVENUS.	DÉPENSES.
Surinam.	fl. 872,500- »	fl. 4,022,500- »
Curaçao, etc.	184,643- »	377,906-93
St.-Eustache	11,283- »	22,744- •
St.-Martin	14,715-59	23,112-36
Côte de Guinée.	700- »	74,890-82

Afin de couvrir les déficits, on prélève pour 1845, sur les revenus des Indes orientales, les sommes nécessaires pour subvenir aux dépenses des Indes occidentales.

Surinam prélève sur ce subside 150,000 fl. ; Curaçao, 196,263-93 fl. ; St.-Eustache 11,461 et St.-Martin 8,396-77 fl. Ensemble : 366,121-70 fl.

Les dépenses pour la côte de Guinée sont plus élevées qu'en 1843, par suite des frais occasionnés par la nouvelle entreprise du lavage de l'or, et de la dépense qui, une fois tous les cinq ans, tombe à la charge de la Hollande pour le paiement du tribunal établi concurremment par la Hollande et l'Angleterre pour la répression du commerce des esclaves à Sierra-Léone.

BUDGET

DES

RECETTES ET DES DÉPENSES

DE TOUTES

LES INDES HOLLANDAISES

Pour 1845.

BUDGET DES RECETTES.

NATURE DES RECETTES.	DANS L'INDE.			EN HOLLANDE.	TOTAL GÉNÉRAL
	ARGENT.	CUIVRE.	TOTAL.		
I. Fermes . . . . florins.	50582	14905134	14955716	»	14955716
II. Impôt territorial et divers droits fonciers	200913	11135399	11336314	»	11336314
III. Contributions et recettes diverses.	3146696	3950300	7096996	»	7096996
IV. Commerce et cultures	2449690	8571126	11020846	»	11020846

A vendre et consignés en Hollande :

1,042 432 piculs café	
543,700 livres clous de girofle	
2,000 » mère de girofle.	
326,219 » moyenne noix muscade.	
40,000 » petite. »	
90 910 » macis première qualité.	
9,090 » débris de macis	POUR MÉMOIRE.
33,333 » savon de noix muscade.	
1,795,100 » indigo	
897,135 piculs sucre.	
4,000 livres soie.	
735,250 » thé	
3,000 piculs poivre ., ...	
7,000 » étain	
44,275 livres cochenille	

V. Diverses recettes extraordinaires	100372	218431	318803	»	318803
Etablissement maritime de l'île Onrnst	119095	119095	238190	»	238190
De l'empereur de Soerakarta en diminution de sa dette	6000	18000	24000	»	24000
VI. Recettes de Sumatra	1064709	1335493	2400202	»	2400202
Recettes pour compte d'autres :					
Du sultan de Soerakarta en restitution des dépenses ci-join-tes (voir l'état en regard)	5580	22080	27660	»	27660
Du sultan de Djocjokarta (voir le même état)	1632	11324	12956	»	12956
Revenus de la terre Nangoelan	»	27642	27642	»	27642
Fonds des veuves et orphelins civils	173855	270449	444324	18000	462324
Fonds des veuves et orphelins militaires	156300	42200	168500	33300	201800
Pensions militaires (verhoog militair pensioen fonds)	195000	22000	217000	5000	222000
Délégations civiles	150000	250000	400000	»	400000
» militaires	53300	76700	130000	»	130000
» maritimes	7027	9250	16277	♦	16277
Du département de la marine en restitution des dépenses ci-jointes (voir l'état en regard)	»	»	»	2600	2600
Des officiers de l'armée, »	125921	»	125921	»	125921
	8006674	10954643	18961317	58900	19020217
Somme dont, au 31 décembre 1844, le capital administratif se trouve surpasser la somme fixée de 12,500,000 fl. dont 2/5 argent et 3/5 cuivre	»	593860	593860	•	593860
	8006674	11548503	19555177	58900	19614077
Différence en moins entre les dépenses pécuniaires et les recettes, à couvrir par la vente des produits en Hollande	5076553	5397346	10478899	17770452	28244351
Florins.	13083227	16945849	60029076	17829352	77858128

BUDGET DES DÉPENSES.

NATURE DES DÉPENSES.	DANS L'INDE.			EN HOLLANDE.	TOTAL GÉNÉRAL.
	ARGENT.	CUIVRE.	TOTAL.		
I. Conseil supérieur (Hooge regering)............ florins.	238100	249100	487200	»	487200
II. Département de la justice....................	209523	297629	507152	»	507152
III. Colléges supérieurs et secondaires (hooge en lagere collegien)	133433	148587	282020	»	282020
IV. Administration génerale et police	1086778	2379268	3466046	»	3466046
V. Agriculture, culte, arts et sciences ....;......	165642	311244	476886	24000	500886
VI. Département des constructions civiles ....,...	45775	212673	258448	244432	502880
VII. Finances et cultures					
A. Dépenses générales......................	790908	2504124	3295032	107240	3402272
B. Frais de production et d'achat de produits...............	2102111	30686995	32789106	739094	33528197
C. Frais et avances de fonds pour l'embarquement des pro-duits expédiés en Hollande.................	184863	703674	888537	»	888537
D. Intérêts et amortissement des dettes :					
1° Intérêts et amortissement de l'arriéré des Indes hol-landaises (capital restant au trente–un décembre 1844 2,407,888 50 1/2)...................	400000	»	400000	»	400000
2° Intérêts et amortissement de l'emprunt des Indes de 1836, montant à 4,170,000 fl. (capital restant au 31 déc. 1844, 234,000 fl.)..................	426420	»	426420	4235	430655
3° Intérêts et amortissement de la dette de Solo (capital					

(besluit) décrétées au 27 juin 1843, lettre F. *gehein* 27,000..	2715	»	2715	»	2715
5° Intérêts de la dette des Indes orientales, conformément aux lois des 24 avril 1836, 11 mars 1837, 27 mars 1838 et 22 décembre 1838...................................	»	»	»	9800000	9800000
6° Intérêts et amortissement des avances de la société de commerce de Hollande, s'élevant pour 1844 à 39,000,000, selon le contrat de capitalisation des 23-25 juillet 1840 (capital restant au 31 décembre 1844 : 28,277,775 18 fl.).	»	»	»	3750000	3750000
VIII. Département de la guerre.					
Dépenses ordinaires et extraordinaires de l'armée dans l'Inde hollandaise....................................	2690000	3879711	6569714	586923	7156634
Dépenses des Pradjoeritz, Barrissans et autres corps indigènes n'appartenant pas à l'armée régulière..................	16025	23175	39500	»	39500
Travaux extraordinaires de fortification..................	221984	723000	944984	55016	1000000
Dépenses du dépôt colonial (*werf*) à Hardewjk.............	»	»	»	230000	230000
Pour l'envoi des troupes aux Indes......................	»	»	»	75000	75000
Pour frais de transport en Hollande à payer au moyen... door terughouding sier te lande van 1/4 der Bekeningen voor repatriecrende...........................	»	»	»	15500	15500
Supplément de solde pour les cadets de l'académie militaire à Bréda...................................	»	»	»	12000	12000
IX. Département de la marine.					
Pour les navires de guerre.......	519532	448845	968377	233564	1201941
Chefs de port et autres services sédentaires de la marine	62903	104156	167059	»	167059
schooners du gouvernement (dans cet article est compris une somme de 19 fl. pour construction de bâtiments neufs).	125303	105697	231000	»	231000
Etablissement maritime de l'île Ornst....................	79385	149095	198480	39710	238190
X. Pensions et établissements de bienfaisance...............	230683	427884	658567	400000	1058567
XI. Dépenses diverses...............................	693950	1450582	2144532	41135	2185667
A reporter.............................	10199027	44775539	54974766	16357846	71332612

SUITE DU BUDGET DES DÉPENSES.

NATURE DES DÉPENSES.	DANS L'INDE.			en Hollande.	TOTAL GÉNÉRAL.
	ARGENT.	CUIVRE.	TOTAL.		
Report...............................	10199027	44775539	54974766	16357846	71332612
Traitements de congé (verlofstraktermenten) payables en Hollande....................	»	»	»	125000	125000
Diverses dépenses pour le ministère des colonies en Hollande.	»	»	»	292608	292608
XII. Dépenses imprévues................	250000	250000	500000	»	500000
XIII. Dépenses extraordinaires et d'urgence...................	250000	250000	500000	»	500000
XIV. Dépenses pour Sumatra..............	1064709	1335493	2400202	»	2400202
Dépenses pour compte d'autres :					
Pour compte du sultan de Soerakarta............	5580	22080	27660	»	27660
» » de Djokjokarta............	1632	11324	12956	»	12956
Dépenses de la terre Nangoelan............	4977	22665	27642	»	27642
Fonds des veuves et orphelins civils............	111976	486348	298324	164000	462324
Fonds des veuves et orphelins militaires............	79900	39200	119100	82700	201800
Pensions militaires............	34000	53000	87000	135000	222000
Délégations civiles............	»	»	»	400000	400000
» militaires............	»	»	»	130030	130000
» maritimes............	»	»	»	46277	46277
Pour traitement des anciens officiers de la marine coloniale des Indes, selon décret des Indes du 10 juillet 1842, n° 5.	2600	»	2600	»	2600
Pour vêtements à la disposition des officiers du magasin d'habillement, suivant décret des Indes du 1er mai 1842, n° 16.	»	»	»	425921	425924
	12004401	46945849	58950250	17829352	76779602
Somme dont, au 31 décembre 1844, le capital administratif se trouve au dessous de la somme fixée de 12,500,000 fl., dont 2/5 argent et 3/5 cuivre............	1078826	»	1078826	»	1078826

TABLE DES MATIÈRES

Contenues dans le second volume.